九州
day 2
day 3
day 4
day 5

四國
day 7
day 8
day 9

本州
ay 11
ay 12
ay 13
ay 14
ay 15
ay 16

北海道
ay 18
ay 19
ay 20
ay 21
ay 22

本州
ay 23
ay 24

日本鐵道旅遊計畫

修訂版

Milly

目錄 Content

本州

攻略

小帖

改版前言

回看 2005 年夏天前憑著一股熱情寫下的，以日本鐵道攻略為題的《超完美！日本鐵道旅遊計畫》，說真的自己都有些佩服自己（笑），居然可以寫得這樣幾近偏執地瑣碎詳盡。多年後很多關於日本鐵道的資訊、資源已經改變，很多鐵道或許已經廢線，不少列車已經停駛。但希望讀者有緣翻閱到這本書時，能將這份義無反顧的熱情延續下去，開始自己的鐵道旅行。

改版的內文會以更動或附注的方式來修正部分參考資料，但是為保留當時的旅行氣氛，列車時刻和路線接駁依然會根據當時的實際情況。 ▶1160

Day / **0**

先從迷思說起

一張 21 天期的 JR Pass 是 57,770 日圓（因為只限在日本之外的海外購買，實際售價會以當地貨幣顯示）。

就是這個數字，打破了 Milly 之前用青春 18 縱貫日本的迷思。

話要從《東京生活遊戲中》出書說起。在出書的後段，編輯跟 Milly 要下一本書預告的文字。預告？那就是說即將發生。而且，編輯大約是受 Milly 提到想用青春 18 橫斷日本的亢奮企圖影響，於是就定了下一本書是以「Slow Travel」為前提的青春 18 遊記。

說實在，Milly 一開始也是興致勃勃，企圖完成一次「完全青春 18 的日本縱貫鐵路之旅」，但是，57,770 日圓的數字出現了。Milly 發現，必須以另一種角度來看青春 18。

只要說給日本人聽：JR Pass 是一張七日無限搭乘的 28,300 日圓票券，而且還包含新幹線（東海道新幹線的のぞみ〔希望號〕、九州新幹線的みずほ〔瑞穗號〕列車除外），日本人幾乎都是羨慕到不行，還有人笑稱這是日本政府對本國人的差別待遇。

JR Pass 是針對外國遊客的超友善便利票券，外國人專用。外國人如果反而想去使用針對日本人企

畫的青春 18，就一定要有一個合情合理的理由。

當算出這結果後，Milly 真是懊悔了好一陣子。甚至懊惱自己為什麼是外國人！真是瘋了。但是這樣就放棄，怎麼能自稱是玩日本的達人？（注意是自稱喔，人難免要自戀，才能有行動的自信。）

Milly 在懊悔的同時，開始找 JR Pass 的麻煩，硬是要找出它的不利點（多少是意氣用事），發現 JR Pass 最大的缺點是：要連續使用，一旦開票，就要連續使用。

而青春 18 是五天份的票，可以在期限內，任選五天使用。

這樣說吧，日前看見一篇雜誌對談，其中一人就說，他用青春 18 去一個牧場，長期滯留 20 天，再用青春 18 回家。

不同於大部分的 Pass，青春 18 可以不連續使用。例如，暑假期間的青春 18 從 7 月 20 日到 9 月 10 日，約 40 天，可以在這段期間任選五天出去玩。

或者你已經用了四天份，剩下一天，對談中就提到一個究極的玩法：找個非假日，從東京出發一路坐到松本，再坐回東京。拿本書享用列車的冷氣，看上幾個小時的書，把列車當作活動書房，是一種炎炎夏日的消暑活動，真是有意思的發想。

然後青春 18 可以一張票多人使用。在一天內五個人使用同一張票券，來個五人行一日遊。但是，旅行最好是坐那種四人卡座的列車才有氣氛，但五人同行就有一個人落單自己坐，未免可憐。所以最理想還是四人同行，剩下一天的票，再抽獎給其中一人。

日本的本州和九州比較是青春 18 的天堂，北海道和四國是以特急列車為主，青春 18 用起來就比較吃力。除非你真的是要非常非常悠閒地，慢慢地一站站地去玩。

利用青春 18 可以拆開來使用的特質，再搭配其他票券，或是某些段落用普通車之外的列車來ワープ（跳躍）一下，青春 18 才不會成為一個綁住你無限想法的障礙。

最初使用青春 18，多數是想挑戰一張票能去多遠的極限，但更有趣的是加入自己的旅行主題，來充分悠閒地放鬆。

OK，這點當然也找到說服的立足點。

另外，有時旅行是要定點慢慢玩，例如在京都待個三天。但是在京都，JR 系統不是最強，反而是一些私鐵和地方巴士，很好用的 JR Pass 反而有些英雄無用武之地的浪費。青春 18 也是 JR（日本國鐵）系統，但可以任選五天使用。滯留京都時，就可以不用青春 18，而用京都區域的 Pass。京都地鐵巴士通用兩天的 Pass 是 2,000 日圓，就比青春 18 或是 JR Pass 有利。

類似這樣的變通，在日本很多觀光區域也適用。

於是，以這概念出發，Milly 這次的日本 24 日縱貫九州四國本州北海道之旅，就以一張 JR Pass，一張青春 18 來配置。 ▶1160

攻略

青春 18 v.s. JR Pass

青春 18 是春夏冬三季發售的期間企畫票券，一張 5 天份 11,500 日圓，一天是 2,300 日圓。只要計畫好路線和時間，一天內用 2,300 日圓從東京坐到九州的熊本都沒問題。

JR Pass，28,300 日圓除以 7 天，是 4,042 日圓。2,300 對 4,042，表面上是青春 18 勝出，表面上！

然後理想上用四張青春 18 縱貫日本，就是 20 天，一共是 46,000 日圓。一天還是 2,300 日圓不變。這時 JR Pass 出列對抗，21 天的 JR Pass 是 57,770 日圓，平均一天是 2,750 日圓。

2,750-2,300=450 日圓。只是 450 日圓，幾乎只能吃一份吉野家的牛肉飯。但差異是青春 18 只能搭普通列車和快速線，JR Pass 卻可以乘坐新幹線。

差異之大，看過新幹線票價的人都能體會。

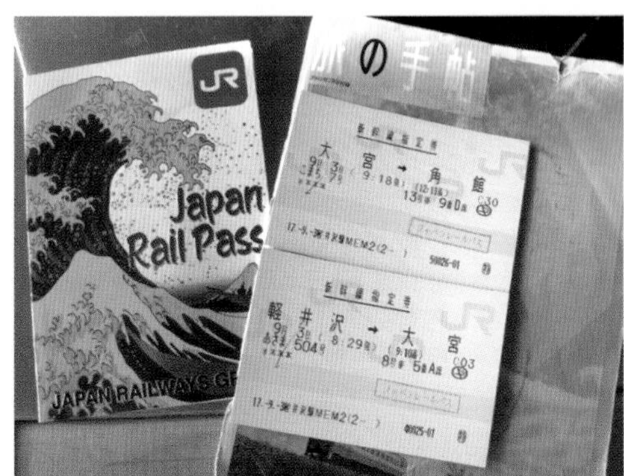

分解旅行魅力

旅行。

分解開來，簡單來看，是移動、住宿、觀光、美食和購物。

如果刻意釐清，可以嚴格地說，旅行只是觀光而已。這可能是很多團體旅行的定義。

只是真正旅行中毒的人，一定會否定旅行只是到觀光地到此一遊而已。

移動、住宿、觀光、美食和購物，如果都是旅行的一部分，都能以愉悅的心情去體會，旅行自然是豐富又愉快的。

日本的鐵道旅行，就是我們所指的火車旅行。如果全程都坐新幹線，應該不能算是鐵道旅行（雖然這樣說有些偏頗）。

地方線列車也好，鈍行列車也好，把體驗不同車種或路線的特色，當作旅行的一部分，似乎才能稱為所謂的鐵道旅行。

Milly 雖然不至於企圖成為電視冠軍的鐵道達人鐵道通，但是幾乎是第一次在日本旅行，就開始體會到坐火車旅行的樂趣。或許可以說日本本身就很適合鐵道旅行，所以有很多樂趣。

幾次經驗後，同時試圖讓自己知道更多鐵道故事，讓坐火車這件事，不只是從甲地移動到乙地而已，而是旅行的一部分。尤其是熱衷地想去體會，所有可以在火車上看見海的火車旅程之後。

坐火車有時一趟下來，要花上 6、7 小時，是頗為吃力的。但除非真的很疲倦，Milly 在火車上很少闔眼，總是貪心地看著窗外的風景。這次隨身帶著 MP3，有音樂相陪，更加愉悅。

Milly 總會想，即使只是不斷流逝的窗外風光，如果不去珍惜，不知下次什麼時候能再經過這路線，因此總是貪戀地看著，記在腦海裡。模糊的存在也好，那種隱約的，有些脱離現實朦朧的記憶，總會在下次坐火車時浮現，這感覺 Milly 很喜歡。

移動是旅行的一部分，這是鐵道旅行的第一個認知。

車窗外的風景也是旅行樂趣之一

青春 18 的樂趣在普通列車

小心無謀

無謀，這個日文 Milly 會很小心它。

那天晚上在家裡，用青春 18 推演了一下由本州進入北海道的途徑，到了凌晨 2 點終於明白……可能用青春 18 進入北海道旅行，會是一個無謀的舉動。可以進去但是很難出來。

有趣的是，今天翻看 Milly 新買的書《大人の青春 18 きっぷのんびり旅行術》（大人的青春 18 悠閒旅行術），書中就暗示，利用青春 18 旅行北海道，可能是一個現實中難以實現的邏輯，甚至利用某些區域套票＋青春 18，也似乎是無謀行為。

幾乎所有青春 18 同好都有一個衝動，試圖利用青春 18，看看一天內可以移動多遠？

根據一些人的實際行動來看，如果換車換車換車，不途中下車，凌晨 00:14 由橫濱出發，坐夜行列車，可以在晚上 11 點左右到達九州熊本下面的八代。

如果你熟悉日本地圖就會知道，這是一個多麼偉大的行程，只需要 2,300 日圓、一天份的青春 18。即使不坐新幹線，光是普通列車的乘車券加起來也幾乎要 12,000 日圓。

當然這樣的行為說不上是悠閒，只是一種遊戲性的挑戰。

沒錯，青春 18 的 key word，就是在規則下的無限可能加上遊戲，不同的推演不同的可能，所以 Milly 才會花上許多時間玩得不亦樂乎，雖說答案似乎是無謀。

的確以青春 18 是可以從新宿坐夜行列車到新潟，然後於晚間 10 點以前到達函館，再慢慢花上三天到四天去小樽、富良野、帶廣等地，小小悠閒旅行，但回程……如果也利用青春 18，幾乎就要花上兩天，因為北海道是很廣闊很大、大部分線路是特急列車而普通車班車極少的區域。

所以，可行的方法是，或許放棄北海道，多花些時間在本州一些青春 18 的有利區。或者 21 天以上的行程，利用兩張青春 18，配上一張一星期的 JR Pass。另外的可能是，利用兩張青春 18、一張七天的 JR Pass，加上一張 20,000 日圓的四國四天頭等艙套票，奢華一下。

▶1160

路線在資料蒐集中成形

在比較密集地蒐集資料之後，Milly 為了一本書而出發的行程已經有了大致輪廓。

在找資料的同時，比較辛苦的工作，是要先將一些可能的行程，輸入自己的腦子裡去發酵。這是坐鐵路旅行的基本動作，先在出發之前熟悉一下火車時刻表，大約知道哪些路線比較難前進，哪些路線比較順暢，哪些路線可以變通等等。一堆數字在腦子裡堆積，意外地吃力。

然後讓想法慢慢成形。當然在這之前要先確認可以動用的日期，根據季節、節日和淡旺季畫出旅行的大範圍，圈出一定要去的地方，一定要住的旅店，一定要體驗的風情。之後把這些點，用不同的交通工具，嘗試著連成一線。有時理想的行程可能會因為一些變數，必須繞道或放棄。

主要的變數，多數是來自一些預約。例如，Milly 計畫從福岡坐夜車去關西，但是如果這全部都需預約的車票預約不到，就必須換一種方式。偏偏不像旅館，Milly 目前還不知道，在海外如何能不透過旅行社自行預約火車票。

初步的行程，都附帶一些變通的可能，不過比較固定或是一定想去的地方，就要做些事前預約的工作。基本上這預約就是訂旅店。

飯店盡可能都透過網路來訂，意外地方便好用。只要申請，取得帳號後就可以預約。

近年來習慣用網路訂房，主要是不用對話，還可以從網路上 check 資料，減少錯誤。不過，一些溫泉旅店，Pension 或是民宿，就只能用電話預約。

如果當晚會很晚到達，或隔天很早出發，就訂經濟一些的站前商務旅館。含一宿兩食的住宿，就要比較充裕的行程來享受。

如此交叉考量，有時為了方便，有時為了憧憬的體驗。

▶1160

22 個住宿想法

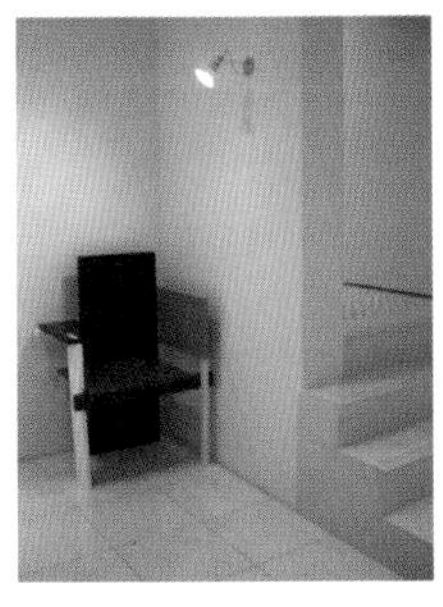
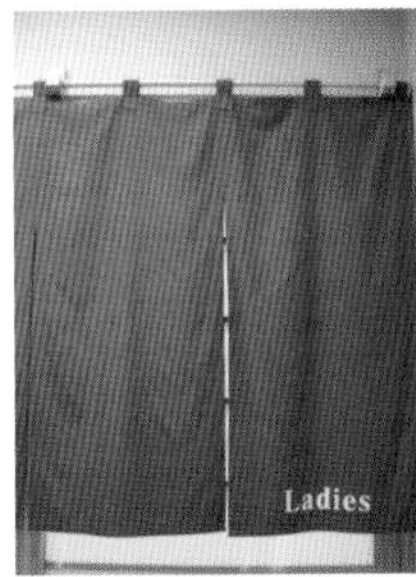

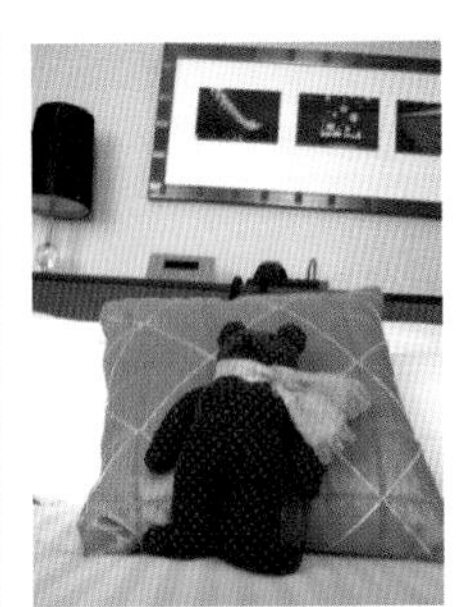
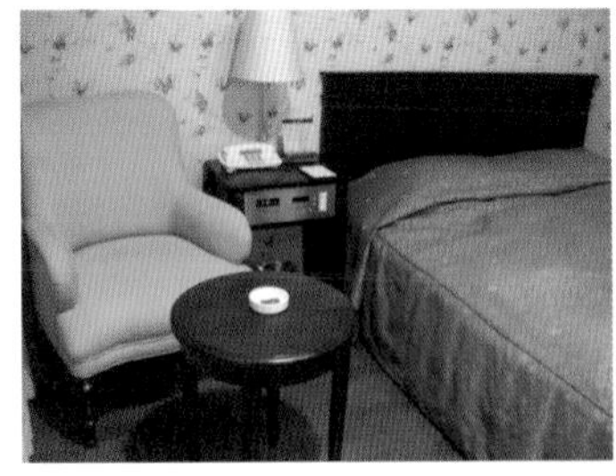

Milly 的這次旅程，24 天每個住宿都有些想法，簡略說說選擇這天這旅店的邏輯。

這是 Milly 這次的邏輯，甚至不是以後絕對的邏輯，所以也是提供你參考，以訂出自己的旅行住宿計畫。

8/19　入宿福岡，因為憧憬的設計旅館 Hotel IL PALAZZO。

8/20　預計晚上 8 點以後才能 check in，且隔天早上用完早餐就要大移動去門司港，所以選擇熊本車站前的飯店。通常這種情況下，飯店是歇息多過享用，基本上就不會花太多房價。

8/21　憧憬阿蘇山的自然，希望早上起床是在山區而不是城市，於是選擇了山區 Pension。

8/22　想回味溫泉鄉湯布院，但憧憬的旅店都沒單人房，房價也需要些魄力，基本上也不是那麼有膽量獨自入住很日式的溫泉旅店，所以從網站搜尋到一間較為設計風的和洋風溫泉旅店。

8/23　超級大移動，只是想實驗青春 18 票券一天的功力，一路衝到廣島。當然其中很大的動力是想入住那間廣島設計風旅店 Flex。

8/24　到松山，選擇在道後傳統溫泉區的英國風旅店，理由是：飯店很新。

8/25　連續兩天入宿高知的 7 Days Hotel，說會來高知只是想入宿這小小的卻很有設計風、超級實惠的 7 Days Hotel，也不為過。住宿的經驗太好，只要來到四國，一定會到高知，一定入宿這 Hotel。非常鍾愛的旅店。

8/28　連續兩晚住在京都，因為要慢慢品味古都，也是因為透過一休 .com 可以用經濟合理的房價入宿兩間五星級憧憬旅店。

8/30　在能登半島入宿 Milly 在雜誌一看見就想體驗的民宿，由義大利人和日本女子合開。

8/31　運用東橫 INN 開幕的特惠，以 3,950 日圓入宿開幕才二天的金澤 Hotel。

9/1　想回味松本附近的穗高美術館區，選了一間新開沒多久的新形式商務旅店。可以看出 Milly 無法抗拒新開的旅店，哈。

9/2　想去輕井澤體驗可以讓寵物入宿的公寓設計風旅店（Milly 當然不可能帶寵物）。

9/3　被網路上一間田澤湖的音樂風 Pension 外觀給吸引，就預約了。

9/4　預約在函館朝市的旅店，只是因為方便。雖說函館有不錯的 Pension，但旅程上太多 Pension 會消耗精神（因為要跟 pension 主人互動），所以選擇接觸最少的觀光飯店。

9/5　入宿北海道美瑛新開又靠近車站的旅店（因為新開張）。

9/6　入宿憧憬的北海道 Hotel。

9/7　入宿小樽一間老建築改裝的憧憬旅店。

9/8　入宿從網站上一眼就愛上，實際住宿更鍾愛非常的北海道二世谷 Pension。

9/9　因為從一休 .com 訂到只比 Apartment Hotel TOKYU STAY 多個一千多日圓的五星級憧憬飯店，所以旅程的結尾能睡在柔暖的大床上，小小奢華，充分歇息兩個晚上。

看似有邏輯，其實簡單來說，就是有的因為方便，有的因為房價，有的因為憧憬。就是想住住看，最重要。

其實，最經濟便宜的旅店，是當天大約晚上 9 點之後才訂的房間，旅館因應當天有人訂了房間卻沒 check in 推出的專案。一些五星級飯店會以低於定價半額以上來提供當日訂房，不過有露宿街頭的風險，還是事先訂房比較能放鬆旅行。但是如果手上有可以連線的電腦，又有充裕的冒險空間，撿個便宜又舒適的房間過夜也是頗刺激的。

▶1160

攻略

日本網路訂房攻略

本次行程，除了有一天是坐夜船，24 天的旅程有 22 天的住宿。

Milly 這次運用了一休 .com 和じゃらん .net 來訂房，另外也用旅館的訂房系統訂了北海道 Hotel、7 Days Hotel、東横 INN 等等。至於能登半島的民宿，除了電話預約，沒有其他方式。

說到訂房，Milly 邏輯滿滿。

自從 Milly 開始將住宿當作旅行的重要內容後，更是每訂一個房間，都有一個想法，不能隨隨便便交給旅行社處理。說起來，當初 Milly 學日文，最大的受惠，就是可以自行訂房，不用受制於旅行社的機加酒套餐。

第一個階段是使用很方便的東横 INN 商務旅店系統，上網作些簡單輸入就可以訂房，很方便，而且有英文網頁。第二個階段，入住過一次サンルート旅店系統，簡單取得會員卡後，就可以透過網路訂房。2004 年的一次日本旅行就完全透過此系統訂好沿途的房間。

然後第三個階段，就是上網站蒐集很多想住的憧憬旅店，開始邁入以一休 .com 入宿五星級旅店的奢華，哈哈……

第四個階段是稍微在奢華中清醒一下，開始注意一些所謂有想法的プチホテル，即小型設計風旅店，開始去找一些像是 7 Days Hotel、T POINT 或行燈之類的旅店。

第五個階段，想比較長期入住東京，發現了以後應該也會經常使用的 Apartment Hotel TOKYO STAY，享用一個有小廚房可以洗衣可以錄節目的生活感住宿。

第六個階段是這次旅行，發現了じゃらん .net，透過這個訂房系統可以入住一些比五星低一些的旅店，更可以訂一些 Pension。這次的旅程這網站幫助頗大。

會不會有第七個階段？不得而知，只要能以更合理的房價，入住憧憬的旅店，什麼途徑都可以嚐試。

首先，不能假設日本的訂房網站或 Hotel 網路訂房系統都有海外服務。甚至 Milly 會以為，最好先假設所有網路訂房都只是為了服務日本人，比較合理。

像 Yahoo Japan 就有訂房系統，甚至在條件檢索上，還有英文對應，可見是可以服務海外人士的，但是要先加入 Yahoo Japan 取得 ID 和 Password，原則上不難，但是 Milly 還未嚐試過，理由是目前擁有的幾個訂房系統已經可以滿足 Milly 各種需求，暫時不需開發其他途徑。

一休 .com 的會員登錄，住址選項有「海外」，可見是歡迎海外會員。じゃらん .net 是先登錄網路信箱，它就會 mail 會員表給你填寫，地址也有「其他」這個項目。某些訂房系統，會員登錄地址沒有「海外」或「其他」可點選，基本上就是不方便日本國以外的人士登錄。

一休 .com 負責憧憬旅店，用比較合理的價錢訂到五星級飯店或度假旅店。這次 Milly 入住靠近京都南禪寺的 The WESTIN MIYAKO Kyoto，透過一休 .com，原本含早餐要 32,000 日圓左右，用 12,000 日圓幾乎是三折就可以入住。偶而在旅途奢華一下，但是又要經濟，一休 .com 就很好用。

訣竅是多上網看，尤其是那些短期的超級特惠。Milly 這次就以 6,500 日圓，幾乎比商務旅館還便宜的價錢，入住靠近京都市役所的京都ロイヤルホテル＆スパ 20,000 日圓的單人房，訣竅只是利用一個月提早訂房的專案。

每家 Hotel 的特惠方式不同，期間也不同，多上網就能抓到最好時機。點進宿泊プラン（住宿計畫），通常就有所謂的特惠專案。

有プラン就會有低於定價的價錢，記得這點就好。

Milly 主觀以為，如果一休 .com 訂房的特惠低於東橫 INN 單人房的 6,800 日圓，那就當然訂一休 .com 的五星級系統飯店；如果只比 Apartment Hotel TOKYU STAY 的 9,700 多個一兩千日圓，Milly 也會考慮。反之高過基準太多，就會放棄奢華，選擇方便。還有像東橫 INN 是擴張很快的商務旅店系統，幾乎每個月都有新旅店開張，在頭一個月或二星期內有超級特惠 3,950 的房價（但東京都的旅店就沒此優惠）。這次 Milly 就利用了才開張一天的東橫 INN 金澤站前店，3,950 元還送禮物，服務親切。重要的是，有完善便宜的自助洗衣設備，花一個半小時，長途旅行一堆髒衣物就都翻身成為一箱子乾爽的衣服。

東橫 INN 的優點是離車站近，房價合理，有電腦使用和免費的早餐。旅程中如果一早要趕路，這類有一定品質的站前商務旅館系統就很好用。

只是即使是一休 .com 這類強調五星級飯店訂房系統的網站，某些 Hotel 還是比較舊。例如這次第二天旅程透過一休 .com 訂了熊本車站邊 8,000 日圓一晚的ホテルニューオータ熊本，就有些年華已逝的感覺，大廳是很大，但難免有些落伍的設計。難怪幾乎所有大飯店系統都陸續找設計師改裝翻新，以迎接新旅店的風潮。

點選日本雅虎，用予約サービス搜尋。2005 年的 9 月出現了 83 個項目，每一個都是預約 Hotel 的網站。甚至有一個網站叫做旅名人，是比較各類「宿泊予約サイト」的攻略分析網站，www.tabimei-jin.com/hotel。例如，樂天系統是方便出差，就是商務旅館。じゃらん .net 是以加盟旅店多著稱，著重在休閒旅店。一休 .com 則是專攻 City Hotel 和五星飯店。大致的分類是這樣。

像宿ぷらざ在會員登錄上就沒有「其他」和「海外」，即使可以預約到一些不錯的溫泉旅店，還是不能運用。OZ Mail 是從女性情報雜誌 OZ Magazine 衍生的風格旅店訂房系統，8,800 是 keyword，就是說，雙人同行每個人的房價都可以控制在 8,800 日圓，強調女性朋友將住宿旅店當作是時尚休閒，即使住在東京，也可以來個東京時尚城市風 Hotel 一天兩夜的小小奢華。但是因為入會有一定的區域限制，也不在選擇中。另外還有一個有趣的預約網站 yoyaQ.com，專攻當日預約，應該很適合情侶。

網站再多，最重要的還是以目的來運用。Milly 就以じゃらん .net 預約的選項，來一步步窺看一下。

首先最簡單的，點選區域，然後是預計入住的日期和人數，住宿的天數和可能的預算。接下來，商務旅店、高級旅店還是觀光旅店？這是粗略的分法。如果再細分，首先是旅店的形式，Hotel、旅館、Pension 或是民宿、包租別莊等等。接著日本人旅行很在意溫泉，有溫泉或沒溫泉，露天溫泉、可以眺望風景的溫泉、可以包下來的溫泉、附有溫泉的房間、有三溫暖、有按摩浴池等等條件。客房的格式和服務，基本當然是單人房、雙人房，可不可以加小孩床。然後是不是有獨棟住宿，房間內有沒有廁所和浴室。洋室，和室，或和洋室。

近日很多設計風溫泉旅館會將房間設計得很和風，但配西式床鋪，就是和洋室。另外，有沒有室內或室外游泳池、宴會廳、卡拉 OK、SPA、桌球室？（溫泉旅店幾乎離不開桌球室，尤其公司旅行，泡完溫泉就是桌球大賽了，多看日本漫畫就會知道。）有沒有按摩服務、餐廳、便利店？（用投幣機買飲料的空間，很多旅店已經不在冰箱放飲料，就會多了這種附屬的便利店。）

當然預約的最終目標，還是要取得自己可以接受的房價，和服務品質、飯店設備。但某些旅店一房難求，就什麼條件都不限，有空房就好。

回歸自己的入宿需求，接著套入搜尋網站的條件。

Milly 因為大多數時候都是一個人旅行，點選區域後，就要以「單人房」搜尋，一下子可以選擇的條件就消去幾乎 70% 以上。City Hotel 幾乎都有單人房，但像 Pension、民宿尤其是溫泉旅店，一個人的住宿特惠專案是很少有的。

訂房的基本首先要知道自己的行程路徑、移動的時間和情況，來填滿每個夜晚。

製定表格，理路清晰

這次 Milly 一開始就用電腦訂出了 24 天旅行的行程表。或許有些人以為是不是有些小題大做，但是實際操作起來，的確非常好用。

首先，如果只是空想行程，容易忽略掉某些事項。一旦用文字把行程填入表格，才會清楚知道，自己的路線有沒有過於理想，或過於趕路。

電腦檔案方便修改，還可以列印下來，在上面做推演。行程表裡，除了記上每天的大致行程、可以變通的路線建議、預約旅館的電話和必須特別留意的資料外，還會註明那天使用青春 18、那段時間使用 JR Pass，那些住宿一定要用現金等。如此還方便訂預算，估算要換的現金和提醒該預約、該先買車票的時間點。

總之不要光大約用腦子去想行程，記下來，用文字寫下來，行程才會愈來愈清晰。 ▶1160

旅人個性，引導旅程

這次 Milly 一開始就用電腦訂出了 24 天旅行的行程表。或許有些人以為是不是有些小題大做，但是實際操作起來，的確非常好用。

首先，如果只是空想行程，容易忽略掉某些事項。一旦用文字把行程填入表格，才會清楚知道，自己的路線有沒有過於理想，或過於趕路。

電腦檔案方便修改，還可以列印下來，在上面做推演。行程表裡，除了記上每天的大致行程、可以變通的路線建議、預約 Hotel 的電話和必須特別留意的資料外，還會註明那天使用青春 18、那段時間使用 JR Pass，那些住宿一定要用現金等。如此還方便訂預算，估算要換的現金和提醒該預約、該先買車票的時間點。

總之不要光用腦子去想行程，記下來，用文字寫下來，行程才會愈來愈清晰。

一些人詢問，旅行最重要的是什麼？ Milly 在規劃行程時似乎找到答案，就是旅人個性。

要找到自己的旅人個性，才會在旅行中找到自己的節奏和樂趣。例如，不是每個人都適合自助旅行，不是每個人都應該放棄團體行動。

先找出自己的旅人個性，再把自己丟入旅行中。別人的旅行方式，不見得是自己的旅行範本。先找到自己的旅人個性，接著參考資料，就會組合出一個讓自己最舒服的旅行。

舒服看似簡單的，但是有什麼比舒服更能讓自己享受一趟旅行呢？就像一雙舒服的鞋，和一雙不舒服的鞋，穿在腳上的差異。

找到最適合自己的旅程。像 Milly，是以天空、大樹、個性咖啡屋、個性旅店來旅行，就不會把時間花在一些太樣板的觀光線。不過有時旅人還是要盡一些旅人的義務，某些觀光點還是要去過境，到此一遊一下。

Milly 就想過自己的個性中，有一個可能會反映在旅人個性中，那就是吃到飽的拚命個性。一旦手上拿到了 JR Pass 這類無限次搭乘的周遊券，Milly 就會像進入吃到飽餐廳一樣，

不坐個回本再回本之前，絕不放棄。

經常會因為這樣，原本企圖的悠閒旅行，就變成衝來衝去的旅行。

不是不好，有時也是很過癮的挑戰。但是這次如果真的要悠閒，就會想放棄最划算的 JR Pass。讓自己的瞬間移動神功，不過於發揮。

同時，或許嘗試坐計程車去一間旅店。 ▶1160

出發前五小時的日記

這是要跟著 Milly 出發的行李，下午的飛機，當晚在福岡過夜。

這次的出發，多少是因為一本書的計畫。不過，一如往常，喜歡旅行的 Milly，還是會以自己的節奏散步。不會因為出書，就遷就起來。自己想去的地方才去。

行李其實很少。

因為這次的移動很多，企圖很多。拖著大行李箱有些辛苦，所以新買了一個可拖可背、可以帶上飛機的行李。甚至大致推算，放進投幣置物櫃時，這皮箱不會像之前的大行李箱用到 500 日圓的櫃子，大約只要用到 400 日圓（實際使用甚至可以放入 300 日圓的置物櫃）。

不瞞你說，Milly 這次還頗想說自己是整理行李的達人喔。

行李裡面有光一郎二世（電腦，不是很貴很精巧的那種，略重但是有感情），大約 12 天左右的換洗衣服（而且配色偏執狂的 Milly 不會遷就亂帶衣服，中途有預定可洗衣的旅店），多帶一雙

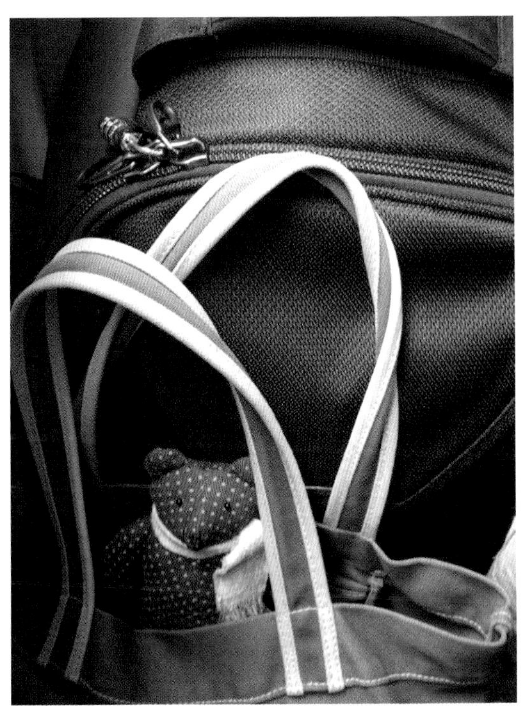

散步的便鞋等等，很精準地裝滿一箱。

因為帶了電腦，裡面有較以往詳細的行程表格和備注，所以資料書只帶了兩小本，必要時再到書店查詢。在日本，書店是最不虞匱乏的存在。

這次最要克服的就是每天移動。行李不能留在旅店，為了克服這狀況，的確花了些時間思考過，才想到精簡但是絕不遷就的行李邏輯。

應變考量上，會準備一把小折傘，帶了眼鏡，但是為防止眼鏡破了，就會多帶一付雙週拋隱形眼鏡，因為日本是沒有醫師證明不能買隱形眼鏡的國家。信用卡會抽出一張放在皮包以外的地方，以防萬一。其他東西只要有錢有信用卡，缺了再買就好。

甚至 Milly 計畫，沿路在日本到處都有的藥妝店買不同的面膜，晚上無聊時可以敷臉，也避免旅行中愈走愈殘。

另外，除了光一郎二世，KO-CHAN 2 號（數位相機），小光一號（MP3），還帶了一直住在 Milly 房間裡的 DK BEAR。這小熊布偶，是一次去東京回程中，在品川車站附近的週日跳蚤市場買來的，世界獨一無二的手工縫製布偶。他之前跟主人有些故事，然後跟著 Milly 開始另一段故事，現在 Milly 帶著它，一起在旅行中發生故事。

希望 Milly 和他都愉快。

看氣象，福岡是陰天，第二天從福岡去熊本似乎是雨天。

晴天雨天，只要有好心情，都是旅行的好天氣。

Milly 出發嘍！

Day / 1

九州
溫泉和山岳

福岡，暴雨天出發

這次旅行的出發是在暴風雨天，一點都不誇張的暴風雨天。

多少有些心虛起來，關於自己即將去實行的幾近完美的行程，花了幾乎一個多月的時間蒐集資料，確定路線、預約旅店而產生的行程表，正安然的存放在隨身電腦裡，等著一步步的去完成。

拍下第一張照片，是前往機場車窗外的雨景。

遊性和玩心，都還是要在高亢的狀態。不喧嘩聒噪，卻是在高亢的頻率下。

出發的飛機，因為香港的大雷雨，延遲了 40 分鐘，起飛也因此延誤。候機室裡，有回程的旅人和出發的旅人，應該是不同的心情。

延遲也罷，只要今晚能到第一目的地福岡就好。

出發前的確也擔心過夏日頻繁的颱風，如果讓行程延遲了一日，完美的計畫就要挪動，一日還好，多了就有些掃興。

5:30 左右的飛機，約 6:15 左右起飛，抵達福岡是日本時間 9:30 多一些。Milly 打開這次行程中的第一間美好旅店 Hotel IL PALAZZO 的大門。

▶1160

ゆふいん 一休

憧憬旅館 Hotel IL PALAZZO

原本旅程是星期六出發，因為星期五這間旅店才有房間，改成星期五。

上次來福岡，因為訂不到房錯失入住機會，那次的遺憾，這次怎麼都要補足。

Hotel IL PALAZZO 是義大利建築大師 Aldo Rossi 和日本空間設計大師內田繁共同合作的設計風旅館，繁複專業的設計師背景 Milly 不懂，只是怎麼都被它整體內斂典雅的壯麗外觀吸引。

上次沿著河岸散步看見這旅店個性風味的外觀，就決意怎樣都要入住體驗一下。

執念產生，力量無窮。

透過一休 .com 訂房，Hotel IL PALAZZO 的單人房一晚 14,300 日圓上下，含稅和 10% 服務費。原價一晚平日約 13,000 日圓，週末和假日是 15,000 日圓。

雖說是單人房，但是床異常的大，所以容許兩人入住。兩人入住的房價是 20,000 日圓。能投宿這樣像美術館的旅店，這房價 Milly 以為是合理。

旅館的標題是，客人入住到旅館，設計因此完成了。就是說，如果沒有客人入住，再好的設計也只是建築。唯有客人入宿，設計才是一體的完成。

有想法的旅店，適合有想法的旅行。

更有利的是據點，在天神區的河岸邊，有福岡極具特色的屋台，就像我們的夜市區。即使 Check In 的時間有些晚，到達之後還是可以馬上進入「旅行非日常」的情境中。在河岸邊散散步，吃碗福岡屋台拉麵。

用味覺，用聽覺，用風吹在皮膚上的溫度，實實在在的感受著，Milly 已經在旅程中。 ▶1160

1

❶ 福岡街景
❷❸ 福岡屋台
❹ 福岡屋台拉麵一龍

2

3

4

1

2

3

4

5

❶❷❸ Hotel IL PALAZZO
❹❺ Hotel IL PALAZZO 早餐

美好旅店，美好早餐

不是一個絕對的方程式。以 Milly 的旅人個性，因為早上移動的機率算是高，所以除非像 Pension 或是溫泉旅館，本來價錢就包含一宿兩餐，否則 Milly 通常不會在訂房時加訂早餐。

像是高知的 7 Days Hotel，早餐是旅店設計風格的一部分，訂房項目沒有不附早餐的選項，就另當別論。其實現在很多旅店都把早餐列入作設計中，例如 2004 年 8 月開張、在福岡車站附近的 With the Style Fukuoka，就是訂房絕對包含早餐，甚至連冰箱內的飲料也是免費供應。

只是 Milly 有時會以很微妙的心態在飯店吃算是昂貴的早餐，通常只是為了能進入這吃早餐的空間。

這間 Hotel IL PALAZZO，原本沒訂早餐，但是因為喜歡用早餐的空間，還是決定進去吃早餐。

是自助餐形式，價錢約 1,500 日圓。早餐算是精緻，不似一般大飯店宏偉地排出一列選擇，但是基本上精緻好吃。

▶1160

Day / 2

前往門司港、熊本

預計行程是從福岡到門司港，想去朝聖跟 Hotel IL PALAZZO 同一個設計師的門司港 Hotel，本來也想入住，只是這麼一來旅程動線會不順，這次只好放棄，拍下照片到此一遊。

第一天使用青春 18。從福岡到門司港，然後再一路殺到熊本，作為第二天出發阿蘇山區的前導站。

門司港本身是頗為有趣的地方，港口的氣氛不錯之外，還有很多大正時期的洋房建築，被稱為浪漫的大正街道。其實一出車站就感覺到那復古的氣氛，因為 JR 門司港車站本身就是復古設計，如觀光案內所，就完全是復古的模樣。

整個門司港區間，就是這樣很整體的復古著。說是復古也有些不對，基本上這些建築是被保存下來後整修，而不是模仿大正時期的建築觀光刻意規劃的。

❶ JR 門司港觀光案內所
❷ 門司港車站

除了瀏覽復古的街道，也如願朝聖了一下門司港Hotel。

真的親眼目睹門司港Hotel，會以為同樣是大師作品，Hotel IL PALAZZO比較沉穩，門司港Hotel比較接近觀光點，外觀看來像是模仿加州度假旅館的模樣，或許能看見港口的房間有更多的設計企圖，但第一印象是，還好選擇Hotel IL PALAZZO而不是門司港Hotel，這樣的武斷基本上不公平，但是旅行中很多時候還是以直覺行動。

本來想進去更深入這海港邊的旅館，但是放棄了，微妙的理由是，兩間旅館都是義大利的大師Aldo Rossi的作品，有共同的特色，大廳像是殿堂般，要經過高高的陡直的長階梯才能進入，如果是毫無目的，要闖進大師的設計空間是要有些勇氣，就像是你去一個美術館沒買票的感覺。

▶1160

❶ 門司港的浪漫大正街道
❷ 門司港車站

攻略

用網站計算路線和路費

青春18一天2,300日圓，用Yahoo Japan的路線情報來計算獲利，是樂趣的開始。
http://transit.yahoo.co.jp/

當然這個網頁的功能不是專門用來計算旅程交通費的，而是建議你從A點到B點，最節約或是最快的轉車方式。

在日本坐火車旅行，除了一本隨身攜帶的時刻表隨時翻閱外，事前善用這網頁估算車程、轉車動線和費用，相當便利。不會日文輸入也沒關係，因為所謂日文地名，許多唸法Milly也是完全不了。Milly一個不會日文的朋友教了個秘訣，很好用，提供參考：先在日文網頁上找到你要去的地方、出發的地名，複製然後貼上，點選「探索」，就會出現建議的路線和預估的交通費。

「利用設定」這個項目，有勾選就表示不利用，所以如果預計不坐空路（飛機），不搭新幹線以外的特急列車，就勾選。探索日付是你預計乘坐的日期，基本上不是那麼重要，但是很多區段平日和土曜日（週六）、休日的時刻表是不一樣的，有的通勤列車非平日就不開，這點要留意，所以如果謹慎一些還是點選一下日期。

Milly 的方式，是用這網站估算路程和交通費，最後還是依賴新版時刻表。日本國鐵 JR 以 Milly 惡意揣測，可能是為了賺鐵路迷的錢，幾乎每幾個月都要改一次時刻表，當然每個月也都會出一本新的時刻表。

其實變動不會太大，但是如果在夏日或是長假日的前後，要找臨時加班車或是特殊休閒列車，就是很好的參考。小心謹慎的話，還是在旅行期間買一本最新版的時刻表最安全。

話說回日本 YAHOO 路線情報的網站，Milly 那日文不通的朋友，就是用這複製和貼上的方法，一樣能訂出七天的日本旅行行程，計算精密，列印出來，一路參考。

Milly 在找地名複製時，會同時交叉使用另一個網站，就是えきから時刻表的網站 http://www.ekikara.jp。從網站上的地圖，點選你要出發的區域，會出現該區路線圖，再點地名，就會出現從這地點出發的所有列車時間和路線，超方便。點選路線就會出現很詳細的時刻表，同樣提醒運轉日，以免錯估時間。點選左側的路線站名，會出現一個像是站牌的圖案，複製這站名貼上路線情報是最順利的方式，以 Milly 的經驗。

接著就用這方式來計算，從福岡到門司港，再轉去熊本的交通費和路線。這裡有個陷阱，福岡車站是叫做博多站，真正的福岡車站是在本州的金澤附近，不是在九州，微妙吧。

好，先在出發站貼上博多，在到著站（就是到達站）貼上門司港，通常類似的站名網站會同時列出，請點選你要去的正確站名，按探索，就會出現建議路線，通常會有六種左右，有二種排列順序，一是使用的時間，一是換車的次數。

檢索結果，最快的方式是從博多站乘坐新幹線到小倉再換車到門司港，停車三站，所費時間預估為 50 分，網站會很細心的幫你估算換車等車的時間。交通費是 3,510 日圓，不同的新幹線車種會有不同的費用，這裡就先不細說。

但是 Milly 是使用青春 18，最多只能坐普通車和快速線，所以就要看第三選擇，從博多車站坐直接通往門司港的 JR 鹿兒島本線快速，16 站，費時預估約一小時又 24 分，車費是 1,430 日圓，但是這天是星期六，這直達車有很多班停駛，就先坐快速到小倉站轉門司港。

這兩個網站異常好用，可以每個點選都試試看，就能很快抓到訣竅。

再計算從門司港去熊本，最好的方式是換一次車，約費時 3 小時 50 分，利用普通車的快速線停車 39 站，交通費 3,570 日圓，就是說 2,300 日圓的青春 18 坐到 5,000 日圓，獲得的乘車積分是（以遊戲規則來說的話）2,700 日圓。

如果你用新幹線加特急去計算，當然就獲得更多積分，但是就比較不合遊戲規則。

在這裡分享的經驗是，如果有普通車快速線，要善加利用，計算好乘車時間，會省很多時間和換車次數。

普通車的樂趣，讓喜歡鐵路旅行的人不能自拔的，是那匡啷匡啷的晃動節奏，和車窗風景的景緻，會讓人沉浸在旅行的慵懶中。同時也能觀察到這條路線上的人比較生活感的一面。

熊本的電車、城牆和馬肉

對於熊本 Milly 有偏見，以為這城市只是一個會吃馬肉、有熊本城且略為俗氣的城市。

偏見是不好，因為事實上證明，如果有旅行的好心情和運氣，這樣的城市也可以很吸引人。

雖說不是刻意，巧合的是這次去的很多城市，熊本、廣島、松山、高松、高知和函館，都穿梭著很有風情的地面電車。

地面電車幾乎都是有歷史的，就是因為有歷史，才會被保存下來。有歷史就有風味，是很基本的聯想。

原本沒有把熊本當成旅行重點，而是當作福岡和阿蘇山旅程的中繼站。但是一坐上前往熊本城的地面電車，內裝的木質地板、紅天鵝座椅、吊環、窗簾的復古風情，就開始心動地想着，或許這個城市有些不錯的什麼才是。至少這懷舊氣氛的電車，已經給了以後對於這個城市記憶的一些提示。

沒錯，是要去熊本城。

本來 Milly 出發之前還信誓旦旦地說，去熊本不一定要去什麼觀光客要去的熊本城，會說去熊本只會去熊本城實在沒想法。

但是因為順利地換到快速線火車，比預期早到熊本，三點半左右就 Chrck in 車站邊的ホテルニューオータニ。

天氣如氣象預測，是個雨天，而且雨勢還不小。跟旅館借了比較大的雨傘，到車站內書店翻了一下熊本導遊書，激發不出什麼新的想法，就想不如就去熊本城吧。如果熊本城很無聊，至少完成了到此一遊的任務。

第一次去的城市，一定要去一個城市的地標，本來就是一個旅人的意義。你不是說不見得要去？（笑）一個人旅行的樂趣，就在於自己決定自己否定。

結果離開有些乏味的熊本車站區域，決定坐電車去熊本城，運氣不壞地坐到復古電車（回程就是已經現代改裝的地面電車），堆積了好記憶。

下車走路去熊本城的路徑，沿途有美麗的雨中大樹，雨勢變小，容易就轉換到都會公園的散步心情。熊本城週邊在大整修，似乎幾年後會有新貌，整修的目的是模擬已經毀掉的城跡來將原景重現。

似乎值得期待。

雨天，時間接近黃昏，被綠蔭圍繞的熊本城觀光客不多，或許因此熊本城變得很莊嚴。進去熊本城內登高，意外的不收費。可能是因為有很多人怕收費而卻步，入口還大大貼著中文「進入參觀不收費」。

繞著樓梯登高，可以從不同的角度鳥瞰熊本市，不收費就是很經濟的旅行活動。 ▶1160

1

2

GO! 旅行中的一間餐廳一杯酒

在熊本城拿到免費的觀光手冊，介紹很多可以品嚐熊本風土料理的餐廳，還有折扣。其中一間和風創作料理居酒屋「とら」的內裝很吸引人，雖說 Milly 是超級地圖白癡，還是很努力地循圖找到這餐廳，就在熊本城附近鬧區，紀伊國書屋對面的一樓內側。

就是這間餐廳，讓 Milly 對熊本有想再來一次的欲望。

小小的居酒屋，有吧檯位子和不是很多的桌位。因為是一個人，自然被帶到吧檯位，吧檯正好可以看見廚師的料理動作。在廚師和吧檯之間陳列著的，是日本各地注明產區的新鮮蔬果。Milly 的最愛之一就是蔬果的排列，所以即使一個人走進一間居酒屋是要有些勇氣，依然吸了一口氣，推門進去。

用餐後 Milly 大大的用誠意稱讚了這裡的料理，服務生還很開心地留下他的名片，歡迎下次一定要再來。

Milly 點的是溫泉蛋馬肉香腸沙拉炭烤薩摩雞和牛排飯。真的超好吃，沙拉份量十足，光吃這份就很飽。溫泉蛋調和經過乾煎的熊本馬肉香腸片，附在多種的西式蔬菜上，淋上熱醬汁，炭烤薩摩雞口感讓人印象深刻，有咬勁而且肉質鮮美。沾上特調柚子醬汁，配上日式香菜，更讓人回味。肉食主義的 Milly 當然義無反顧地喜歡上最後壓底的牛排飯，還配有多種乾煎蔬菜，大滿足。

一杯請服務人員推薦的日本燒酒，附加的紅燒肉小菜，加上三份料理，好吃價錢合理。

付帳 3,869 日圓，走出餐廳，帶著喝了一杯日本酒的微醺和美食充分的幸福感，撐著傘散步著。

不由得自言自語起來。旅行第二天就可以記憶這麼多好事，似乎這次旅程應該不壞喔。

對了，忘了提。這餐廳的廚師都是男生，服務生也都是男生為主，而且廚師和服務生都是很有味道的認真帥哥。吃美食同時能看著帥哥認真料理的姿態，真是大享受喔。

去了熊本城，坐了熊本地面電車，吃了馬肉，雖然只是放了馬肉香腸的沙拉，體驗了該在熊本市所作的事，第二天一大早依照計畫前往阿蘇山。

▶1160

❶ とら居酒屋
❷ 來自日本各地的蔬菜
❸ 馬肉香腸沙拉
❹ 牛肉飯

3

4

Day / 3

雨天列車前進赤水

❶ 站前不用排隊的甜甜圈
❷ 不是整數的月台

8 月 21 日的早上是個大雨天，任意拿了飯店前無主的大傘（Milly 自己這樣判定，乖孩子不要學），把行李包上旅館洗衣袋，即使到車站只是一分鐘的路程，但雨勢不小，還是濕身。

7:23 的列車前往赤水車站。

昨天晚上勘查後知道 JR 熊本車站旁的 Mister Donut 是 7 點開門，提早等在門外，一開門就進去買了一份咖啡加傳統口味甜甜圈，拍照留念，是不用排隊的成就感示威（笑）。

旅行時，經常習慣在 6、7 點出發的 Milly，在上火車前，買杯熱熱的咖啡和傳統口味甜甜圈，346 日圓，是一種幸福滋味。在青梅車站，在小樽車站、高松車站、尾道車站、中野車站……有數不盡吃 Mister Donut 的記憶。

當然不用排隊，通常都是外帶。喜歡看見店員很認真地將甜甜圈包好，很小心地將熱咖啡放在另一個紙袋裡的專注。

進了月台，時間依然充分，在月台的木椅上悠閒地來個 Mister Donut 早餐。同時好奇地發現，這裡居然有不是整數的月台，0A 月台和 0B 月台。

熊本到赤水 820 日圓，今天不用青春 18。

因為事前的計算，要坐巴士和私鐵南阿蘇鐵道，而 JR 不論怎麼換車應該不會超過 1,500 日圓，所以放棄青春 18，而採用 JR 加上南阿蘇鐵道一日乘車券和九州產業交通巴士的組合。

4:30 跟海貓屋 Pension 的主人約在立野車站，立野車站是 JR 和南阿蘇鐵道的換車點，這樣的交通運用應該是合理的。

其實這一段路程 Milly 困惑了很久。原因在於，葉祥明繪本美術館的位置很曖昧。並不是葉祥明繪本的愛好者，去鎌倉時，幾次經過北鎌倉的葉祥明美術館也一次都沒進去的衝動。

只是，某次看台灣的旅行節目，無意間看見葉祥明在熊本阿蘇山草原上的繪本美術館，印象深刻，不去似乎可惜，如果都已經到了阿蘇山。

可是不論從網站或是旅遊書上，都弄不清楚有什麼方式可以經濟前往。旅行書上說，從赤水車站開車大約 15 分，開車？若沒開車不就得搭計程車？繪本美術館官方網站，www.yohshomei.com。沒有交通建議，只是畫了一張圖。

葉祥明繪本美術館，正確名稱是葉祥明阿蘇高原繪本美術館。是在阿蘇高原上重現葉祥明繪本的景象，光是想到一個像是繪本的風景就無法抗拒。可是，如果要在山區坐上 15 分鐘的計程車，就要再想一下。 ▶1160

1

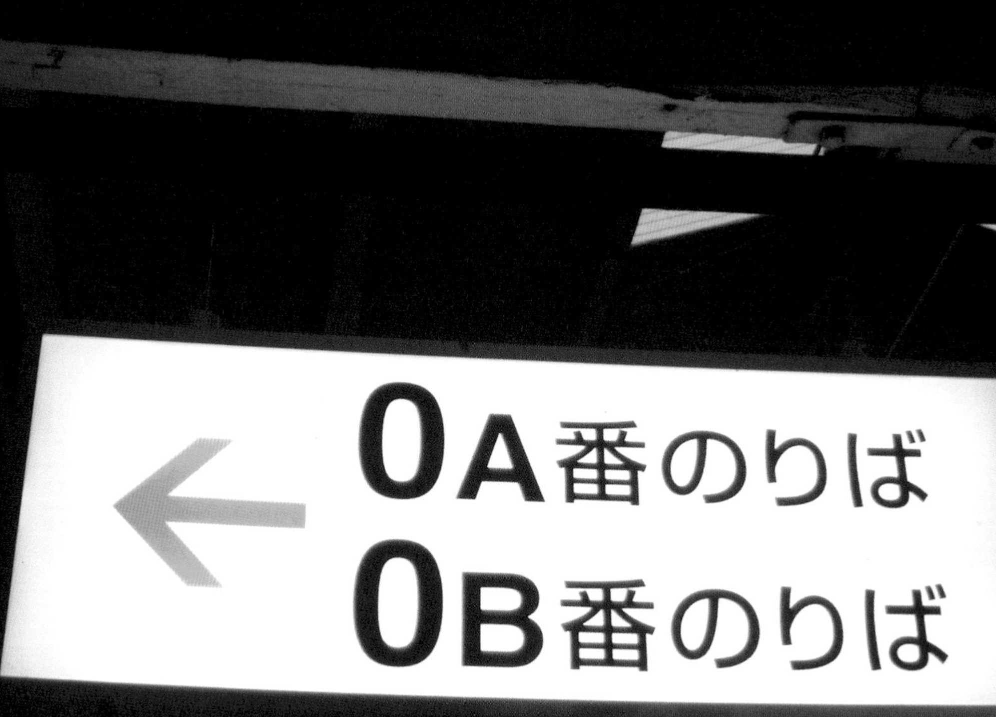
0A番のりば
0B番のりば

雨中的窗外，得意作

雨天的旅行沒關係

如果不是因為帶著行李移動，擔心衣物和電腦會弄濕。基本上，旅程中有雨天倒不是一件很讓人煩惱的事。反正衣服濕了也會乾，穿夾腳涼鞋而不是布鞋或皮鞋，旅店裡放一放雖說味道可能比較惹人厭，也很快會乾。不是完全乾也都還可以忍受。

尤其是窗外的雨景，汽車的窗，火車的窗，房子的窗都是美麗的。有著玻璃的美化，朦朧的雨景是很喜愛的。

隔著乘坐的火車，拍下隔壁列車的車號2，這照片是這次旅行中很喜歡的景象之一。

如果不是因為拖著行李移動，下雨要擔心的不是遊興，只是雨勢是否會影響路程而已。可是，帶著行李想法還是要謹慎一些。

坐著地方列車到達無人車站赤水站。 

小帖
無人車站和一人列車的道理

無人車站，誰收票？誰賣票？

通常是兩個原則。一種是車票由開車的車掌下車收，車上會有看板顯示票價，上車前先在車門邊抽取整理券，對照號碼就知道自己要付多少錢，若沒有零錢，投錢處多數都有兩替機，可以換零錢，不過萬元大鈔就換不開。另外一種情形較少，是良心作業，下車時自己將用過的票放進無人車站的收票箱。

這種情形多數是因為列車是 One Man Car（一人駕駛一人服務的列車）。若車廂超過兩節以上，通常除了駕駛，還有車掌適時 check 車票，逃票會很難看。

日本的鐵道旅行，不同的路線，不同的車種，會有不同的服務邏輯，有絕對的規則，但卻沒有一定的絕對。前述的 One Man Car，通常車牌就會顯示日文「ワンマンーカー」，完全就是字面的意思，一個人駕駛兼車掌。

坐上這類列車要注意一個大原則：如果只是一節列車就問題不大，如果是兩節，就盡量坐在駕駛的那一節，因為另一節，通常到站也不開車門，以方便駕駛管理票券。

有趣的是，某次 Milly 坐上兩節列車的 One Man Car，正要從後列搬行李到前列下車，可是卻在中途停車，駕駛從前列車走到後列車駕駛座，原來是山區的轉彎倒車，Milly 只好又搬著行李回後列。

無人車站收票箱

8月21日的四加一種選擇

困惑中，Milly的旅程計畫上，關於8月21日的路程有四種不同的邏輯。

直接從熊本車站坐九州產業巴士到另一個想去的地方：草千里。但是巴士班次不多，直達草千里的居然要含午餐。

那麼，或是坐JR到立野，放棄草千里路線，換乘南阿蘇鐵道，專心只玩一個路徑，可以乘坐休閒小火車，還可以去阿蘇白水鄉美術館。曾經在某些日本網頁看過，這可以眺望外輪山的美術館感覺不壞。

可是繪本美術館也不錯，不去會不會遺憾？下次不知何時才會再來熊本。看地圖，似乎今晚住宿的Pensoin跟繪本美術館很近（還好沒相信地圖），或許可以先去立野，不等主人來接，自己散步去，資料上說大約一小時，然後再散步去繪本美術館（好在沒相信只要走一小時）。

第四種選擇，就是先坐JR到赤水，某些資料上寫著：從赤水車站大約9:36有一班巴士可以去草千里，而繪本美術館就在前往草千里的路上。

不如先到赤水，觀察一下，看看站牌路線，或許可以挖掘出新的想法。

只是計畫中沒預期這天會是雨天，下雨天走路有些困難。前晚思前想後，決定用第四個方案，但如果再加上坐計程車？心中盤算的是，跟計程車司機商量一下，從赤水到繪本美術館，等Milly喝杯咖啡拍幾張照，然後再去草千里巴士站前，這樣可不可以5,000日圓就好？因為的確有計程車專車旅行路線，經過草千里、米塚，去美術館再去看名水區，一趟車就要10,000到15,000多日圓，很誇張。人多還好，一個人太奢侈。

本來也想過，或許只是坐計程車到繪本美術館，混一段時間再走到草千里。看地圖似乎不遠。當然還是那句，好在沒相信地圖。

結果呢？Milly的阿蘇山探險記其實比計畫中更精彩。 ▶1160

計程車的繪本美術館探險

大雨中的無人車站赤水，是那種很典型的木造車站，頗有風味。

從月台下車，穿過鐵道到候車室，也是無人車站典型的長條木凳、天花板的蜘蛛網、JR海報、遺忘的破傘等等。

跟Milly同時下車的男子很快被人用自用車接走。無人的赤水車站，就剩下Milly、車站對面一畦畦的稻田、遠山和大雨而已。

不對，還有一輛計程車，司機在打瞌睡。無人車站的特色，總會有一輛計程車在站前等著，通常司機都是在打瞌睡。

坐計程車不是Milly的旅行原則，但是時間還不到9點，雨中又看不見預期的巴士站牌，可能還要走段路程。要在車站等9:39的巴士？可是即使坐上巴士，又毫無把握在大雨中可以找到葉祥明繪本美術館。好吧，反正時間還早，不如就依照前晚的計畫問問。

在車站找了張紙，寫上「赤水—葉祥明繪本—草千里」，放下行李撐著傘問計程車司機去（問路時地名最好是用寫的，比較容易明白）。

睡迷糊的司機被 Milly 敲車窗喊醒，有些迷惘的臉。Milly 詢問車價，司機想了一下說，大約 4,500-5,000 左右。跟昨晚預想很接近，雖說不是以往的旅行習慣，但大雨加上這次其實 Milly 也想試著符合自己的年齡，來個大人的旅行，既然一個人可以進居酒屋喝酒吃飯，何不也像一個日本大人，坐計程車去一個目的地？否則巴士和走路到不了的地方，就總是會錯過。

好吧，要像個成熟歷練的旅人。

搬著行李上車，大雨中 Milly 達成了數年來日本旅行的大突破，坐 TAXI 旅行去也。只是這一開頭就習慣了，沒想到後來也被計程車照顧了一些旅程。

結果，這段路程跳表花了 3,750 日圓。

計程車一出車站前，沒多久就開上山區，盤旋而上。心想好險沒有貿然試著走路去美術館。實際上的車程，雨中較慢，大約 17-20 分鐘。車窗外，雨中的草原嫩綠朦朧，雨景的最大魅力正是這種潔淨的靈氣。

可是沉浸在這悠然靈氣中的 Milly，完全沒發現

雨中赤水車站

葉祥明繪本美術館

自己犯了一個大錯誤：葉祥明阿蘇高原美術館開門的時間是 10 點，不是 9 點！所以 Milly 的理想旅程完全連接不上。

本來以為可以很豪氣地請計程車等在外面，匆忙但悠閒地散個步、買些小禮物，或許還能喝杯咖啡再上路。什麼？大門深鎖。看招牌，原來 10 點才開門。

不過 Milly 不是那麼容易敗興的人，撐著傘下車，請司機等一下，一樣散步去。更好，沒人的美術館，雖不能進入館內，Milly 最想去的繪本散步道一樣可以去。稍微失禮地穿過木欄（本來是要從館內才能進入花園），雨中遊玩了一下。還省了門票。

原本還想往前走一些，到那棵遠處的樹，可是大雨天，如果 Milly 被雷劈到，那要載 Milly 來的計程車司機如何解釋？還是別惹麻煩。

濕了半截褲子上車，心滿意足，繼續前往草千里。

只是 Milly 似乎跟繪本美術館沒緣，前往松本安曇野的繪本美術館旅程一樣狀況連連，當然這在當時是完全沒預期到的。 ▶1160

草千里的奇蹟

大雨中前往草千里，等著 Milly 的是一個奇蹟。

離開大雨中的葉祥明阿蘇高原繪本美術館，前往草千里。計畫中是先到草千里，然後轉巴士到阿蘇，接著去立野，再開始乘坐南阿蘇鐵道線。

雨似乎沒有停下來的意思，車窗插著一輪黃色玫瑰花的計程車，從繪本美術館大約又開了 7、8 分鐘左右，司機帶著一絲絲小同情，在草千里的巴士站牌前將 Milly 放下。

沒有停車亭的站牌，佇立風雨中。

真的是又風又雨，撐傘也很狼狽的情況。沿著階梯，將行李拖過停車場，再提上階梯，進去剛剛開店的名產店。確認一下前往阿蘇車站的巴士是 9:55。

通常這類山區觀光區，巴士班次都不是很密集，幾乎都是 2、3 小時一班，或是 11-17 點間還算每小時有一班，之後就完全沒車。所以為了謹慎起見，事前一定要查好時刻表，不然就一定要在下車的時候確認回程的巴士時間。

被棄留在沒巴士的山區是大悲劇，因為日本人膽子很小很怕事，就算你揮手攔車，停車讓你坐順風車的機率很小。

雨愈下愈大，真的有些寸步難行。不能一直混在名產店，因為不買名產。巴士時間又還要 30 分左右，拖著行李去了很大很有設計感很寬敞的公廁後，只好又拖著行李到火山博物館前避雨。

草千里是阿蘇旅遊的重點之一，因為這裡有火山噴火口，有一片放牧草原和火山博物館。一個旅遊地的團體旅行有多繁忙，看停車場的大小就知道。草千里這個據點，就有很～大的停車場。

事實顯示，10點還不到，已經有一車車的遊覽車，把旅客送進名產店。其中當然也絕對不缺日本的觀光大戶：台灣旅客。聽見國語很親切，每次都想說，可不可以搭個便車，不過一次都沒試過。

因為這裡的觀光度高過旅行度，Milly因此有些遲疑，或許不用特地轉到這裡，直接前往立野坐南阿蘇鐵道。但是畢竟想時間充分，就還是到此一遊，雨中的草千里，雖沒想像中壯麗，但還算是沒被過度破壞的大自然景觀，稱得上值得一遊的景點。

在看網路觀光資料規劃行程的時候，不是很能判斷阿蘇山西火山博物館和草千里的距離。實際到達才知道，其實根本就是同一個地方，火山博物館前是大停車場，停車場下面是巴士站牌，巴士站牌的前方是一大片倚著山脈的草原草千里，草千里的一旁就是火山口。

然後，資料查來查去，可以使用的巴士，最方便的就是九州產業巴士的九州橫斷巴士。這巴士真的是橫斷九州，www.kyusanko.co.jp/sankobus/kyushu_odan/index.php，一天有四班，來回熊本阿蘇一黑川（溫泉）一湯布院一別府。但是真的一天只有四班，大移動方便，但用來途中下車旅行就不是那麼便利。其中一班車是從熊本車站8:50發，觀光巴士形式，會先帶你去遊覽熊本城，

❶ 雄偉的公廁
❷ 天空開了的奇蹟
❸ 米塚
❹ 南阿蘇景致
❺ 在草千里等車的行李，以及牛糞

到火山口附近的阿蘇山西後，停車二小時，還包午餐讓你觀光。如果不在意一整天行程被包，是不壞的路線巴士運用。

另外，知道一個原則去規劃就比較清楚：如果要去草千里，阿蘇車站的班次會比熊本車站多，如此想就好。

至於奇蹟？就是天空突然打開了。就在巴士快要來的 15 分鐘前，雨停了，天空開了一個藍色的洞。這個洞一點點地擴大，接著天晴了。

說是奇蹟，因為才不過數分鐘前，Milly 還在跟淒風苦雨奮戰。然後就突然奇蹟似地，天晴了。

天晴了，牛也出來散步了。迎接 Milly 的是一個陽光普照的阿蘇山區之旅。

怎麼說都是奇蹟吧。

依照名產店的時刻表，Milly 順利地搭上前往阿蘇車站的巴士。沿途山區草原和高原路線非常壯麗，還可以從車上看見壯觀的米塚，就是像一個大饅頭的火山地形山丘。尤其是因為大雨過後，薄薄的一層雨霧在草原間，更有一番風味。

Milly 很推薦這段路線。草千里－阿蘇車站的巴士費用 470 日圓，有草原兜風的情緒，還可以從高原位置俯瞰平原，超值。

到了阿蘇車站，轉乘 JR 火車到立野車站，順利接上大約一小時一班的南阿蘇火車。Milly 買了一張南阿蘇鐵道一日券，1,000 日圓，方便途中下車散步旅行。

▶1160

4

5

攻略
鐵路轉車簡易攻略

在這裡要分享一個鐵路旅行的經驗，關於轉車。

通常到達一個車站之前，車掌都會廣播一些轉車訊息，幾點的什麼列車到哪裡，要到哪個月台換車之類。但幾乎都是用日文，只有少數會加上英文，而且不見得每次都能聽得很清晰。如果遇見這班車誤點，或有非預期的狀況時，不懂日文的確是很困擾。

如果聽不懂這廣播，Milly 會建議，至少認識一些轉車的原則，事先算好換車時間，以及不要過於悠閒。

所謂預算，預先試算，就是先上網或是查時刻表，如果從 A 車換到 B 的時間很短，就要特別留意轉車月台。不過原則上，如果兩班列車銜接的時間是一、兩分鐘，多數都是在同一月台轉車。超過三分鐘的，則多數要跨過樓梯，到對面或是更遠的月台。

日本人很精算這類轉車的時間，基本上只要不太過悠閒，都能順利轉車。當然有時真的要用跑的比較安全，如果帶過重過多的行李，就不建議你這麼刺激地轉車。

重點是，一定要清楚紀錄換車時間，如果沒把握，就寧願搭下一班。只是中間等車的時間很浪費，有些地方路線，錯過這班列車，下一班的時間可能是數小時後。

懂得轉車匆忙但不忙亂的技巧，以及會看時刻表，是日本鐵道旅行必須具備的能力。

另外，不要太悠閒，是因為幾乎很多交通路線都會互相連結計算。例如，Milly 坐巴士從草千里到了 JR 阿蘇車站，就會很快有班火車接上到立野。在巴士上你就可以翻時刻表確認火車時間，如果到了車站才開始查，就可能會錯過銜接最緊密的一班車。同時，坐 JR 火車到了立野，不用出月台，轉個彎在另一邊就有南阿蘇鐵道的月台入口，而且馬上就有開到高森的班次。

巴士、JR 和私鐵南阿蘇鐵道，會彼此串連出一個最順、最不浪費時間的班次。就像捷運接駁公車配合捷運班次的邏輯。

記住這個大原則，就比較不會浪費時間。當然，即使如此，也並非每個時段都可以順利銜接，如何串聯不同交通工具和列車，算出一個最省時最舒暢的路線，基本上就是鐵路旅行的最大挑戰和樂趣。

GO! 南阿蘇鐵道的行樂列車

Milly 那天從立野沒坐上南阿蘇火車トロッコ，而是在回程從高森乘坐。一日乘車券是 1,000 日圓，但是如果要坐トロッコ列車，就一樣要加上 200 日圓的トロッコ指定席料金和劃位。

坐トロッコ列車，除了可以欣賞沿線南阿蘇高原風光和田野，最刺激是立野到長陽之間，經過高掛紅鐵橋的溪谷路段。這時火車會刻意行駛得很慢，你可以伸出頭看下面的溪谷，火車寫真迷則最愛拍下火車經過紅色鐵橋的模樣。

什麼是トロッコ列車？ Milly 習慣把トロッコ列車和 SL 蒸氣觀光火車統稱為休閒列車。日本人有的會稱為行樂列車。這類火車除了最基本的運客任務外，還附加了一些觀光休閒的情緒，以及一些季節性景觀元素。

トロッコ列車的特色是沒有車窗玻璃，風直接吹了進來，可以適度將頭手伸出車外，更貼近大自然。大自然可能是溪谷是山脈或是清流、田野等等。但因為是開放空間，惡劣天氣就要停駛。同樣地，也會選擇在比較溫暖的夏季行駛。所以這類列車都有一定的行駛月份。

基本上 8 月是這類些休閒トロッコ列車的旺季，到哪裡都有所謂的トロッコ臨時列車的海報張貼在車站。

要坐這類休閒列車，首要是查好班次。像南阿蘇鐵道的トロッコ列車，從立野到高森，一天只有 11:40 和 15:54 兩班，行駛日期是 3 月 26 至 11 月 13的週末和假日，3 月 26 至 4 月 7 的春假期間，以及 7 月 21 至 8 月 31 暑期的每天。比起其他可能一年才固定在某個月行駛，班次算是較頻繁。

還有要注意，這類列車雖說都是普通列車，青春 18 或是 JR Pass 都可以使用，但是要附加トロッコ指定席料金。雖說或許可以當場買指定席票，但為免到了卻沒位置，最好還是提前在車站購買比較安心。

搭南阿蘇鐵道，衝著的就是南阿蘇三個字。本來

❶ 南阿蘇鐵道列車內
❷ 南阿蘇鐵道立野車站

1

2

3

4

5

預期這應該是沿著高原行駛的路線，但是實際體驗從立野到高森這不到50分的路段，會知道其實並不是那麼位於高海拔的山區鐵道。沿路的風光也是田野和山脈為主，沒什麼驚險的畫面。

不過那天因為是下了一場大雨後的陽光普照，清風徐來，看著遠處藍天下的山脈，遠足的心情充分。戴著MP3聽著小野麗莎的歌聲，沒錯，就是那種適合聽小野麗莎的天氣和風景，附和著火車搖晃的節奏。

查過資料整理出來，南阿蘇鐵路沿線的旅遊點有湧水和名水，就是我們說的湧泉，可以生飲的甘甜清澈的泉水。沿線的溫泉和一些發酵麵包店以及美術館。

Milly有興趣的是可以看見山脈的美術館和トロッコ列車。麵包店也是有興趣，但幾乎都是要開車，散步到不了的地點。好在今晚入宿的Pension就是以發酵麵包出名，麵包店可以放棄。

計畫中南阿蘇鐵道的途中下車是：先從立野到阿蘇白川站，散步去白川美術館，乘車到高森，接著坐上トロッコ列車回到立野。如果順利，或許再去那全日本最長鐵路站名的「南阿蘇水の生まれる里白水高原駅」，朝聖一下。結果一樣坐車到白川站，但是同樣發現時間不夠悠閒地走到美術館，改乘計程車來回，接著去高森，然後乘坐トロッコ列車回到立野。

至於那最長的站名，南阿蘇水的誕生鄉里白水高原車站，就只是趁著停車的一分鐘，隔窗拍照紀念。 ▶1160

6

❶❷❸ 南阿蘇トロッコ列車
❹❺ 列車過鐵橋
❻ 日本站名最長的列車站

❶ 從白川車站月台望出去
❷ 像座白色小教堂的阿蘇白川車站
❸ 白川車站的站狗

在阿蘇白川車站記憶一個故事

關於阿蘇白川站，Milly 記憶了一個故事。

不同於赤水車站的雨天，在白川車站下車時是個好晴天。相同的是一樣的迷惘，從這車站要怎麼去白川美術館？在阿蘇白川站前的觀光看板地圖上，意外地找不到白川美術館。下一步該怎麼行動？到高森的火車大約還要一小時，如果不是要等那麼久，Milly 可能會去走路就可以到的名水白川水源，但是當時 Milly 手上卻沒這資料，因為之前並沒興趣，一心只想去美術館。

沒轍，反正附近景觀不錯，不如就隨意散步吧，或許可以找到一些去美術館的線索。先去車站對面的小雜貨店買了個栗子麵包，邊吃邊看著身邊的行李，心想拖著這行李箱散步可能太壯烈。

這時有人開車前來，似乎是來看發車時間，詢問了車站裡小房間的女士。其實 Milly 下車時就已經注意到了，這無人的小車站並不是無人，因為候車室旁的小房間隱約從窗戶傳來電視聲，似乎還有人影走動。這房間不是在火車站旁，而是真的就在車站內。

有隻小黃狗躺在候車椅上，悠閒霸道的態度，應該是這車站的站狗。小屋裡的人應該是狗的主人，可以確定的是，這主人也不是站員。因為房間顯露的氣氛是很女性的家常的，還隱約看見廚具。

是很小的房間，幾乎只有一般浴室大小。走出來一位女士，手裡還拿著有深度書的氣質女士。

白川鄉美術館

很微妙的不協調，一個無人車站的房間走出一位很家常但是頗有文學氣質的女士。這女士是以怎樣的情況住進車站呢？不是上班而是住在車站，因為後來將行李寄放在這小屋時，Milly 瞥見屋內是麻雀雖小五臟俱全的居住空間。

或許是委託她照顧車站的花草，然後成為一個不收票不賣票，但是你問她時刻可以回答的車站人。

Milly 於是趁機湊上去，詢問怎麼去白川美術館。有氣質的女士說，那是一個很好很值得去的地方，走路有些遠，大約要一小時，如果坐計程車，大約要一千多日圓。

後來好心但絕不聒噪熱情的優雅女士，建議 Milly 將行李寄放在她那，還幫 Milly 叫了計程車。其實車站邊就有計程車公司，只是剛出去正回來。司機說不用 1,000 啦，果然 790 日圓就 OK，車程約 6、7 分不到，只是走路還是遠了些。

去了白川美術館，真的是一個很清秀有風味的高原美術館，展覽區不大，也不是什麼經典作品，但是扇型外觀的白色建築，座落在小山丘上，正好眺望遠遠的外輪山山脈。美術館的咖啡座是陽台開放空間，面對遠處山脈，讓人心情穩定舒適。

門票是 500 日圓。不買門票，只是進美術館咖啡屋喝咖啡也 OK。Milly 沒喝咖啡沒叫飲料，但是親切的館內工作人員還是倒了冰水給 Milly，和一個好位子。看著遠山吃著剩下的栗子麵包，喝好心的冰水，真是愉悅。

只是擔心怎麼回車站。提早走下美術館去觀察，附近有大餐廳和溫泉中心，但是沒巴士站，也沒看見計程車。

這裡要提醒，在這類鄉間，幾乎都沒有隨手招的計程車，一定要用電話叫車。

去加油站問路，好心的年輕站員幫 Milly 打電話呼叫計程車，還請 Milly 進辦公室等車。雖說之前問路的日本人即使開車也沒順路載 Milly 回白川車站的意思，讓 Milly 以為日本人真冷漠，好在有這個熱心的加油站帥弟，又扳回好印象。

坐計程車回車站，拿回寄放的行李，女士還有些失望，啊……怎麼不多待一下。聽有氣質音樂、看深度書的女士，可能以為 Milly 沒好好品味美術館吧，真是不好意思，不能為台灣人的印象加分。

面對一大片稻田，在月台的黃椅子上吃著在美術館下面買的有機小番茄，等著去高森的火車。面向月台小小的種著花的窗戶，傳來女士開始煮有些晚了的午餐的聲音，小黃狗悠閒地散步回來，小小跟 Milly 打個招呼，就又大喇喇地躺在候車椅上發呆。

悠閒的阿蘇白川車站，Milly 記憶著一些故事。就是這樣一個車站附著一個故事，有故事的車站讓人更容易在記憶中甦醒。

▶1160

美術館下面買的有機番茄

立野車站邊的歐吉桑阿蘇咖啡

在立野車站 Milly 也記憶了一個小故事，記憶裡有間攀爬著植物的小屋，在 JR 立野車站和南阿蘇立野車站交錯的鐵道邊。

記憶裡有一杯還算好喝的咖啡。

先要這麼說，南阿蘇鐵道並不是那麼適合途中下車散步的路線，不是風光不美好，而是沒有很方便頻繁的接駁巴士，而可以遊覽散步的地方都還離車站有些路途。或許該說南阿蘇最適合的遊覽方式是開車或騎重型機車，過來才是鐵道或巴士。

所以當 Milly 從高森坐著トロッコ列車回到立野時，就有些不知道怎麼去消磨等 Pension 主人 4:30 來接之前多出的兩小時。

車站附近根據資料只有一間「にこにこ饅頭」名產店是有名的，實際看一下，其實是間很家常的糕點製造店兼餐廳。

要轉車去其他地方，幾乎都是每小時一班車，兩小時內絕對不能完成往返。Milly 是謹慎的旅人，正因為謹慎，所以不會把時間接得很緊，也因此有時會像這樣多出一些空白。四處看看，散步似乎不足以消耗那兩小時。正猶豫時，看見了車站前小店コーヒー的字樣，喝杯咖啡吧，或許不錯，用阿蘇山名水沖泡的咖啡。

店內真的是很雜亂，雜亂到枉費了植物攀爬營造出的好氣氛。餐單顯示有炒麵、蓋飯和咖啡飲料之類，兼賣玩具零食和一些雨傘洗髮精等日用品。只有一張貼著殘舊塑膠花布的矮桌，破舊椅墊的椅子。最恐怖的是窗邊的塑膠花飾。老闆應該是這一切混亂的罪魁禍首。日本的鄉間小店或許都有些舊，但這般不整理的店很少。有些遲疑但不好逃掉，只好硬著頭皮點了一杯咖啡。

意外地，咖啡還頗好喝。應該是水源好。

老闆？對了，老闆是一個跟環境很不協調的男人，大約 40 多歲，抽著菸，外表完全是一個日本典型疲憊中年上班族。雖然有一頭不長不短的亂髮，但是整體的氣質還是那種中年疲憊上班族。

閑聊之下，知道他以前是都市的上班族，這幾年才來開這小店。不協調是在於，這歐巴桑氣質的商店，卻是由一個不認真甚至有些邋遢的男人掌控。用蒸餾咖啡樽內剩下的咖啡，他自顧自地給自己做了一杯冰咖啡。很難想像他會炒出怎樣的麵。後來看到他給自己做了一盤涼拌豆腐，似乎還能自得其樂。

他說他去過台灣，都是打高爾夫球。莫名其妙的是，他不知參加什麼團吃了什麼料理，居然問台灣人是不是都吃青蛙和蛇，哈……真是見鬼了。為了台灣人的形象，Milly 當然要好好地否認。

一個不適合出現在這個環境的男人，不協調所以印象深刻。一間似乎完全符合拯救貧窮大作戰的餐飲店，和一杯好喝的咖啡。

一杯咖啡換一個小小的友善，聊了大約 40 多分，練了一下日文會話，老闆很樂意讓 Milly 寄行李，讓 Milly 可以輕鬆地去附近的小學散步，也勘查一下明天轉車的巴士站。

Milly 的記憶裡有這樣一個車站，不知這老闆的記憶裡，是不是也有 Milly 這樣一個怪怪的獨自旅行的中年女子？ ▶1160

宮地方面
大分方面
熊本方面
水前寺方面
1

攻略

以直覺、經驗和小心查證地去預約一間旅店

省錢的訂房網站：
じゃらん .net，http://www.jalan.net
一休 .com，http://www.ikyu.com

旅程中要找一間符合自己預算和個性的旅店，有技巧，但是更重要的是從經驗和資料中衍生的直覺。

否則像南阿蘇這類 Pension 發達的地區，要找一間適合自己的旅店，就不是那麼容易。相信直覺，然後用經驗和不斷沉浸在旅行雜誌的興致，培養出更可以相信和依賴的直覺。

憑直覺來判定一間沒有入住過的旅店，直覺 POWER 要強力發揮。好在 Milly 的直覺很堅固好用，這次旅行中的旅店滿意度，以及跟自己的相性度，都幾乎可以達到 90%。

透過網站じゃらん .net，點選阿蘇。首先 Milly 因為是一個人，勾選大人一名，就會出現一個人可以住宿的旅店，按照房價排列。如果已經確定入宿日期，就會出現有空房的旅店，很方便。如果用這個系統找不到適合的旅店，就換另一個訂房系統。畢竟不同網站，會有自己經營的優勢和獨家簽約的旅店優惠。

Milly 的經驗是，先憑網站上的圖片看看這旅店是否和自己的相性契合，用直覺判定自己住進去是否可以留下什麼記憶和滿足。如果似乎有些意思，不要很快就預約。

Milly 會把旅店的名字貼上 YAHOO JAPAN 去搜尋，如果有這旅店的網站就進去看看資料，同時也試著從其他人的住宿日誌和遊記上，看看這旅店的風評。曾經就有一間旅店似乎還可以住住看，但是網路風評很差，馬上就放棄了。雖不是絕對，但不失一個判定旅店品質的管道。

還有じゃらん .net 的每一間旅店，都可以點選所謂的クチコミ情報，也就是住宿過的客人上網留下的意見，或說是報料信箱。日本人基本上不會太多惡言，多數都會讚美和推薦，建議也會很含蓄，但還是可以看出一些端倪。如果已經嚴厲批評，那基本上就應該是真的很糟糕了。

一休 .com 則有所謂的ユーザーからのおすすめ，住宿過旅客的推薦，字面上是比較溫和的正面推薦，意外的是，有時還是可以看見一些人的小小埋怨，可以提供參考。

1

2

❶ じゃらん .net
❷ 一休 .com

小帖
Pension 的接送原則

透過網站じゃらん .net，Milly 一眼看中這間叫海貓屋的 Pension。雖說旅店本身的網頁不是很吸引人，但是從圖片看見樹林環繞的森林小屋外觀，和資料顯示這間 Pension 賣點的手工天然發酵麵包，就幾乎可以立刻決定了預約。

跟 Pension 主人約了 4:30 在立野車站。

用電話預約的話，就是在預約時就 check 好接客的時間和地點。通常網路上會有可以接送的車站和時間的建議。用網站預約時，會有一欄所謂「宿からの質問」，從旅店那提出的詢問，通常會問你要不要停車位，還有旅店主人關於住宿的個別提醒。像海貓屋老闆就會提醒，如果迷路一定要提早打電話過來。

在空白欄上，你可以寫上接送的要求。じゃらん .net 把你的預約傳給旅店時，你的需求內容，旅店老闆也會看見。

本來 Milly 希望海貓屋可以 3 點在立野接客，但是很快地老闆就 Mail 過來表示歡迎，同時抱歉說因為是一天只能招待四組客人的小旅店，3 點可能無法接客，必須在 4 點以後。於是 Milly 回信約 4 點半，老闆馬上回信說 OK，也請 Milly 到立野車站時打電話通知。

不是每個 Pension 都提供接送服務，但幾乎都可以，只要不是過於無理的要求。例如，一般 Pension 都是 4 點 check in，你硬是要約 2 點就會不太好。有的 Pension 願意提早讓你先將行李放好出去玩，但經驗上這類情況不多。

然後會建議最好不要遲到，如果車子誤點一定要電話通知。Milly 就在美瑛車站見過一個 pension 主人拿著提示的字板準備迎接似乎是台灣人的客人，但顯然客人沒準時到達，玩了一陣大約一個多小時回到車站，才看到那人接到拿著行李背包的客人。這是真的要避免的，不但造成主人的困擾，也留下不好的印象。

GO! 阿蘇森林中的天然麵包旅店

是這輛車嗎？或是那輛？等著 Pension 的車子。

微妙地，Pension 主人一定找得到你，因為你旅人的模樣。然後你也一定認得出 Pension 主人，因為他們幾乎都散發出一種很難形容的所謂 Pension 主人的氣質。

從有些破舊的旅行車下來的是長髮包著頭巾、圍著沾上麵粉的短圍裙、穿著夾腳拖鞋的中年或是接近中年的男老闆。穩定而親切地幫 Milly 將行李放上車，出發。

海貓屋，http://u1987.com/。

網址中呈現了 Pension 主人對海貓屋的自慢點，感到驕傲的地方。成立於 1987 年，也就是說到 Milly 入住的 2005 年 8 月為止，已經是 18 年了。

在看資料時，意外發現 Pension 主人是阿蘇 SLOW FOOD 協會的會員。用自家培養的酵母做天然酵母麵包，不但給 Pension 的客人食用，而且提供網路訂貨，宅配到日本每個地方。主人夏井光長先生驕傲地說，連北海道都有人訂貨，厲害。

開車大約 10 多分鐘，到達海貓屋。雖然資料上是說，從立野車站健行到海貓屋大約 60 分鐘，Milly 還是會提醒，不是真的對體力有自信，最好不要嚐試。雖說沿途風光明媚，山脈雄偉，但走起來應該不止 60 分鐘，要很大的毅力和體力才行。

一下車，Milly 看見那從大馬路沿著坡路轉入小山丘上的 Pension，就知道 lucky，選對旅店了。那在陽光下樹蔭間森林小屋的模樣，正是 Milly 理想中阿蘇山中旅店該有的模樣。第二天早上 Milly 晨間散步，也看見附近一些 5、6 棟結集而成的 Pension 村，都幾乎在路邊，一棟棟仿歐式小屋，不見得不好，但如果在南阿蘇，就會想如果更自然的模樣會更好。

是完全的森林木屋，有陽台，可以晚上抬頭看見星星。屋內堆放著主人的收藏，大屋一旁有些殘舊小屋就是夏井作發酵麵包的地方。

第二天一早散步回來，夏井先生正好在做麵包。說早，大約是 7 點多一點點，因為早餐是 7 點半。

森林中的民宿「海貓屋」

海貓屋可以外賣的麵包

Milly 出遊除非真的很累，一定會早起散步，大約都是 6 點或 6 點半，約走 1 小時，跟當地人迎面說聲おはいよ，早安！臉上是冷冷的空氣，讓人一天開始就精神舒爽。

夏井先生依然是圍著圍裙包著頭巾的模樣，在有些舊舊的窄小空間作麵包。還驕傲地給我看他自製的天然酵母，裡面有玄米和一些細細切的紅蘿蔔、馬鈴薯之類的野菜。麵粉是阿蘇產的有機小麥用石臼磨成，用阿蘇的泉水，結合自然力量的天然酵母麵包，期待吧？

實際品嚐，有口感，比想像中香甜，少了些一般天然酵母麵包的酸味，夏井先生說，那是他多年來的改進。早上 Milly 可是一口氣吃了 4 個酵母麵包喔，幸福。

如果對作麵包有興趣，可以參加 Pension 的天然酵母麵包體驗。一至三人，一次 2,500 日圓，就是說一個人 2,500 日圓，3 個人就一起分攤 2,500 日圓。不用很早，8:30-11:30。然後就可以拿到自己做的天然酵母麵包，大約 18 個，每個 50 克。

Pension 也可以安排附近河川的獨木舟體驗，貴得多，一個大人兩小時大約是 13,000 日圓。Milly 被主人領著介紹過當晚的房間，是可愛的木床小屋，典型的 Pension 房間，是雙人房，Milly 一人使用。

這間 Pension 海貓屋，一晚只能招呼四組客人，有五間房間。當晚是滿室，客滿。很熱鬧。Milly 通常會擔心住進一間很少人入住的旅店，尤其是山區。所以通常都會在訂房前，先偷窺一下

海貓屋的早餐

訂房的情況。像海貓屋，網路顯示當晚只剩一間，當然毫不猶豫地訂房，因為顯然當晚這間旅店是人聲鼎沸，至少不是淒涼的感覺。如果看起來每天都空房剩很多，那就要好好考慮了。不過都會的大飯店就還好。

夏井先生將 Milly 介紹給在廚房忙碌的 Pension 女主人，介紹辭是一路開車聊天蒐集的內容：她是台灣來的 Milly，要在日本從南到北玩三星期喔。顯然掌廚的是太太。

除了比 Pension 高一級的料理旅店オーベルジュ，Auberge 之外，一般 Pension 都是夫婦共同經營，掌廚和招呼客人男女分工。如果招呼客人的是男主人，掌廚就是女主人。有趣的是，通常掌廚的都是比較害羞的一方，絕少露面。

而 Pension 主人的生活空間也會絕妙地隔離在客人的活動範圍之外。一個好 Pension 會給人親切但不騷擾的氣氛。同樣地，作為一個好房客也要懂得適度尊重，例如晚餐後到隔天早餐前，就大多是私人時間，最好不要過於頻繁地呼叫主人。當然喜歡跟客人聊天的主人也是有的。

Milly 透過網路選的海貓屋住宿特惠專案是 Healthy Plan，「おいし～いヘルシープラン」，好～吃的健康住宿特惠專案。

因為 Milly 想一路吃吃喝喝地旅行，如果不注意一下，很容易就會愈走愈肥，因此刻意選擇了糙米健康餐。有多健康呢？介紹文是這麼寫的：野菜炸成的天麩羅保存了食材原有的甘甜，還有自製優格，以及究極的天然發酵麵包。

基本上幾乎所有 Pension 都會強調，實際上也會堅持使用當地農產和漁獲。海貓屋當然也不例外，當地野菜製成的沙拉，主菜紅酒牛肉配上當地產的番茄，季節山菜的天麩羅沾天然海鹽，鄉野一口蕎麥麵，農家自製蒟蒻沾自家製 6 年味噌，當地農產玄米、每天現磨精米，煮成五分比糙米飯，麵包當然都是用有機食材，雞蛋是有精卵，咖啡也是當地熊本泉水冲泡。

Key word 是自家製、當地農家直選食材，天然有機。不這樣的話，不能讓一餐飯也能營造出一個有想法的故事，不能有非來這裡吃的吸引點。

不過不知道是不是受之前日本景氣的影響，在找資料時意外發現，很多 Pension 都有所謂的「素泊まり」，推出只住宿不用餐的方案來吸引客人。這樣的賣點是，可以純住宿，然後晚上自己開車到附近的餐廳用餐，選擇較多。而且一般 Pension 幾乎都不太會換菜色，一年內的晚餐應該都是同樣的。然後 Pension 的晚餐多數會集中在 6:30-7:00，如果是從都會的週五趕來度假，路程很容易耽誤，不如就不吃晚餐，所以有些 Pension 就有所謂只附早餐的房價。

只是，如果是一個對自己的料理很驕傲的很自信的 Pension，客人都選擇只住宿不用餐，應該會很失落，畢竟招牌料理是 Pension 基本的號召和特色。

海貓屋的住宿專案名稱都很有趣。

「おいし～いヘルシープラン」，好吃健康住宿專案，一人 8,000 日圓。

「ひとりで泊まれる素泊まりプラン」，一個人也可以的純住宿專案，一人 5,400 日圓。

「心地いい朝食プラン」，舒適的早餐住宿專案，一人 6,600 日圓。

「風を感じる南阿蘇の旅プラン」，感受著風的南阿蘇之旅住宿專案，是基本料理餐，不是只追求健康，所以貴一些，一人 9,600 日圓。

「森の中のオーガニックグルメプラン」森林中的有機美食住宿專案，美食還附餐前酒，當然更貴一些，一人 11,600 日圓。

海貓屋的晚餐健康但是還能兼具美味，最好的是，吃完有些飽，但又不是很難過的飽。

早餐因為是天然酵母麵包，有些貪心地多吃了些，Pension 主人可能認為我有參觀製作麵包過程，也特別招呼，問 Milly 還要不要麵包的眼神

❶ 海貓屋的晚餐
❷ 海貓屋的餐廳
❸ 路邊的歐式小木屋

很殷切，Milly 怎能違抗？就多吃了兩個，也算是對夏井先生堅持麵包製作的一種敬意嘍。

房間沒有電視，到大陽台看過星空，觀望一下兩對情侶在屋前空地的甜蜜煙火玩樂，很早就入睡。基本上 Milly 是膽小的旅人，房間一定開燈，在山區旅店也會睡得比較不安穩。

好在那似乎來自關西的樂觀氣質兩組情侶檔，放煙火後又去附近喝了酒回來，之後更興致高昂地在陽台聊天，接近凌晨都還一直在睡意中隱約著人聲，讓 Mily 安心不少喔。

一夜還算好睡，果然如老闆自豪的，在鳥鳴聲中醒來。沿著 Pension 座落的小山丘下去，在大道路上晨間散步，參觀老闆製作麵包，晨澡過後用健康早餐。結帳後，等主人開車送 Milly 到立野車站附近前往湯布院的巴士站。

一宿兩食 8,200 日圓。不是 8,000 日圓？多出的 200 日圓是溫泉費。Pension 沒有溫泉，但是像 Milly 這樣沒開車的外地客，夏井先生會很好心地開車帶你去車程 5 分鐘左右的長陽溫泉會館，一般是大人 400 日圓，Pension 客人特惠 200 日圓。Pension 會再跟溫泉會館結算，兩百元就算在住宿費中了。

長陽溫泉會館很大很寬敞又光鮮明亮，還有露天溫泉。泡完溫泉，打電話通知夏井先生，他就會再開車來接。意料外的溫泉接送服務，讓 Milly 對這旅店又加了不少分數。 ▶1160

3

Day / 4

九州橫斷大巴士前往湯布院

8 月 22 日從南阿蘇前往湯布院。

夏井先生開車送 Milly 到立野車站附近大馬路上的巴士站，預計搭乘的是當日四班車中最早的 9:44 九州橫斷巴士。經立野前往別府，中間會通過內牧和黑川溫泉，約 12:25 到湯布院。票價 2,650 日圓，車上買票。

網站上是說請事先電話預約座位，但因為不是旺季，Milly 較為放心地沒預約。如果是黃金週之類的，就會建議還是先預約，或先在較大的、有售票處的出發站買票（例如從熊本去阿蘇，就在熊本出發總站買票）。可以在車上買票，但不能找萬元大鈔，司機會提醒在瀨的本休息站停留 10 分鐘時，買些東西找開大鈔，否則彼此都有困擾。

從立野至湯布院的巴士票價 2,650 日圓，青春 18 一天是 2,300 日圓。選擇搭巴士前往，是因為 Milly 知道到湯布院後，應該不會再利用其他交通工具，只是在湯布院徒步散策。雖說巴士多出 350 日圓，但是 2,300 日圓的票價應該用在更長線移動，才有利多。

其實 Milly 想過利用 JR 的青春 18，從立野車站到大分、別府，途中下車玩玩，再轉進湯布院。可以體驗一下傳統溫泉鄉，更可以享受豐肥本線宮地到滝水之間高聳的阿蘇高原鐵道，是可以看著窗外雄偉外輪山的鐵道旅行。 ▶1160

号

青春 18 很頭痛的路段

路線是立野—大分—湯布院。看似簡單也很順，問題卻出在宮地到滝水之間。在青春 18 攻略書上，稱之為乘車困難路線，Milly 稱之為鐵路攻略上的死穴，在定義上就是，青春 18 可以利用的普通車路線，一天中只有五個班次。

宮地—滝水就是如此。一天五班，聽起來不是很少，或許！但是用以下的角度去看：宮地—滝水的第一班列車是 7:07，接下來是 13:05、16:59、19:06、20:23，這樣你或許比較能體會其中的困難度。

如果 Milly 要在白天從立野出發到湯布院，就必須搭乘 6:07 的班次，經由宮地和滝水直接到豊後竹田 7:53，再從豊後竹田坐前往大分的 8:04 的班車，9:23 到達後，轉乘 9:55 的列車前往由布院（也就是湯布院），預計到達時間是 10:56。乍看很順，但問題是，必須 6:07 之前到達立野車站。自己開車還有可能，但是開車就不必轉車嘍。請 Pension 主人送你去，不是不可能，而是何必這麼趕，而且也失去了住 Pension 的意義。

Milly 想過，或許住在熊本市而不是阿蘇山區，但如果參照以上建議的完美接駁路線，就要在 5:12 坐上火車，6:04 到立野，搭 6:07 的車，但如此就失去了旅行真正的樂趣。旅行還是要能兼具移動美食住宿等等。

使用巴士，可以先悠閒地在 Pension 早餐、散步，12:25 到湯布院。如果利用青春 18，最快 10:56 到達湯布院，雖可享受鐵道旅行的樂趣，但要一大早搭車。

九州橫斷巴士

Milly 選的是前者。

當然這是使用青春 18 的情況。使用 JR Pass 就大可以坐特急前往大分或別府，轉車前往湯布院。正常票價從立野到由布院，乘車券 3,150，特急料金 2,970 日圓。

Milly 其實很建議這段採用巴士，不但比較經濟，而且沿線的山林和眺望的景色很棒。如果時間允許，還會建議你先坐巴士到近年來轉型成功、備受好評的黑川溫泉來個純泡湯一個多小時，再換下一班車去湯布院。

Milly 因為想多留些時間在湯布院，這次放棄這行程。

▶1160

湯布院是很女性的溫泉鄉

GO! 偏愛湯布院

第一次來到湯布院就愛上，總是大力推薦，力稱湯布院是最適合女性度假的溫泉鄉。

如果不是因為這麼偏愛湯布院，以嚐鮮的角度，這次應該去另一個受矚目的黑川溫泉。但是雖然的確搜尋了黑川溫泉的住宿，終究是重溫湯布院的想法定案，主因是 Milly 找到一間湯布院的溫泉旅店，「ふじ」。

前次是從福岡坐高速巴士前往湯布院，因為黃金週，高速公路塞車，兩小時多的車程，硬是塞成四個多小時，噩夢。這次是從南阿蘇切過山區橫斷來到湯布院，不是高速道路，不是旺季，一路風和日麗，愉悅的巴士移動。

因為是舊地重遊，心情穩定了些。湯布院不愧是旅行的好所在，在很有特色的黑色建築車站對面，很輕易就能找到寄行李的地方。有投幣式的寄物櫃和有人服務的寄物。Milly 因為剛好沒零錢，就選擇有人的寄物服務，300 日圓。

後來在旅館還看到一個情報，就是一些旅館和飯店會加入一個聯盟，如果你預約了這個聯盟的旅店，就可以花大約 500 日圓，將行李托 運到旅店，方便輕身先在湯布院散步一下。

說到散步，Milly 小小離題說說散步和散策的不同。散步是知道路線和目的的閒蕩，散策雖然也是知道大概的路線，但是多了好奇和探險的心情。如果到一個比較陌生的區域，想去發現些有趣的什麼，閒晃地走著就是散策。 ▶1160

1

2

❶❷❸ 湯布院的 TORO-Q
❹ 再見 SL 阿蘇 BOY

DAY 4

湯布院也有トロッコ列車

本來就要出發散步湯布院，但是一寄好行李，走進車站想要張地圖，正巧看見 TORO-Q 列車就停在第一月台，即將出發。

在前一天的 Pension 翻閱旅行雜誌時，才發現這季節在湯布院也有トロッコ列車，圖片中的外型頗為可愛，就想或許可以坐坐看，但是時間又不是那麼容易配合上，就想碰碰運氣隨意。沒想到一到湯布院，就可以順利搭上，lucky。

トロッコ列車在湯布院愛稱 TORO-Q。所謂トロッコ列車是在 1984 年，國鐵（就是 JR）將無蓋的鐵路貨車（可能就是台灣運甘蔗的小火車之類的）加上頂篷和長凳子，連結在定期運行的普通列車後面，命名為「トロッコ清流しまんと号」，在四國的四万十川路線運行之後，日本各地就陸續出現這類季節限定的休閒臨時列車。

之前 Milly 在南阿蘇鐵道搭乘的也就這種的トロッコ列車，台灣的朋友可能比較熟悉的是行駛在富良野夏天的富良野－美瑛的トロッコ列車，和行駛在京都嵐山的「嵯峨野トロッコ」列車。

TORO-Q 的普通列車，行駛在由布院車站和南由布車站之間，來回只要 8 分鐘，400 日圓。季節性地在星期六和假日才行駛，一天五班來回，基本上怎麼看都是觀光體驗的意義多過居民運輸的目的。至於快速線的 TORO-Q 是全車指定席（就是一定要預約座位），一天一班來回於大分和由布院之間，也是星期六和假日才行駛。

這只是概略的行駛時間，要搭乘還是要翻閱新的時刻表，例如秋冬季節就是 10 月 1 日到 11 月 27 日的星期六和假日。Milly 去的時候是夏休的尾聲，有不同的行駛時刻表。

在普通車後面連結的トロッコ列車是沒有窗戶的，夏天可以欣賞田野風光，涼風徐來，頗有度假滋味。冬天冷風颼颼，無窗的列車就是酷刑了。也因此這類無窗戶的トロッコ列車的行駛主要時期都集中在夏天。

TORO-Q 是キハ 58-65 系，資料這麼顯示，Milly 可一點都不了，只知道以圖片來看，很多普通車的一人駕駛列車都是這個車系，日本的鐵道通想必都能琅琅上口。

Milly 的觀察，日本鐵路迷可以分成幾種，一種是從列車的車型車種和路線，到火車的模型以及每個車站的特色，甚至便當等等都專研的鐵道通。當然從這專精系統也可以再細分，像是專攻鐵路便當或是火車模型的鐵路迷。

另一種鐵道迷也是從這系統延伸出來的，所謂鐵路寫真迷。因為坐在車上只能拍到車子內裝和火車停駛在月台的模樣，要拍到火車行駛在不同季節、不同大自然景觀的照片，就要在火車外拍攝，所以這類鐵路迷除了要坐列車外，還要開著車等在角度最好的地點，拍攝特殊車型的火車駛過的英姿，企圖拍下完美的照片。在日本玩過鐵路旅行的人，應該都會經常看見即使是在大雪的鐵道旁，還是有一些鐵道寫真同好杵在那裡拍照的樣子。這些照片就是在一些鐵路雜誌或是旅行雜誌上面，吸引你踏上鐵路旅程的照片。

另外一類鐵路迷則是喜歡乘坐不同火車和不同路線旅行的人，像青春 18 的熱好者。喜歡途中下車的就是其中一支，鐵路便當迷應該也可以歸類在此。

至於 Milly 只是一個喜歡乘坐火車移動旅行的人，算是最初級的初級。

這麼說吧，如果是很專注的鐵路迷，在南阿蘇除了乘坐トロッコ列車外，一定會再留下來，乘坐蒸氣火車 SL あそ BOY 列車。

因為 Milly 來到南阿蘇是 8 月 21 日，SL 剛好沒行駛。可是這內裝模仿美國西部，車掌也穿著西部牛仔服的 SL あそ BOY 列車在同年 8 月 28 日停駛，歷時 17 年。如果是鐵路迷就一定會多留一天，拚了命也要弄到車票，作最後的巡禮。不是專業鐵路迷的 Milly 就不會這樣行動，差別在此。（注：SL あそ BOY 路線後改以「あそ 1962」列車行駛，但あそ 1962 也於 2010 年 12 月 26 日停駛。）

不過說到這裡也難免要感嘆，因為現代人不斷求新求快，很多地方路線都陸續廢線，很多老舊的車型也陸續淘汰，像四國和北海道都已經變成普通列車行不通，非用特急才能順利旅行的區域。

青春 18 的愛好者就感嘆，普通車路線和夜車路線逐年減少，甚至連青春 18 都有廢止的危機。求快是好也便利，可是過於快速的路線，卻欣賞不到窗外的風景，是那些工程師和鐵路經營人不理解的盲點吧。

▶1160

湯布院散策

湯布院是很女性的溫泉鄉

Milly 很推薦湯布院的原因在於，這裡很像輕井澤那類的度假地，有很集中的旅行觀光消費區，雖是溫泉區，但是卻能融入一些很年輕的時尚概念，少了一般溫泉鄉的阿公阿婆氣氛名產店。

你可以在入宿周邊旅店之前，提早來充裕地散策，晃到下午。這裡有些不錯的咖啡屋、好吃的蛋糕店、絕對會喜歡上的麵包店、特色餐廳、各式小小的美術館，和不過於俗艷、種類頗多的特產店。

在這很集中的旅行消費區，還有名旅館「亀の井」和「湯布院玉の湯」，特色是，不入宿一樣可以消費，像「亀の井」旅店在金鱗湖畔的天井棧敷咖啡屋，就是讓 Milly 毫無保留喜歡湯布院的主要理由之一。

上次 Milly 來時，因為已經在別處喝了咖啡，到天井棧敷就只好退而求其次，點了夏日的名品純草莓果汁。這次就怎麼都要點杯咖啡。有趣的是，它不是一杯咖啡，而是一壺。

500 日圓一壺綜合咖啡是消磨時間極好的道具。這次 Milly 等到的是可以看見樓下的二樓書房座位。餐具和餐單都是用木製的升降機傳送，很奇特的經驗。

在這天井棧敷，Milly 總想能拍到角度更好的照片，但是讓人很舒適的柔黃燈光和復古的氛圍，卻很難用數位相機拍下全貌。

❶ 湯布院的餐廳
❷❸❹ 天井棧敷
❺ 湯布院的雞肉飯餐廳

總是嚐試又嚐試，就難悠閒。心裡就會想，怎麼又是焦躁的步調。或許要再多來幾次湯布院，更熟悉這裡，就不會總是因為貪心而不能悠閒。

沒錯，Milly 在湯布院總是貪心，這裡也想去那裡也想去，想刻意悠閒但是卻過於刻意反而不能很悠閒，只怪湯布院想去體會悠閒的點太多，矛盾。

像這次在出發之前就想好，上次沒去吃的雞肉飯這次要去吃，還要試試運氣看能不能買到那夢幻的南瓜麵包，然後這次一定要再去天井棧敷。

太多一定要去但是胃只有一個，所以看到上次吃過好吃的布丁，和上次吃過好吃的美術館旁邊的餐廳，就只能留連地多看幾眼，忍痛放棄。

這天的湯布院有些微微小雨，而且看天空，隨時有下大雨的危機。人潮卻依然很多。畢竟從福岡過來不是很遠的路程，加上女性雜誌溫泉專刊的長期大力推薦，很難不成為假日休閒的集中區。

怎樣的季節人才會少些人呢，或許是雪季。渴望能在湯布院舒緩著更悠閒的腳步，無法達到或許不是因為季節，而是自己的貪心（哈）。

甚至會想，要更試圖將有設計風溫泉旅店、有山野、有流行消費氣氛的湯布院，當作是自己常來寵愛的地點。只是那樣就要更懂得消費南方，消費九州，消費福岡。東京是最可能因為工作或旅行而去的地方。但東京和福岡的差距卻一點都不簡單，更何況湯布院。

都會和自然交替，適合 Milly 的旅人個性，所以要馴養湯布院必須先馴養福岡馴養九州。

4

5

不要怕！這溫泉旅館不過是位在……

Milly在這次旅程中拍到了第一隻貓，在不同國家不同城市，拍一隻貓是近日旅行的重要樂趣之一。就在湯布院美術館邊的金鱗湖畔，人來人往也絲毫不能搖動牠的專注，實在是異常專心看著水邊一方的模樣，讓每個路過的遊客都忍不住停下腳步，好奇的揣測牠究竟在看什麼，答案可能只有牠自己知道。

告別了哲學專注的貓咪，Milly開始回程到車站領取行李，慢慢散步去今晚入宿的旅店「ふじ」。雖說事前做好很多準備，但幾個小失誤，Milly手上竟然沒有ふじ的地圖。好在幾乎所有以溫泉掛帥的溫泉地，在車站裡一定有可以詢問的旅店和觀光窗口，可以臨時預約旅店，可以要到當地的旅遊地圖，可以詢問觀光資訊。

根據旅館服務窗口在地圖標出的位置，和之前Milly在附近散策的印象，自己判定ふじ應該不是腳程不能到的地方。網路上的資料是說從車站徒步20分，跟窗口的阿姨確認，是可以走得到，但是因為有一段上坡，可能比較吃力。

不會開車不會騎腳踏車不會摩托車，唯一自豪只有腳力的Milly當然不以為意，完全沒想到這段實際大約25分的路程（不含迷路，Milly是迷路天后），是在陰天也一樣流了一身汗的大運動。

前往ふじ，出車站後在第二個叉口，往右轉，地圖標示得很清楚，經過一間旅店就會看見一家餐廳，然後一座醫院，一個變電所，轉角是郵局等等，沿途風景還真不壞，有茅草水草搖曳的水邊，有小花田有稻禾，然後坡道來了，就這樣拖著行李嘿咻嘿咻地前進，經過開了一大輪向日葵的農家，終於看見了旅店的招牌，這時已經背部全溼透。

托福，可以先消化中午吃得有些飽漲的雞肉飯餐，留著空胃期待今晚的晚餐。

ふじ的全稱是「由布院ふじ」。透過網站一眼就喜歡上的地方，理由正是旅館座落的高台位置，和可以俯瞰由布院的陽台。只是沒想到要到高台下要走這段厲害的坡道。

第二天是雨天，請旅店叫計程車出發，大約才4分多不到，車費640日圓，一碗拉麵的價錢，其實還好。只是如果還要選擇一次，Milly依然會選擇走路才能到的旅店，因為腳步是記住一個地方最清晰的方式，只要走過的地方，幾年後都還能記憶。

到達的時候剛好遇見門口正在清掃，笑容燦爛的女服務生，真的是很燦爛，即使是現在，Milly的眼簾裡都還是會浮現她燦爛的笑容。給這旅店加分很多的，也是這位無時無刻都是燦爛笑容的年輕女服務生，這笑容可以讓你很放鬆，甚至可以衝破陰天的雲層，可以和緩一些陰氣。

陰氣？

基本上Milly除非必要，或是這旅店有真的很想體驗的邏輯背景，不會一個人入宿和風的溫泉歷史旅店（設計風旅店除外），因為一些日式靈異鬼故事總會莫名地浮現出來。但是到溫泉鄉，不住溫泉旅館又有些說不過去。所以看網站發現這個有些和洋並存、設計風的溫泉旅店就想，不是傳統溫泉旅館應該沒問題。

加上一晚兩食，一人入宿可，17,000日圓左右還算可以接受的價位，就毫不猶豫地打電話預約。電話那頭的男士也很熱情和氣，細心詢問有沒有不吃的食物，另外網頁設計很清新，讓Milly很期待這間旅店。

陰氣何來？

這是由布院ふじ的網站，www.yufuinfuji.jp，上面當然沒註明。原來看到旅店招牌後，一個上坡就發現停車場邊的墓地，貨真價實的一片墳墓。雖說日本的墓地都是家墳，不是那麼陰氣，但畢竟是墓地，而且就在旅店旁邊。哪個旅店會在網站上說，喔！對不起，忘了跟你說，我們家旅館邊有墳墓。

看見那景象，真是不由讓人倒吸一口氣，怎麼會這樣？印象在先，所以後來被笑容燦爛的女服務生帶著參觀餐廳和露天溫泉等地時，也都有些毛毛的。真是膽小，Milly 雖說出去散步經過墓地時都會說聲不好意思打擾了，當天晚上仍不能很安穩地入睡。一些想像不斷膨脹，即使是有陽台的房間，設計風的Lobby也頗有想法，但 Milly 都還是有些懊惱。

不過呢，如果你問下次到湯布院，Milly 還會選擇這旅店嗎？答案不是絕對的 NO，因為在吃完晚餐後，Milly 一改印象，大大地開心，好在自己選了這間旅店。（注：由布院ふじ已在訂房網站消失，旅館網址也關閉，原址現為住宿設施「ゆふの日 さくら」。） ▶1160

田園溫泉鄉

好在料理超好吃有誠意

本來對由布院ふじ的期待，是在有些設計風的旅館內裝，對料理沒有很執意。可是在由布院車站前的名產店兼書店裡翻閱的旅行雜誌似乎贊許這旅館的料理。實際用過餐後，不論是晚餐或是早餐的用心和餐點的口味，都是大大的滿足。

由布院ふじ的住客一律都是在餐廳而不是房間用餐。觀察旅館的人力，要兼顧每一個房間來回奔走上菜，似乎有些吃力。

餐廳的內裝很新穎也很明亮（這間旅店的缺點之一，內溫泉的裝潢不夠明亮），Milly 被安排在桌子位，免於坐榻榻米腳麻。桌子上有各房間的名字，例如 Milly 入宿的房間是葉月，很明顯就可以知道自己是哪一桌。

Milly 有小小觀察過，日本這類旅館或 Pension，如果是一個人入宿，餐桌位置通常都會比較邊位，然後餐具的擺設會自然引導你坐下來後不會跟隔壁桌的人面對面，避免尷尬的四目交會。就是說幾乎都是讓你背對隔壁桌，這點很貼心。

餐點很明顯是活用當地食材料理出的創作和食，餐具也很用心，在用餐的同時也能享受視覺的美感。

那天晚上的餐點有梅酒、黃瓜絲素麵、夏季各種新鮮食材的精緻前菜、紅鱒魚跟芋類的蒸物、地雞（當地的土雞）的肉丸子青菜火鍋、豊後牛味噌葉烤、南瓜焗（這個是 Milly 的超級最愛）和豆漿布丁等等。分量十足，最後還來上一碗晶瑩剔透、熱騰騰的南由布院白米飯，配上丸仔湯，真是有些吃不下又不能割捨。

不過 Milly 對美食的 POWER 可不是小小的，一滴一粒不剩地全部吃完。幫 Milly 上菜的女服務生因此笑容就更燦爛了。

早餐也是美味，尤其是那慎重地放在竹籃裡的放山雞新鮮雞蛋，加上醬油攪拌，淋在香軟可口、

早上才新煮的精選白米飯上時，更是幸福滿滿。

好吃好看滿足，Milly 忍不住探頭跟在餐廳一旁帘子後廚房的大廚說，真的是很好吃，每一道料理都美味，也看到用心。主廚大概沒遇過這樣熱情的食客，很開心地微笑回應。

一般還算好吃的，Milly 都會加上客套說真好吃。但是這間旅館是真的美味，感受得到廚師的用心，誠心誠意地說真好吃。正是因為這樣，對這本來有些小小遺憾的旅店，重新評價。

一般入宿溫泉旅館，除了好的溫泉設備、貼心但是不過度的服務外，料理也是重點。名旅館的料理當然不在話下，但是不到 30,000 日圓幾乎體驗不到。頂級的溫泉旅館甚至要付 60,000 日圓以上的住宿費，因為還沒這種魄力和財力，憧憬也只能憧憬。（Milly 以前的幾次溫泉旅店經驗，料理都只是一般，也要付上 13,000 左右。）

20,000 日圓以內的溫泉旅館，已經是 Milly 目前的上限。Milly 的計算公式是：住宿如果 8,000-10,000 日圓，是可以的範圍；好吃的、有誠意的日本料理晚餐，大約要 6,000-8,000；早餐大約是 2,000-3,000 日圓。因此如果住宿好，又吃到美味的精緻日本料理（或是豪快的海鮮），20,000 日圓是合理的投資。

所以這次能同時享用設計風溫泉旅館，又能享用有水準的創作和食，自然是滿足不在話下。資料顯示，由布院ふじ的大廚是在飯店洋食部及日式料亭修業過，融合了和洋經驗而發揮的創作料理。餐點是依照季節更換，就是說，如果你在冬天去由布院ふじ，跟 Milly 這次體驗的美食就未必相同，或許也是吸引客人再度光臨的重點。

Milly 的朋友說過，妳還挺捨得吃的（所以寫不出貧乏旅行的鐵路旅行旅記）。非也，其實只是對吃比較堅持，在 B 級的原則下，堅持絕不

隨意吃，然後慢慢吸收知識和經驗。在有限的經濟能力下，慢慢進階來品嚐 Milly 喜歡的日本料理。

在日本可以吃到價錢比較合理，又有一定保障的好吃日本料理，因此只要去日本，就會放膽放手去品味一些在 B 級以上多一些些的中價位餐廳。

知識和常識是重要的。不是說要ㄍㄧㄥ到什麼程度，而是至少要知道 Why & What。總之，Milly 對日本料理的一些基本知識和常識很有興趣。例如不見得有資金去吃料亭，但卻很有興趣想知道料亭和烹割的差異，想知道一見さん在日本料理裡的定義。

料亭多數只有一間間用餐房間，多數有日式庭院。服務人員穿梭在各房間之間，但是你看不見幕後的廚房。至於烹割則是有櫃檯位、有桌子位的高級日本料理店，可以看見廚師在櫃檯後料理食物的樣子。大致定義就是這樣。雖說知道了 Milly 也不見得可以氣定神閒地一個人突破難關去料亭用餐，但光是知道就覺得很有意思。

Milly 基本上還是一個標準的定義迷。或許也可以這麼說，慢慢地，一些溫泉旅館也會接受一個女子的入宿，而不會像以前那樣去假設，一個女子住進溫泉旅館，都是因為失戀還準備自殺的。

在一個旅館享用舒適的空間和服務，品嚐精緻美食來犒賞自己，應該比一個女子進入料亭或是烹割來得容易。

對於陸續開始企圖品味一間溫泉旅館，Milly 興致勃勃喔。

原本預計在旅店附近早些起床散步，同時順路探勘一下可能可以更省力省時地到由布院車站的路線。但這個吃完早餐慢慢拖著行李前往車站的計畫，卻在散步的途中否定了。不是路段不好，而是下起了小雨，雖然沿途的河堤美好稻田遼闊，也都只能腳步加快。

如果不是因為下了雨，其實附近的散步路線是很不錯的，如果起得早一些，還可以夾著些霧氣，加入當地小朋友和居民的廣播晨間體操，可以沿著稻田看著遠山，回程在某間旅館的前庭，泡個免費的足湯。

是很推薦的節奏，然後回到自己的旅館，泡個早湯，溫泉三味最後一味。下雨？就麻煩些。尤其是雨越下越大，就順勢做個成熟的旅人，委託旅館的人員，讓計程車在 Milly 吃完早餐後的 8:30 左右來接，前往由布院車站。

雖說也許你已經知道，這樣委託叫車並不要多加車費，一樣是從旅館出發跳表。

▶1160

❶ 前往湯布院住宿的路上
❷ 湯布院站內的足湯
❸❹❺ 湯布院清晨雨中散步

2

3

4

5

Day / 5

第二天使用青春 18 大移動至本州廣島

今天的目標是從九州的湯布院，前往本州的廣島。

最快的方式是，從由布院坐特急到博多，再轉新幹線去廣島，大約 11,930 日圓費時 4 小時 13 分。要注意的是，第一班從由布院往博多的特急是 9:07，再過來就是 12:00 了。

但這天是使用青春 18 移動的日子，自然就要一早研擬好最快最順的路線。計畫中或許可以從由布院→久留米→博多→門司→下關，接著換車到廣島，馬不停蹄地換車換車，預計 9 點多發，晚間 7 點多抵達。但是 Milly 的理想路線是不走以前走過的路線，企圖改從由布院到大分，再上行到門司港通過下關前往本州，順著山陽本線前往目的地廣島。

Milly 在出發前猶豫過，該向右利用久大線，還是向左利用沒經驗過的日豐線？ 發前的攻略計畫，選擇的是前者，因為後者雖說比較有趣，卻會撞到一些不順暢又費時的轉接路段，到達廣島會很晚。

但是 8 月 23 日當天，實際上選的卻是後者。理由很簡單，因為下雨坐計程車很快就到了車站，大約是 8:34 分，剛好有 8:40 前往大分的班次。相反地，前往久米留 9:22 分的班車卻還要等一段時間，當機立斷就提著行李上車，心想見招拆招，上車後再重新布局。其實那時 Milly 心裡早有盤算，就是或許這裡可以使用一次青春 18 攻略上所謂的ワープ。

▶1160

Y-DC125
125-25

攻略

青春 18 的超級攻略，ワープ（跳躍）

ワープ，英文是 Warp，所謂宇宙空間的瞬間移動。聽起來很酷吧，所以就想趁此機會來個ワープ體驗。

在青春 18 的攻略上，使用ワープ，就是在某些普通班次過少、接續困難的路線上，利用一段特急或新幹線來連接。雖說要多付一些車費，但是爭取到更多時間。畢竟利用青春 18 旅行，不完全只是移動的挑戰，如果時間都花在移動上，就失去了鐵道旅行的真正樂趣。

在 Milly 的邏輯上，移動、旅行和住宿，最理想是三分天下各 8 小時。若無法作到，旅行的時間也要控制在 4 小時以上，才能讓心情一直保持新鮮，不易在旅程中厭倦。

在說這路段如何利用ワープ之前，先要列出不利用ワープ的基本轉接路線。或許有些瑣碎，但是一定要這樣抽絲剝繭，才能理解。

例如這一趟，不利用ワープ，是 8:40 由湯步院出發前往大分，9:39 到達。可是前往柳ヶ浦的班車卻在 9:36 就發車了，因此必須轉乘 11:04 出發，11:57 到達中山香的列車。可是到了中山香又斷線，13:34 才有一班車 14:04 分到柳ヶ浦。到這階段已經要放棄了。如果還是不死心，就繼續在 14:36 轉車前往下關，約 16:27 到達，如果不想下車轉車，就建議搭乘 17:51 的普通車，直通廣島，在 21:54 到達廣島。費用原本是 6,510 日圓，利用青春 18 理所當然就是 2,300 日圓。

從湯布院轉車經久米留到博多的路線是 9:22 出發，不斷轉車大約晚上 7 點以後到達廣島，從湯布院 8:40 出發轉大分卻要 21:54 到廣島。這就是 Milly 最早選擇前者的原因。

可是因為使用ワープ，15:55 就轉車到了廣島宮島口，旅遊一下，約 6 點多一些就可以到旅館去 check in。還可以充裕地轉電車，迷了些路地拍下廣島原爆公園在夕陽下的地標遺跡。

多花了 2,000 日圓的ワープ車費，爭取到的時間，是可以到達第一次旅行日本有難忘回憶的宮島和原爆公園，來到廣島才因此有意義。

乘坐列車的樂趣

Milly 這次採用的路線，是 8:40 從由布院到大分 9:39，要很衝地爬階梯到另一個月台，乘坐 9:42 開往宇佐的特急（這班車是前往博多的特急 SONIC）。10:24 到達宇佐，要很衝很衝地到對面月台，搭乘 10:28 出發到新山口的列車。13:41 到新山口，立即轉 13:44 分的列車到宮島口，終於 15:55 可以到達車站，開始旅遊。

計算一下，在走出宮島口月台之前，8:40 分坐上車到 15:55 分最後一次下車，約 7 個小時都在火車上，在地面上的時間只有 10 分鐘，而且都在跑步換車。

不過在下關會停比較長的時間，因為 JR 九州的車掌和駕駛要跟 JR 西日本換班交接，因為已經出了九州而進入本州，車掌的制服也完全不同，是很值得觀察的現象。因為要停大約 15 分左右，熟路的鐵路迷都衝下月台，去對面月台買下關的火車便當，只買了飯糰的 Milly 有些懊悔。

從宮島口到廣島班次很多，快速線只要 25 分左右，基本上可以說，原本是晚間 7 點到達廣島，但如果不去宮島直接去廣島，大約 4 點半就到了。

多出的 2,000 日圓是大分到宇佐的特急，行車時間 42 分。這就是ワープ的價值，和計算何時使用ワープ的樂趣所在。

攻略
青春 18 遇上特急的時候

這裡要提醒，一般日本車票基本上分「乘車券」「特急券」和「指定券」三種。普通車和快速線是只需要乘車料金的乘車券（運賃）。你或許就會想，青春 18 是類似乘車券一天 2,300 日圓的企劃票券，補上特急料金就可以乘坐特急，不是很划算？注意！這是行不通的，青春 18 就算補上特急料金，也不能乘坐特急，除了極少數的特定路段。

要乘坐特急就要重新買票，包括乘車券和特急券。如果像這樣時間只夠換車不能出月台買票的情況，別緊張，車掌一定會來查票，只要講你上車的車站和要去的車站，補票就好。

如果不是使用青春 18，而是一般的普通車票，從 A 地至 B 地，但中途換乘特急，那就只要補上這段特急的特急料金即可，差別在此。小心的是，轉乘前使用的票不要弄丟，以免對方以為你刻意逃票，有時就會算更長的路線車費。

注：九州新幹線於 2011 年 3 月 12 日全線通車，可以搭乘「燕子號」（つばめ）、「櫻號」（さくら）、「瑞穗號」（みずほ）等新幹線列車，同時順應新幹線的通車，九州很多舊列車都已淘汰，並加入了像是「特急 A 列車」、「特急指宿のたまて箱」（簡稱 IBUTAMA）、「特急あそぼーい！」（特急 ASO BOY），請上 JR 九州網站查詢：http://www.jrkyushu.co.jp。

Day 5 Tuesday

一定要繞道廣島的理由

就這樣，2,300 加上 2,000，Milly 以 4,300 日圓到達廣島。

從宮島口到宮島神社的渡輪，請記得青春 18 可以免費搭乘喔，不要放棄這福利。

本來更順線或更另類的路線是，從九州坐船過來，會比利用 JR 從九州繞過本州到四國來得快。的確也蒐集了各種航線，例如從大分的港口前往四万十川附近宇和島的入口港，或從門司港前往有道後溫泉的松山入口港。最後還是決定利用鐵路線，一方面是想實踐青春 18 移動的邏輯，希望是真的能跨越本州，有縱貫日本的意義；另外最大的理由其實是，想入宿那間一直想去體驗的廣島商務旅館 Flex。

有了一定要到廣島的第一個絕對理由，接下來就要找更多內容來豐富這個決定。廣島是 Milly 第一次到日本旅行很有回憶的地方，那時是從九州福岡入境，觀光了福岡的太宰府，然後就前往日本三大景的宮島神社，和同樣出名似乎一定要去的廣島原爆公園。記憶有些模糊，似乎也去了日本三大名園的縮景園。初次旅行，對於什麼三大名園三大景應該是沒什麼抵抗力才是。

為了重新踏上記憶的路線，Milly 在前往廣島之前的宮島口途中下車。一下車你就會充分感覺到，這裡果然是日本必來的觀光大據點，各國觀光客黑的白的黃的人種聚集，為的就是這矗立在海上的宮島嚴島神社。

首先要再次提醒，從宮島口前往巖島神社的渡船是 JR 經營的，如果拿 JR Pass 或青春 18，船費不用另外購買，來回 370 日圓（三罐飲料喔），可以省下來。

去的時候是退潮，原本可以走到鳥居最近處，可是因為拖著行李，作罷。只能跟著已經很熟練地招呼觀光客的小鹿，一起在岸邊眺望。

Milly 更喜歡的是面對紅色鳥居的神社走廊和神社前的祭典舞台，可惜去年的颱風侵襲，受到很嚴重的破壞，這時還在大整修中。

現在每逢颱風入境，新聞也都會很慎重地在這裡連線觀察。似乎之前這裡都沒受到這麼嚴重的破壞，經過了上次慘劇，大家也意識到，這世界遺產巖島神社和鳥居可能會輸給大自然的威力。

如果胃口不錯，還會建議在這裡買盤現烤的名物生蠔，Milly 因為希望能在黑夜來臨之前到達原爆公園，趕路中沒停留太久。

第一次來到宮島是 20 年前，回憶記憶，記憶卻已經模糊了。

▶1160

1

2

❶ 宮島名物，鳥居及鹿
❷ 宮島上的烤牡蠣

GO! 感嘆原爆平和公園

趕到廣島，從廣島車站出來走路大約 7、8 分就可以到 Hotel FLEX。沒能先慢慢沉浸在這一眼就喜歡上的 Flex 現代旅店風味中，匆忙 check in，將行李丟到房間，梳洗一下就又匆匆啟程，在廣島車站前換電車前往原爆公園，也就是平和公園。

用廣島電車觀光廣島很方便，一定的路段價錢都是統一的 150 日圓，下車處也有很明顯的觀光指示標誌。單是乘坐頗有風味的廣島電車，其實已經是觀光的一部分。

1945 年 8 月 6 日美軍在廣島投下原子彈。2005 年是原爆 60 週年，出發前剛好從 NHK 看見一連串的紀念活動。Milly 是絕對的反戰分子，完全不認同世上有什麼正義之戰。先不去管什麼歷史背景、歷史責任，對於在原子彈下犧牲的民眾，還是應該帶著悲憐之心。

2005 年 8 月 23 日 Milly 以黃昏為背景，拍下原爆ドーム的照片。大學畢業的第二年來到廣島，記憶中這個建築很鮮明地存在著。

原爆ドーム原來是舊廣島縣物產獎勵館，是原爆後的遺跡，1996 年以世界和平的象徵為由，申請為世界遺產通過。

用戰爭的悲劇來強調和平的重要，可能就是平和公園存在的意義。不過，人類是比自己想像還不值得信賴的動物，世界沒有一日沒有戰爭。甚至無忌憚的濫用大自然，為自己的欲望濫殺動物，導致狂牛症、禽流感的反撲。

大自然的反撲，似乎比人類之間的戰爭，更應該正視也不一定。

忍不住嚴肅一下，受平和公園氣氛感染。 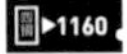

▶1160

1

❶ 廣島平和公園
❷ 廣島電車
❸ 廣島原爆紀念
❹ 廣島暮色
❺ 廣島吃的烏龍麵

2

3

4

5

Kikkawa
Hotel
FLEX

簡約風設計感商務旅店

要找到 Hotel FLEX 的網頁很簡單，只要在 Yahoo Japan 打上 FLEX 搜尋。www.hotel-flex.co.jp/

知道這間旅館，是經由一本 PEN 男性情報誌，一期關於プチホテル的專題中。

プチ是法文外來語，意思是小小的。小小的精緻的旅館，有別於一些大型觀光飯店的富麗堂皇，更能展現經營者和設計者對於一個飯店的意念和堅持。

受這專題的影響很大，完整了 Milly 對於住宿一間旅館的概念和想法。這本雜誌專題介紹的飯店，只要價錢是 Milly 的消費範圍內，幾乎都想嚐試。

終於，等到了可以路經廣島的一天，入宿在河岸邊的 Hotel FLEX。接近車站，且能「消費」一間旅店，7,500 日圓一宿，物超所值。

Flex 的意思是讓肌肉收縮？！可是如果跟一些名詞並用似乎就有柔軟的意思。一間能讓你放鬆的旅館，所以取名叫做 Hotel FLEX。簡單的推論。

從雜誌一見鍾情怎麼都要入住一次看看的原因，是它現代簡約的外觀和內裝。俐落又很有穿衣品味的上班族男子，如果變成一間旅館，就一定就是這旅館的樣子，這形容或許很奇怪，但如果你入宿過，就會知道為什麼這樣形容。

不是女性的設計風商務旅館，而是男性的。高知的 7 Days Hotel，就相對比較女性。有趣的是，Hotel FLEX 是由女性掌理的 Kei Miyasaki 建築設計公司擔當的作品，到這設計公司的網站一看，好像 staff 也都是女性。

Hotel FLEX 的線條和用色，甚至動線都很簡約，沒有過多修飾，是 Milly 以為它是比較男性的理由。唯一可以窺見女性心思的，可能就是那面向河邊的早餐露天咖啡座。

這次是透過じゃらん .net 訂房，很方便。意外的是，西方客人很多，連 check in 櫃檯的資深女性從業人員，也隱約覺得是喝過洋墨水的老練，態度也幾乎窺見不到一般日本飯店工作人員很修飾的殷勤，而是那種很簡潔快速的冷靜。

櫃檯邊有電腦供住客上網，如果帶了電腦也可以跟櫃檯要軟體設定（可惜 Milly 不會），如果要洗衣，位置在很微妙的樓梯後有些狹小的所在，是投幣式的。有酒吧和二樓餐廳，偷看過一下，很不錯的簡約風，以白色為主的法國餐廳。

簡約簡約，就是 Milly 喜歡這旅館的原因，也是它給 Milly 很完整的印象。

▸1160

Day / 6

四國 品味烏龍麵和現代建築

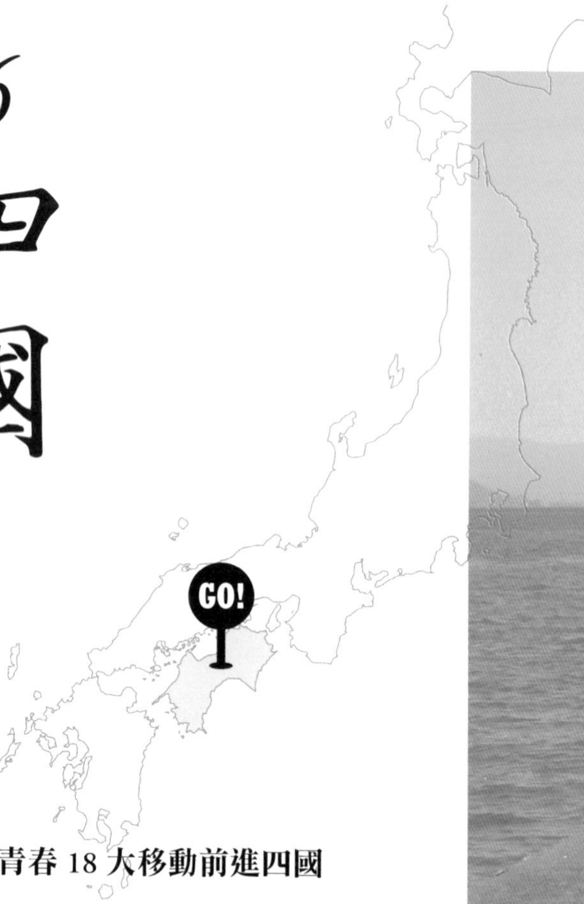

第三天使用青春 18 大移動前進四國

8 月 24 日從廣島前進四國。本來的行程預計是：坐廣島地面電車前往原爆公園，回旅館繼續坐電車往廣島港，搭渡船到四國的松山入口港，船費 2,700 日圓，費時約 1 小時 40 分。

但是因為昨天超越進度，已經去過了原爆公園，加上四國行程有所修正，有一天改用四國計畫套票，多出的青春 18 就移至這天使用，意外連結出一個與原本計劃大不相同的跨海／藝術／烏龍麵和朝聖之旅。（注：2011 年 4 月 JR 四國推出了 2-5 天的四國 JR 周遊券「All Shikoku Rail Pass」，破除了日本國內唯有四國沒有提供周遊券給海外遊客使用的困境，四國的鐵道旅行也勢必會產生跟以往不同的操作模式。）

早上帶著前晚散步買好的早餐，前往 JR 廣島車站。7:06 廣島→岡山 9:53（2005 年 8 月的時刻表）。班次很多，不必特別計畫，除非你想更順利地接上平均 30 分鐘一班、從岡山到四國高松的 Marine Liner ——瀨戶大橋線快速マリンライナー。

▶1160

攻略

跨越瀨戶內海列車的座位攻略

在 Milly 的邏輯印象中，似乎本州的岡山是四國的一部分（或四國是岡山的一部分），一切都可能是因為那超級方便的快速マリンライナー，2003 年開始行駛。

從岡山前往四國的高松，45 分鐘 1,470 日圓，第一節是雙層列車，下面是普通車指定席，要事先預約，多付一些指定席的費用；二樓是頭等艙。使用青春 18 只要加付頭等艙或指定席的費用，就可以乘坐。

為什麼要多付指定席的費用坐第一節列車？因為據鐵路迷的說法，這節列車的二樓因為窗戶開得很大很高很寬，視野很好，是觀賞瀨戶內海極佳的特別席。

Milly 那天因為匆匆換車沒能預約座位，如果你有興趣，可以參考日本鐵路迷的預約攻略：二樓的 2-9 列 A-D 座位，是推薦座位；如果是一樓，則是 1C 最佳，其次是 1B 和 1D，1A 因為是在駕駛座後面，風景就差多了。

1998 年瀨戶大橋完工，跨海鐵道也同時完成。除了方便兩大區域的連結、加速四國的經濟發展，乘客更可以透過高吊的大橋，瀏覽瀨戶內海上的群列小島。

瀨戶內海有多島海的美稱，火車經過瀨戶大鐵橋時，即使有鐵架阻擋，還是可以看見海面上一座座島嶼，好天氣的黃昏更是美景，很推薦。這條連結本州和四國的鐵道，稱為瀨戶大橋線。可是鐵路迷說這不是正式的命名，而是將宇野線、宇讚線混合在一起，從岡山到高松間這條路線的愛稱。

從岡山到兒島屬於 JR 西日本，在兒島這站車掌和駕駛會和 JR 四國換班，因為之後就是屬於 JR 四國。這麼頻繁的路線，每天都要換班來換班去，果然是日本邏輯。但還是會想，難道沒有更好的方式嗎？畢竟是很頻繁的鐵路線啊。

乘坐瀨戶大橋快速マリンライナー可以直達高松，但是 Milly 要去宇多津吃傳說中好吃的烏龍麵，就在坂出換車前往宇多津。

❶ 過瀨戶大橋
❷ 快速マリンライナー
❸ 四國之旅海報

朝聖宇多津巨砲烏龍麵

四國是烏龍麵勝地，好吃的烏龍麵名店很多，選擇這間宇多津的烏龍麵店おか泉，是因為從地圖看來，似乎是車站步行可達的地點，方便途中下車一遊一吃。

下了車站好個熱天，抹著汗，不會看地圖的Milly又有些混亂，攔住一對小學女生問路，小學女生之一：啊！那間黑色大看板的烏龍麵店，我看過，就是這裡一直走，再左轉再走一段路就會看見。

連小學生都知道，想必有名。雖說天氣真的很熱，充滿期待拖著行李向前。可是走著走著，卻見不到黑色大看板。又找了一對情侶問路，男生說：啊！真巧，我們也正要去那間店，就在前面了。果然有名。

距離車站約路程10-15分，真的是間烏龍麵名店的樣子，因為11:30開店，12點多一些已經滿座，後來的人就要排隊了。

名物是烏龍冷麵890日圓，放了像兩根大砲的炸蝦，味道？超級おいしい～～，絕對值得下次再途中下車來一吃。炸蝦夠分量，烏龍冷麵，淋上醬汁擠上檸檬灑上芝麻……完美。烏龍麵更是咬勁十足。

幸福的午餐，大滿足。

▶1160

GO! 繼續途中下車美術館朝聖

從九州到四國，可以經由海路，也可以從尾道利用公路穿過一座座連結島嶼的橋，到達四國的今治。鐵道比較花時間，但是終究選擇搭火車，是因為想經過宇多津吃碗夢幻烏龍麵，然後繼續途中下車，前往車站邊的丸龜美術館。

本來每一條從甲地到乙地的路線，都絕對有最完美的連接方式和時間表。但是決定路線這件事，卻是絕對地自我，沒有標準答案。Milly 分享自己的旅行路線，不是說這就是絕對好路線。分享一些 Milly 的錯誤或是美好的原則，你或許能因此找到自己的路線，就是好分享。

從宇多津到丸龜只有一站。車站右手邊就可以看見丸龜美術館，完全不會令人迷惑地矗立在那裡。網站在此，web.infoweb.ne.jp/MIMOCA/。

說丸龜美術館似乎有些俗氣，說 MIMOCA 美術館就有些感覺了。MIMOCA 是 Marugame Inokuma-Gennichiro Musium of Contemporary Art 的縮寫，丸亀市猪熊弦一郎現代美術館，又豬又熊？ Milly 沒禮貌。

別管名稱，這美術館不論建築和主題，都是無可挑剔地美好。如果你自認對藝術尤其是現代藝術沒啥資質，就像 Milly 一樣的話，這裡依然適合在途中下車時緩口氣喝杯咖啡。不用買門票看展覽也好，看看建築，拍張照，在與美術館融合為一的咖啡屋喝杯咖啡，不壞。

為了紀念丸龜市建市 90 週年，豬熊弦一郎捐贈一千件作品，成為這間美術館的常設展覽品。這美術館的主旨是，MIMOCA 像是都會教堂一般的存在，隨時可以讓人們休憩交流，讓身心得以安穩。為了成為一間能讓民眾更親近使用的美術館，地點選在車站邊，有很大的廣場和開放空間，同時戶外也有展示作品。美術館建築本身則是谷口建築研究所設計。 ▶1160

換車前往丸龜

❶ 往松山列車窗外
❷ 轉車前往松山

不是想像中那麼海岸的海岸線鐵道

從丸龜到松山，走的是予讚線（高松－松山－宇和島，宇和島是地名，不是一座島）。

基本上高松是四國最大的車站，尤其是瀨戶大橋線快速マリンライナー達高松後，更奠定了高松是四國最大都會的地位。但是從高松到高知，要在多度津換車。如果從岡山出發，到高知、高松或松山都有特急列車直達（混亂的話，請見本書所附地圖）。

四國是一個以特急為主的區域。從丸龜去松山，如果坐特急約二小時，很快。但是這天使用青春 18，就必須比較有耐心地換車。

先從丸龜到觀音寺，轉車到伊宇西條後，再前往松山，費時約 5 小時。從廣島到松山，普通車車費是 6,330 日圓，青春 18 依舊是 2,300 日圓，加上之後去朝聖下灘來回的 1,080 日圓，當日乘車積分賺 5,110 日圓。

而予讚線從宇多津到松山的這路段，在時刻表地圖上看見的鐵道路線，似乎是沿著海岸。Milly 第一次搭乘之前，也曾經幻想過，但是好在有前人的鐵路遊記提示，杜絕了這個期待。予讚線可以看見海岸的路段並不多，Milly 的經驗是，只有離開觀音寺及波万之後的路段可以看見海。

即使如此，Milly 還是頗推薦。因為在可以看見海岸的路段，可以欣賞海上列島，是很有風情的風景。當然如果坐的是普通車，就要有等待特急通過的雅量。四國以特急列車為主軸，慢車總是得等特急列車通過才能行駛。不過如果有 MP3 的音樂陪伴，翻著時刻表試算一下接下來的路程，時間還是頗好打發的。

看著窗外的天氣，怕的只有天色，因為希望能天黑之前趕到下灘，青春 18 的聖地下灘站，

這次一定要完成任務！

▶1160

GO! 青春 18 絕對要朝聖的下灘車站

若要知道下灘車站對於青春 18 同好的重要，同時想了解為什麼這小小的海邊車站會成為青春 18 的聖地，就一定就要用一些版面，貼上大大張的青春 18 海報，來細說一下。

經由這些貼在車站、掛在車廂的海報，很多人的心雀躍起來，開始了旅程，使用青春 18 開始的旅程。因為一張車票，可以讓你的旅程有無限的可能。所以雖然說有更好的專案車票，可以用更便利的速度前進，青春 18 的旅行依然有它獨特的魅力。

以下灘車站作為青春 18 海報的第一年是 1998 年的冬天，然後 1999 年和 2000 年也是在下灘車站取景。

1998 年冬天海報上的文案是：**從到站的列車下來的是，高中生的我。**

一天 2,300 日圓的交通費，可以到達日本每一個有 JR 路線的車站，即使是高中生，也容易存到旅費出發。這或許也是青春 18 取名為青春 18，而不是「人人 100」的背景。雖說實際上並沒有年齡和身分限制，但開始主要吸引的族群還是年輕學生。

因為一天的交通費可以控制在 2,300 日圓，年輕學子可以在春假暑假寒假，用自己無敵青春的體力，發揮好奇和夢想，乘坐火車到達大山大水好天空或是歷史名地。這跟歐美年輕學生背著背包徒步旅行的精神，有些雷同。

1999 年冬天，青春 18 海報文案是：**你曾經有這樣的經驗嗎？不由自主地想在一個這樣的車站下車。**

因為一天 24 小時不論搭乘多久，都是 2,300 日圓，所以可以隨性地途中下車。下灘車站的確具有吸引你無謀地途中下車的魅力。

如果你只是經過這個車站，遲疑要不要下車時，車就開了。離開後，你會想，剛才或許應該下車才是，可是這樣的小站，普通列車才有停留的小站，會不會下一班車是在一小時之後或更久？或許這是村上春樹小說裡，一個人的故事中，容易被駕駛給錯過的小小的車站。

但這車站就是會在你的腦海裡留下印象，然後或許有一天，你終於忍不住在這車站下了車。或許這車站會因為你終究沒能途中下車，只成為你印象中模糊得甚至名字都忘記的夢幻車站。

在日本一些面臨廢線危機的路線上，似乎都有像下灘車站這樣的車站（歐洲火車的路線上也有很多）。年輕人或許沒有錢，但是有不計算的純真和時間，利用青春 18 去探索這樣的車站，也是青春 18 的精神之一。

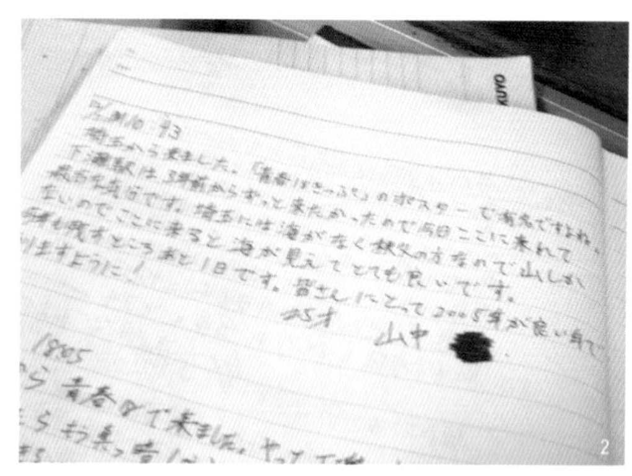

❶ 青春 18 海報
❷ 下灘車站的留言本

2000 年冬天的青春 18 海報文案是：**你好，我正在日本的某處。**以書信的方式，告訴朋友自己正在日本的某處。只要有一張青春 18，就可以到日本的天涯海角。或許不是什麼了不起的地方，但是光是置身某個地方，已經是旅程，已經脫離了腐舊的日常，在非日常的時空中，一個 refresh 中思考中的自己。

這張海報也正是影響 Milly 迷上青春 18 的關鍵，看見這個海報，整個心都被吸過去。不是無敵青春的 18 歲，卻一直希望自己能保持好奇和夢想的 Milly，於是更加憧憬青春 18 旅行的精神。

所以你或許可以體會，Milly 上次來到四國卻沒能前往下灘車站的遺憾，以及這次必須前往下灘的心情，當然同時也大約能明白青春 18 的同好一定要到下灘車站朝聖的理由。

在下灘車站的留言本裡，寫滿了來自日本各地的青春 18 朝聖者的熱情宣言，從 Milly 拍下的這頁留言可以看見，一位是東京附近埼玉縣來的，一個是長野附近甲府的遊人。

上面也都清楚地訴說著，因為看到青春 18 的海報，一直要來、終於來到的心情。 ▶1160

班次很少的列車千萬不要坐錯車

到達松山車站後，距離前往下灘車站的下午 5:44 班次，還有大約 40 分。先去售票處買好明天前往高知的四万十川 Pass，本來還想買上次在松山車站買過頗好吃的現做魚餅當零食，但靈機一動，決定買個富貴火車便當，到下灘看著夕陽野餐也許不錯。因為算算時間，到下灘後應該有大約 1 小時的時間滯留，光是拍照加上發呆可能無趣，加上個野餐，或許不壞。

從松山前往下灘乘坐的是往八幡浜的予讚線。要小心的是，不是每一班普通列車都會經過下灘，因為在向井原車站之後，路線就一分為二，右邊會經由下灘，左邊的路線則是經過內子，也就是所謂的內子線，然後兩線在伊予大洲會合，前往八幡浜。

有三個原則簡單區分這兩條線。第一，前往下灘的是予讚線，經由內子是內子線。接著，特急只走內子線，只要是特急一定到不了下灘；經過下灘的是每站停車的地方列車，所謂ローカル列車。日本有一派鐵道旅行遊人，專攻這類深入的地方支線，因為最能體會一個區域的風土人文和生活節奏。最後一個方法是翻看時刻表，慎重 check 這班列車有沒有前往下灘，若看到前往八幡浜就上車，可能會坐錯。

邏輯上，經由內子車站和經由下灘前往八幡浜的列車是交叉發車，若這班車是走內子，下一班就是下灘，平均一小時有兩班車，因此前往下灘是一小時一班。但這是通勤通學的時段，其餘時間就沒那麼多班了。那天 Milly 是乘坐 17:44 松山出發，到下灘是 18:30；回程是 19:24，20:47 的列車則是最後一班前往松山的列車。基本上從下灘車站一天有 10 班到松山，如果你不是經由下灘前往宇和島繼續向前，而是像 Milly 這樣松山來回到下灘車站朝聖的話，一天就是五次來回的行程，五個時段來配合一天的行程。

花了一些文字來述說前往下灘的邏輯，只是希望能傳遞一個經驗：隨性的旅行是好的節奏，但只要是以來回組合的行程，就要特別留意時刻表，否則錯過班次雖說或許有另一種體驗等著你，不過破壞遊興、亂了行程，總不是每個旅人樂意遭遇的。

▶1160

GO! 下灘車站暮色中的月台野餐

上車時飄著細雨，列車發車不一會，就看見了海。海的遠處隱約著一些橘紅的暮色，有些縹緲，似乎就要消失。沿著岩石間隙看見海，各站停車。經過伊予上灘，就是下灘。一個人在下灘下車，Milly 不是高中生而是 44 歲的好奇新中年。

天色漸暗，到達下灘是一個陰天的朦朧黃昏。慶幸雨已停，趁著還有天色，立即拍照。貪婪地每個角度每個角度地拍著，一直到似乎每個角落都已經入鏡，才能安心以比較平穩的心情細細觀察終於來到的下灘車站。

我在日本的一個角落，下灘車站。

面對著一望無際瀨戶內海的下灘車站，孤零零地佇立著。月台一直線延伸，與海岸線平行。在海報印象上，似乎月台下就是海岸，但其實中間還有一條車流頗大的公路，只是從車站看去，的確是月台和海連成一線的景象。

車站的房舍是木造，理所當然是無人車站。候車室的木椅子上，有日式軟墊，是整體感覺很柔和的車站，不是那麼清爽潔淨卻溫暖。即使是這麼有名、有背後意義的車站，卻沒有太多修飾的痕跡，有些舊舊的，像是一個已經用了多年的電器，鐵銹已經浮現一般。車站邊的雜草也是毫不客氣有些邋遢地滋生著。好在沒有因為出名而修飾，或亂設置一些宣傳看板，否則下灘就不再是下灘。

不同於一般無人車站的，可能只是那本寫了滿滿青春 18 同好熱情宣告的留言本。

出了車站是一個自動販賣機，兩旁一列可以用稍微殘舊來形容的房舍，安靜地從每間房屋滲出生活的聲音。居民出來倒垃圾，也不會對 Milly 一個女子的遊走好奇，畢竟是常有旅客獨自到訪遊蕩的車站吧。車站前的路燈亮起，從月台看車站，玻璃窗透出柔和的昏黃。在月台的長木椅坐下，面對大海，開始野餐。是在松山車站買的富貴便當，兩層菜色豐盛，有 party 的氣氛。一個人安靜的宴會。細細吃著便當，看著夜幕裡模糊的海岸線，遠處似乎已有漁火。

便當吃完，沒事做，除了專心等車來。在長長的月台，左到右，右到左地散步著，因為離開車站只是房舍和漆黑。在車站內確認時刻表，有些謹慎，畢竟回去松山的列車不多了。 ▶1160

❶❷ 松山車站買的便當
❸ 在下灘車站野餐

闖入宮崎駿的神隱少女空間？

然後在留言本專心留言時，黑暗的空氣中忽然傳來一陣陣……風一般飄過的歡樂聲。隱約地，似有若無。難道是住家的電視聲？

然後又是一陣飲酒作樂的歡樂聲，由遠而近。難道 Milly 在黑夜中誤闖了宮崎駿的神隱少女空間，歡樂聲就是那些貪婪飲食的醉客？衝出車站，果然是飲酒作樂的人們，夾著歡笑聲音，在 Milly 眼前緩緩駛過。真相大白。

原來 Milly 在松山坐上往下灘的普通列車之前，就看見一旁月台工作人員正樂陶陶地在一輛トロッコ列車上準備著，裝卸著一罐罐生啤酒。

原來是一種在 7、8 月的星期六日，行駛在松山到伊予長濱間的夕けビールトロッコ列車，邊欣賞夕陽邊暢飲啤酒的無車窗開放車廂，晚上 6 點左右發車，來回一趟，9 點多回松山，一人 4,700 日圓啤酒任喝。

トロッコ列車從松山一路歡樂行駛，7 點多剛好經過 Milly 滯留的下灘，看著駛過的トロッコ列車，聽著作樂聲，還是有陷入神隱少女世界的錯覺。月台恢復只有蟲聲和下面公路駛過的車聲。7:24 終於到了，Milly 早已拿好行李準備著。

7 點 24 分過了，列車卻未出現，奇怪？ 5 分鐘過去……依舊沒來，果然 Milly 已經落入異空間，再也回不去了。

無人車站，自然不知發生什麼狀況。7 分鐘過了，或許該打電話？但是打給誰？在已經有些陷入混亂情緒的時候，終於 7:34 列車來了，鬆了口氣。

微妙的下灘車站經驗。

說完青春的聖地，下灘車站，不如就再說說青春 18 的歷史。

▶1160

小帖

青春 18 是不是一直都是 11,500 日圓？

一直以來的誤解，雖說不是什麼多了不得的誤解，但誤解畢竟是誤解。是關於青春 18 的歷史。原本以為青春 18 從未變過票價，於是總是感動著日本國鐵對於給予年輕人夢想的努力。一直以為青春 18 從發售以來就是 11,500 日圓。這誤解從何而來？可能是 Milly 的一廂情願，或大部分網站都只輕描淡寫開始的年分和現在的票價，導致深刻的印象，以為就是這樣。

在寫這書時，找資料看到一個網站清楚記載了青春 18 的演變歷史，才知道原來不是如此。網站記錄得比較細微，Milly 只在這說說大致的緣起。

青春 18 的雛形是 1982 年春天推出的「青春 18 のびのびきっぷ」，發行目的在於，讓大家重拾普通列車旅行的樂趣。當時的組合很特別，是三張一日券配上一張兩日連續券，8,000 日圓。兩日券必須連續兩天使用，一日券則可以拆開。利用日期是 3/1-5/31，也比現在的青春 18 長很多（現在春季是 3/1-4/10）。

到了 1982 年夏季，變成四張一日券配上一張兩日券，10,000 日圓。1984 年夏天再轉變為一日券五張 10,000 日圓，已經跟現在的青春 18 大致相同，名稱也定為現在的「青春 18 きっぷ」。

1987 年票價漲為 11,000 日圓，1988 年因應消費稅變為 11,300 日圓，如此一直延續到 1996 年春天，再次因應消費稅成為 11,500 日圓，延續至今。在邏輯上來看，撇開消費稅的

普通列車風情

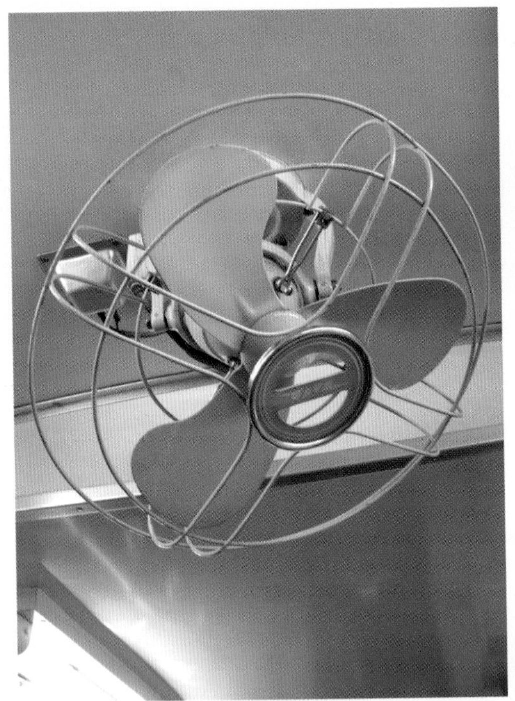

問題，應該是 1987 年開始就沒漲過價。雖不能說是從發售至今票價都沒變過，但也沒偏離太多。但是，要說就要說清楚，還是在此更正。

每一個樂趣，在深入鑽研的時候，一定就會碰上一些所謂定義和歷史背景的繁瑣知識。正因如此，一個樂趣或一個嗜好，才有一定的豐富和深度，讓一個人一腳陷下去。Milly 喜歡用鐵路旅行，幾乎是強迫地讓自己「介入」青春 18 的領域，而避開 JR Pass。正是因為希望用普通車的節奏，讓自己的鐵路旅行路徑更深入更悠閒。但畢竟不是真正的鐵路通，而是喜歡鐵路旅行，所以一些鐵道常識，Milly 也只想不深入但企圖概略了解。

就是說，盡量知道一些常識，而不是絕對的知識，畢竟享樂才是最終目的。享樂不見得是大吃大喝，或許只是一站一站慢慢地開，又不時必須停下車來讓特急通過的鈍行列車旅行。例如，沿線都是雪色平原的風景，就是一大享樂，視覺和精神的享樂。

即使是這樣，如果要介入鐵道旅行的領域，一些邏輯一些定義一些技巧的基本，還是要具備，才不會常常觸礁，才能讓旅行身心都更順暢。這就是 Milly 在這裡有些自得其樂，但或許讓一些人覺得無趣的，一直想去分享，甚至想自不量力地寫一本關於日本鐵路旅行攻略的書籍的企圖。寫遊記的同時，加入攻略，就是因為這個理由。

攻略

從熟練時刻表開始

鐵道旅行的基本概念，路線、時刻表、票價和計畫車票等。將這四項組合考量，就可以找到適合自己又舒服的鐵道旅行。

說簡單些，都是從一本清楚的時刻表開始。詳細的時刻表會記載班次時間和接續，甚至有巴士和航空線的時刻。

鐵道旅行入門的第一步，說是熟練時刻表也不為過。如果你熟悉日本鐵路時刻表的邏輯，下面的鐵路常識就會很簡單。

國鐵，私鐵和 JR 怎麼分？

Milly 這裡要延續青春 18 的範疇，跟大家分享的常識是關於 JR、私鐵和第三セクター（Sector，民間非營利團體）的區隔。

國人（很書面的說法）去日本以鐵路旅行的時候，最常使用的就是 JR Pass。既然是「JR」Pass，可以想見就是只能乘坐 JR 系統的列車。簡單的辨認，印著 JR 標誌的就是 JR 系統。

因為 JR 是國鐵，Milly 在未企圖深入了解之前，會自以為是地解釋 JR 以外的就是私人經營的私鐵，像大家熟悉的王線或小田急線。但原來不是如此。或許你會愈聽愈糊塗，其實 JR 也是私鐵。

JR 是 Japan Railways 的簡稱，通稱 1987 年民營化後從日本國鐵分割出來的六家私人鐵路會社：JR 九州、JR 西日本、JR 東海、JR 四國、JR 東日本、JR 北海道。

所以雖說國鐵似乎已經不存在，但是一些年紀大的日本人還是習慣稱 JR 為國鐵。JR Pass 翻成「日本國鐵周遊券」，雖說沒錯，卻也不完全對。

不過或許為了怕混淆，所以有一種比較廣義的定義就會說，JR 和第三セクター以外的就是私鐵。

要分辨什麼是私鐵，不是為了參加電視冠軍賽，而是如果使用 JR Pass 或是 JR 發行的青春 18，乘坐私鐵的路段就要另外收費，所以在行程安排時就要先分辨哪些路段是私鐵。這很簡單，因為私鐵的名稱就大大不同，什麼西武鐵道、東武鐵道、東急鐵道、阪急電鐵等等。而且 JR 發行的時刻表，會以 JR 為主，路線會標明甚麼 JR 中央本線之類的字樣，沒標上 JR 而且不那麼突顯的路線就多是私鐵。畢竟 JR 是全國性，私鐵多半是地方性。

還有第三？セクター

比較難分的是私鐵和第三セクター。第三セクター是一些 JR 或私鐵的地方路線，因為使用率減少，產生高額赤字，維持不下去時，地方企業或是地方政府就出資成立會社來經營，地方財政會補貼大部分赤字，這類路線車票因此特別貴。基本上使用 JR 票券乘坐第三セクター也要另外付費，像之前體驗過的南阿蘇鐵道就是。

同樣比較簡便的區分方式：查時刻表時，旁邊附註每段票價的路線，就多數是第三セクター系統。

好了，這裡大致說明一下，JR 就是日本全國鐵路的主體，私鐵是區域，但因為幾乎也都是大眾運輸系統，所以票價大致接近 JR，甚至為了競爭更便宜，例如從東京利用 JR 去橫濱是 380 日圓，東急東橫線是 260 日圓。但像南阿蘇鐵道線，就相對貴得多。

同時，私鐵和 JR 多數有重疊，例如東武鐵道可以去日光，JR 也可以。第三セクター系統的路線卻通常是獨占路線，要去享樂那段風光，就必須付出一定的交通費。

JR 如果重疊了第三セクター？

但有時會比較迷惑。例如坐 JR 小海線到了 JR 小諸車站，這時去輕井澤，搭 JR 只能在佐久平換新幹線，如果乘坐普通列車就只有第三セクター系統的しなの鐵道。相同的，從小諸去長野，在換乘新幹線前，也是必須坐一段しなの鐵道才能換車。

如果要從這裡乘坐 JR 小海線，這個陷阱就要注意。Milly 就曾經這樣，在利用青春 18 旅行松本長野區域時，坐小海線從清里經小諸去長野，出月台才被加收 830 日圓しなの鐵道費用，真是心痛，因為沒出月台會誤解是同一個 JR 系統。

查時刻表中

當然邏輯歸邏輯，攻略歸攻略，最清楚的方式，是自己走一趟最清楚喔。

GO! 松山有歷史的道後溫泉鄉

廣島出發到達四國，途中下車吃了宇多津好吃的烏龍麵，觀賞了丸龜的現代美術館，朝聖了青春 18 的聖地下灘車站。

從松山車站乘坐路面電車前往道後溫泉。在傳統溫泉區卻入宿一間英式復古風的新開張旅館，在飯店寬敞的溫泉大浴場紓解一天旅途的疲累，一身清爽早早入睡，為明天的四万十川清流之旅儲備好體力。

當時當然不會知道，第二天迎接 Milly 的是一段微妙的迷幻旅程。

存在著，卻又不存在？後段再說。

留下一些清醒，寫寫迷幻旅程之前的旅程規劃鬥志，在四國移動最經濟的方式。

▶1160

❶ 道後溫泉本館
❷ 往道後溫泉的電車

攻略

各種省錢的四國專案套票

JR 四國網站 www.jr-shikoku.co.jp

首先要說的是，基本上，四國是不適合青春 18 的區域，除非你有充分的悠閒時間。因為青春 18 只能坐普通車和快速線，而四國的時刻表主要是以特急組成。因此在各種沙盤推演之後，考慮到不想耽誤太多行程，決定了，用青春 18 到達四國，和象徵意義地利用青春 18 前往下灘車站朝聖之外，後段行程改用 JR 四國專案特惠套票和巴士及海運的組合。相較於本州和九州，北海道和四國的確是比較被忽略，也開發較晚的觀光區域。

之前的四國觀光，大約都鎖定法弘法大師 1,200 年前開始的八十八靈所巡拜之旅，及四万十川清流之旅。但或許就是因為四國有觀光開發較晚的弱點，因此 JR 四國有各種比其他區域便利又划算的專案套票。

進入 JR 四國的網站，點選トクトクきっぷ（划得來的車票），就可以看見滿足旅人各類需要的專案套票。或是 Milly 會建議你直接點入「夢四國」。一樣是點選トクトクきっぷ，這裡主要是網路購票服務，雖說你不一定要使用網路訂票，但這裡會更清楚地介紹每一種套票的使用方式和特惠點。

例如 Milly 想從松山前往清流四万十川區域旅行，就可以選擇「四万十宇和海フリーきっぷ」，這又分フリー（free）和片道兩種。「フリータイプ」是三天之間，可以無限制乘坐 JR 宇和島到若井之間的普通列車，然後可以乘坐土佐くろし鐵道宿毛－中村－窪井的特急自由席和普通列車，以及宇和島－宿毛間的巴士。大人是 3,600 日圓，但重點要注意，前往這フリー區（無限制乘坐區）的車費不包含在裡面。

「片道」是單程的套票，就比較適合旅行的邏輯。套票有兩種，一是從松山出發到前述的フリー區無限制乘坐（但是前述巴士路段的快速巴士不能乘坐），以及從フリー區出發前往高知的特急自由席。另外的片道套票，則是反向的從高知→フリー區→松山，票價相同。不過要注意的是，フリー區是四天內無限制乘坐，但是從高知→フリー區的特急和前往松山的特急都只限乘一次，反向也是相同的邏輯。

Milly 預計行程是順線從松山出發，一日內旅遊四万十川，當晚入宿高知，雖說是一日間完成的旅程，用了這可以使用四天的票券有些可惜，但卻是最順線又經濟的方式。或許你想，如果用 JR Pass 就不要考慮這麼多，這就錯了。因為土佐くろし鐵道是私鐵，要深入四万十川的旅遊區中村，即使使用 JR Pass，還是要另外付費，例如若井－中村就要 950 日圓，來回 1,900 日圓。宿毛－窪井單程就要 1,550 日圓。

如果你要花兩天以上旅遊四万十川，用這類專案 Pass 就可能比 JR Pass 划算。至於松山－若井的特急自由席要 4,740 日圓，若井－高知特急自由席要 3,270 日圓。不含フリー區的四天無限制乘坐，光是從松山前往高知的費用，已經是顯而易見的划算。雖說也可以使用青春 18 到四万十川後，再前往高知，票價或許可以控制在 4,800 日圓上下，但是時間卻浪費很多。因此推算的結果，使用片道的「四万十宇和海 フリーきっぷ」是上策。

剛才提到的「四万十宇和海フリーきっぷ」，是全年都可以使用的專案套票，同樣類型的還有德島、香山區域的二日套票，也是全年可以使用。另外，四國フリーきっぷ三日 15,700 日圓，四國全線含特急自由席無限制乘坐，同樣是全年可以使用，並且含私鐵土佐くろし鐵道。

其他值得一提、有趣的特惠票有生日三日間套票，只要碰上生日，同時出示生日證明文件，就可以享用三日間 10,000 日圓、四國全區普通車和特急指定席自由席的無限制乘坐，厲害吧。如果你前去四國旅行時，剛巧遇見生日，可千萬要好好研究一下這特惠票券。更貼心的是同行者也享有同樣優惠。

至於名為四國再發現的特惠票，一張 5,500 日圓，四國全線普通車含私鐵土佐くろし鐵道，無限制乘坐一天，限週五六日和假日使用。聽起來不是那麼划得來，細看之後，原來可以五人同行，就是這張票，可以一個人，也可以同時五個人使用，適合一日探險，一人平均才一千多日圓，比青春 18 還便宜。如果你想富貴，有所謂四國グリーン紀行，四天 20,000 日圓，四國全區特急含私鐵無限乘坐，而且還是頭等艙。

四國就是這樣貼心地丟出各種特惠票，出發前可以上網好好參考。不過因為微妙的失誤，Milly 還用到了一種往復特惠 S きっぷ，原因是什麼？真相在後。

Day / 7

發生大悲劇之前的順暢四万十川旅程

8 月 25 日查過時刻表，幸運地有トロッコ行駛。前一天就買好了 4,800 日圓的「四万十宇和海フリーきっぷ」和清流しまんと 2 號的指定席券，計算好出發時間，早上離開旅館前在道後溫泉散步，拍下了道後溫泉本館在晨光下的歷史風姿，同時以不同角度拍下以一晚 7,800 入宿的 OLD England DOGO YAMANOTE Hotel 的英國風外觀。

網站是 www.dogo-yamanote.com。開張才不過一年多，很推薦的住宿。回飯店看照片，滿意自己的取景。整理行李上路，不忘拍下松山路面電車的風情。

依照計畫，9:00 坐上前往宇和島的列車，約 10:20 到達。在乘坐 11:29 的清流しまんと 2 號之前，先於宇和島車站附近散策，買了中餐的麵包和宇和島的名產：用木棍串烤的剛出爐魚餅。

心滿意足，歡喜上路。 

小帖

元祖トロッコ列車

據説四國四万十川是最早的トロッコ列車，甚至被稱為「元祖」，所以如果剛好是運轉日，就想無論如何要乘坐看看。

這個可以透過無玻璃車窗瀏覽四万十川沿線的トロッコ列車，稱為「清流しまんと號」。運轉日大致是 3-5 月及 7-8 月的週末或特定假日，其他月分則是不定期行駛，最好先上網查看一下。

列車一日內往復一班，早上約 11 點 20 多分，清流しまんと 2 號從宇和島出發。記得先買好トロッコ指定席，費用 310 日圓。

列車進站你會看見一列普通列車，後面拖著一節トロッコ列車。當場讓人懷疑，是不是到窪川為止必須坐上好一大程トロッコ？實際上並不是這樣。原來是先坐上普通列車，然後約 1 小時又 20 分到達十川站，車掌會指示擁有指定席票券的乘客通過車門，到トロッコ依號碼入座。

接著車掌會沿線解説，發給每個人清流しまんと號的紀念書籤。車上放著所謂四万十川的鄉土音樂。火車會在一些路段很貼近川流地行駛，但是印象中，經過山洞的時間還多過溪流。

經過大約 30 分鐘到達土佐大正，乘客又要離開トロッコ回到普通列車，繼續開往窪川終點站，大約是 13:45。

另一個行程（回程）是清流しまんと 1 號，從窪川 14：35 左右發車。不同的是，トロッコ列車是土佐大政到江川崎。

1

跨越月台驚險換車事件

順利上車，體驗了清流トロッコ列車，沿線意氣風發地拍著滿意的照片，也拍下不同旅人在車上的姿態。老年的夫婦檔，年輕的異國組合戀人，同樣的目的地，不同的相處風情。

到達窪川，發生一個小插曲。

Milly 過於悠閒的情緒，讓 Milly 等錯了月台。感覺有些不對時，問月台站員，才愕然知道，應該坐的列車在對面月台，而且是不同的鐵路會社。更一驚的是，對面的列車似乎即將開車，這時……這位年輕的 JR 帥哥站員，立刻比 Milly 還緊張地向對面月台土佐くろし鐵道的列車駕駛揮手，告知有個乘客遺漏了。

對方比了個 OK 手勢，即將駛離的列車硬是停了下來。站員匆忙指引我跳下月台，穿過鐵軌，再爬上月台。那天 Milly 穿的可是裙子呢。

年輕的帥哥站員（一方面是感恩，一方面是這年輕小子真的很帥），還很 nice 地幫 Milly 拿行李，跟著跳上跳下。

終於有驚無險地趕上列車，沒釀成行程大耽誤（因為班次不多）的慘劇。當然窪川車站的這段聯想到小帥哥的驚險故事，也深深印在記憶的檔案中。要知道對事事謹慎的日本人而言，攔車跳月台穿越鐵軌，都是不正當不適切的，有此特殊經驗真要說幸運。

但是，是不是那天的好運都在這裡用完了？事後不由得這樣回想著。

轉車到中村，沿途有許多很想下車的沿線小站，有的在樹林間，有的在大海邊，有的在稻田中央。不能下站，至少留下影像，貪心地一張一張地拍著。車上一位清秀的少女，織著似乎是家庭作業的毛衣，專注的神情忍不住偷偷地拍下。 ▶1160

❶ 全新翻新前的中村車站風情

❷❸ 小居酒屋

2

3

GO! 微醺下一隻手指造成的悲劇

在中村乘坐季節性的觀光接駁巴士，從中村車站到沉下橋等地，1,000日圓的Pass，一日內有效。

在沉下橋下車，如願地脫下鞋子，用光腳丫體會清流的清澈和溫度。大好天氣，又怎能不好好留下照片。

坐巡迴巴士回到中村，趁著往高知的特急列車來到之前，在中村車站旁的清流河堤，真的真的拍下大大滿意的好天氣下的黃昏景緻。

前往高知前的海岸線，因為颱風前夕，大浪拍岸，豪邁氣勢也是印象深刻。

到達高知後，到旅館check in。詢問工作人員，知道附近如願地有投幣洗衣店，而且就在附近。

帶著一包髒衣服在投幣洗衣店洗衣。算算時間，散散步，決定趁烘乾的時間到旁邊的都會風情小居酒屋喝杯酒，吃吃串燒和新鮮生魚片。

一點微醺，一袋子清潔乾爽的衣物。邊回想著真是美好的一天旅程，邊愉悅又悠閒地將一天拍下的照片存檔。那天拍了不少得意滿意的照片。

結果……回頭看電腦上的存檔照片時，沒有？哪裡都沒有！

前面敍述的照片一張都不存在，查遍了電腦，都找不到。而且，原本一向很小心，總會check完電腦，才會清除記憶卡的Milly，偏偏那天就是很輕快地毫不猶豫地，在以為已經存好照片的第一時間，就用一隻手指一選一按，將記憶卡上一百多張照片一次清除了。

Milly全身的血液，都一下子就刷的～～衝到腳底似的，腦子一下子空白起來。冷靜冷靜！再想想，回想過程。唯一能想到的答案是，Milly從數位相機複製的照片檔案，並沒有貼上電腦，只存了照片較少的後段記憶卡。

為什麼？Milly也沒答案，只能說那天的確太愉快，微醺情緒下的大失誤。Milly稱之為：因為一隻手指錯誤造成的悲劇。就是這樣一段的確存在的旅程，似乎不存在卻的確存在。

在此寫下這段旅程以茲回味。而微妙的是，跟Milly惡作劇的老天，還讓Milly在車上換記憶卡的時候，拍下了當天使用過的「四万十宇和海フリーきっぷ」，提醒著Milly的確有經歷過這一段旅程。

懊悔的心情太深，金牛座Milly怎麼都不能安撫自己的失落。怎麼好呢，悲劇真是在喜劇的下一秒發生。懊惱。

最後Milly決定，哪裡跌倒，哪裡爬起。 ▶1160

證明消失路段的車票

GO! 金牛座深思熟慮後的浪漫衝動

第二天的決意，讓Milly擁有了兩種不同心情的同樣旅程，一個是影像的，一個卻是最美好、只存在記憶中的。Milly直到現在還是會這樣問自己，如果不是因為可能會出版的一本書，Milly會選擇第二天再次回到四万十川，重複一段旅程嗎？

答案是，如果當時選擇繼續向前，可能遺憾就會一直存在，但Milly或許會放棄，把曾經去過的記憶以記憶的單位保存。甚至會想，如果真的要出書，就用插畫的方式表現那天的旅程。只是一切也由不得Milly，因為當天的天空和之前的計畫，原本就埋伏了再出發的契機。

在高知這段旅程，Milly一開始就希望能放緩腳步，紓解一下之前旅途累積的疲倦，同時在最喜歡的高知7 Days Hotel訂了兩天住宿，打算充分享受，並好好地以散步的步調，彌補上次到達高知沒能去植物園等地的遺憾。也因此，這一天如果再回頭去一趟四万十川，是有時間，也是可行的。

加上，在吃完旅館的招牌時尚早餐後，透過玻璃看見外面的天空，正以一片藍天強烈宣示今天是個好天氣。如果是雨天就作罷，但原本要進入四國的颱風竟然也轉向了，這麼個好天氣，天意啊！於是二話不說走向高知車站，反方向再次前往四万十川。

如果是金牛座，這選擇幾乎是理所當然的，經過深思熟慮後的「衝動浪漫」行為。說是經過深思熟慮，一點也不為過，因為前一天晚上的悲劇，沮喪到幾乎失眠的Milly，已經沙盤推演了一個比較可以說服自己的四万十川路線。

首先，如果用專案套票，跟昨天反向，從高知→四万十川→松山，一樣是4,800日圓，可以完全呈現昨天消失的路程。但是就必須住宿松山，旅程要重新安排。最重要的是，又會在高知留下跟上次一樣不能去植物園的遺憾。

所以經過思考和資料查詢，最簡潔的路徑是從高知出發前往中村，再去一次四万十川，同時也可以紀錄前往中村之前沿線的窗外景緻。悠閒是昨天的記憶，今天則只是影像再生。這一切的影像重製再生行動，必須在上午完成。下午要依原行程，前往高知植物園和坂本龍馬紀念館，進行四國建築之旅。

因此不能為了省錢而坐普通車，必須使用特急來節省時間。 ▶1160

攻略

來回旅程要留意往復優惠

高知－中村的特急自由席是 4,020 日圓，來回 8,040 日圓，真是大失血。為了能省就省，使用了 JR 四國 S きっぷ往復券特惠，高知－中村來回 7,000 日圓，省了 1,040 日圓。

基本上，旅程安排最理想的是，一個地方三天兩夜的行程。

第一晚是從前一個地點移過來的住宿，第二天是可以不帶任何行李的輕身旅遊，當晚可以悠閒地晚餐。然後第三天移到下一點，將行李寄放在車站，短暫旅行後到旅館去 check in，如此搭配循環。

貪心一點的，就是每天都向前移，不浪費在回程上。優點是行程比較節約，時間充分利用，缺點就是必須行李在身。

去程回程組合的旅程，就會建議一定要 check 有沒有往復特惠。基本上不論巴士或船票，以及部分鐵路都會有。有優惠就不要放棄是旅人的基本常識。

8 月 26 日當天乘坐 8:18 出發的特急しまんと前往中村，因為是已經走過的路段，很熟練地拍下沿線會經過海岸的路段。

鐵路車窗拍照小祕訣

這裡說說一個在火車上拍照的小祕訣。

這是日本鐵路旅行攝影達人傳授的訣竅，就是如果透過窗戶拍窗外，窗框一定要入鏡。因為在行進間拍照，怎麼拍都無法絕對清晰穩定，避開車框出現的就只是一張地點不明的失焦照片。

但把窗框拍進去，然後車窗外的景象是浮的，反而可以表現車行速度，這樣就能呈現從火車看往窗外的情景，又能拍出令自己滿意的照片。

Day / 8

又來了，四万十川

10:03 到達中村。

四万十川之旅的主要路段是集中在四万十川中流至入海河口之間，如果以鐵路線來看，就是中村車站到江川崎車站。乘坐清流しまんトロッコ列車是兼具鐵路旅行樂趣的行程。真要更接近四万十川，就要走下火車，以其他交通手段前進。玩家最建議的方式是租借腳踏車，一天大約 1,000 日圓，半天四小時之內是 600 日圓。四万十川沿岸有整治得很好的路段，騎車路線貼近河川，是很貼近河川的旅行方式。

從中村車站專心騎到江川崎車站，大約是四小時，比較悠閒的玩法就大約要六小時。但回程還要再騎四小時未免太辛苦，放心！腳踏車可以在中村借，但在終點江川崎歸還，反向也可以這樣。中段似乎也有還車服務。

要注意的是，腳踏車租借是在 3 月中旬－ 11 月下旬。如果沒那麼多時間，或跟 Milly 一樣不會騎腳踏車又不能租車，就會建議你把旅程集中在由中村車站出發的周邊旅遊點。可以利用 7/23-8/31 的川バス，也就是短期臨時四万十川觀光巴士（四月底的黃金週也有行駛），一天大約 5-6 班，從中村車站→蜻蜓遊學館→佐田沉下橋→かわらつこ（可以在四万十川體驗獨木舟的地方），然後循原路線回到中村車站。一天的 Pass 是 1,000 日圓。前一天 Milly 就是使用這巡迴觀光巴士，前往佐田沉下橋。

旅遊旺季之外，前往川邊各旅遊點的交通其實很不方便。因此，成年旅人就會利用觀光計程車。Milly 有年輕人的心和節約旅行的強制觀念，本來都不使用觀光計程車。但是怎麼計算都無法像前一天一樣利用川巴士前往沉下橋，然後在預計的時間一小時之後乘坐 11:13 的特急回高知。

時間最重要，心一橫就坐上車站前的觀光計程車。既然坐了計程車，就要跟昨天不同，行程於是加上這段四万十川的另一個旅遊名所安並水車之里。

車站→佐田沉下橋→安並水車之里→車站，約一小時，觀光案內所預估的參考車費是大約 4,280 日圓。如果四人同行，一人平均才一千多一點，但一個人坐……難怪沿路老司機一直說，妳真是好命的有錢人。

安全駕駛的司機開得慢慢地，一面介紹風光歷史，一面敍說對台灣的印象和他的疾病醫療狀況。殊不知 Milly 其實一路看跳表，一面心裡暗暗滴血啊，還要故作鎮定用日文跟他熱心聊天（那天說日文的狀況特好）。

司機先生開到佐田沉下橋一端讓 Milly 下車，然後在另一端等。Milly 利用時間拍照，再次瀏覽四万十川風光。今天的天氣比昨天更陽光普照，天空幾乎沒有一絲雲朵。接著去水車處，果然是觀光名所，停了幾輛遊覽車，大家熱心地跟水車合照，到此一遊。司機繼續慢慢開回車站，大約 50 多分鐘，Milly 在搭乘特急之前還有十多分鐘可以拍拍附近的河堤，一如昨天。

計程車費是 4,700 日圓，心痛。

司機先生可能怎麼也沒想到，這看起來有些匆忙的女子遊客，其實昨天已經來過了同一地點。對於中村，這是 Milly 的祕密。

▶1160

GO! 為什麼一定要來四万十川

但是為什麼一定要來四万十川？

對四万十川的基本印象是來自一些料理和旅遊節目，講述如何在日本最後的清流四万十川捕捉天然鰻魚。這是知道四万十川的第一步，實際體驗，溪流是潔淨的沒錯，但是所謂清流也並不是想像中那麼透澈見底。雖說老司機有說，多年前河川更清澈，水面也比現在高得多，但是比這裡更清澈的溪流日本應該不少。

但為什麼四万十川被稱為日本最後的清流？Milly以為一本雜誌說得好：四万十川之所以珍貴，除了河流穿越的幅員廣大，更因為在四万十川流域，人們的生活跟自然河川、川流周邊的植物產生了共生共存的型態，而且長年不變地一直被珍惜保存著、維護著。

而最能顯現四万十川生態的，就是一定要體驗的沉下橋。沉下橋的邏輯是在於，將橋以最簡單的方式搭建，沒有欄杆，以減少河水暴漲時砂石和流木的衝擊，即使水淹過橋面，對橋的破壞都會是最小。可能因為橋面刻意建低，讓暴漲的溪流蓋過橋面，減少阻力，因此就稱之為沉下橋。而老祖先的智慧，卻無意間讓這淳樸風味的橋，低調地融合在四万十川的大自然裡，完全不突兀。

四万十川從源流到出海口為止，一共有40座以上沉下橋，其中佐田沉下橋距離市區最（從中村車站車程約15分鐘），而且最長，所以最出名，也最多人參觀。

至於安並水車之里，是土佐藩主時代留下的灌溉遺跡，多年前的確有使用，現在則是單純的觀光設施。稻田間的一列水車，背著遠山，的確也頗有風情。

如果要更貼近四万十川，可以乘坐觀光的復古風帆船緩緩前進。比較注重野外活情趣的，住在附近的民宿，吃吃川蝦等鄉土料理，然後體驗在清流划獨木舟的悠閒暢快。

兩天連續的四万十川體驗之旅，實在的影像和記憶的影像重疊了起來。 ▶1160

7 Days Hotel

就是最愛，7 Days Hotel

之前已經用不少情緒語言讚美過，對於這間簡約又洗練的現代風商務旅館，Milly 還是會再推薦。

首先能用一晚 4,600 日圓的超經濟價錢入宿，還包含在光線充足的大廳品嚐用設計師餐具陳列的都會健康早餐。

7 Days Hotel 和 7 Days Hotel Plus 都位於高知車站附近的はりまや町，同一個設計師，互相距離步行 2 分鐘不到。www.7DaysHotel.com。

Milly 個人是比較偏好 7 Days Hotel Plus，除了喜歡它絲毫沒有多餘設計的、簡約風旅館的整體氛圍，鍾愛的附加原因是周邊一些店家的精緻悠閒感。在一個以吃鰹魚為訴求，似乎有些鄉土風味的高知，不過是離開車站大約 15 分鐘腳程的地方，卻能找到這樣一個有充分的林蔭，以風味咖啡屋、居酒屋、義大利餐廳和服飾店、雜貨屋構成的都會雅緻區，真是讓人很意外。

像是縮小版的東京代官山，嗯……大約是這種感覺。

除此之外，旅館的據點也是很方便的交通轉運處，幾乎高知所有遠程巴士和觀光巴士都會在附近的はりまや橋站停靠。

所以，去四國的 100 個理由？ Milly 不需要，只要有 7 Days Hotel 這樣的旅店，四國就是一個可以一再前往的地方。當然理智一點的說法就會是，不會單單因為 7 Days Hotel 而來四國，但是如果要去四國，絕對會因為 7 Days Hotel 而來到高知。

Milly 不會只是為了要住宿這高知的設計風商務 Hotel，才啟動動機來到四國。動機和理由還是要互動，才能成就一個旅行。

▶1160

小帖

分析一個旅行的起頭

或許是將旅行的原因複雜化了，但還是試圖歸類分析一下。清楚自己在一個地方旅行的旅程結構和背景，才能更清楚地知道自己適合怎樣的旅行。清楚自己適合怎樣的旅行，才更能從旅行中得到樂趣。

關於來到四國的動機，因為這次的目標是縱貫日本，就不能少了四國。九州，本州，四國，北海道。

日本的旅行名詞中，有所謂的橫斷、制覇、縱貫，是關於一種想要玩遍一個國家的野心和目標。近日出現更恐怖的名詞叫做遍路和踏破。

如果說縱貫，可能只是從日本的南邊一路玩到北邊。但如果說四國遍路，就要四國四縣都走過玩過。踏破就更壯烈，例如說四國鐵道踏破，就要坐遍四國每一個鐵道線，連地方線都不能放過。甚至日本有一些人（當然絕對不是很多人），還以每一條路線都要每站途中下車來企圖踏破所有鐵路線。

以一個外國旅人來說，縱貫日本已經足夠。

大動機成立，然後就要抓出自己在四國旅行的個人小動機。例如要前往下灘車站，要搭乘清流列車，要體驗四万十川等等。個人動機成立整理後，就再從所有要來到四國的主觀和客觀理由中一一依照旅程狀況，付諸體驗。

客觀理由，通常來自觀光網站，是一個區域的觀光賣點。例如在四國要吃「かつお」鰹魚，要吃讚岐烏龍麵，要巡禮金刀比羅宮，要品嚐小豆島的醬油冰淇淋……等等。

1

四國是現代建築的樂土

Milly 要分享一個自己偏執四國的旅行理由，就是所謂主觀理由中的四國建築巡禮。

四國四縣四風情。

四國四縣是：香川縣，以高松為中心，觀光重點是琴平的金刀比羅宮。愛媛縣以松山為中心，觀光重點道後溫泉。高知縣是高知，四万十川和美食かつお。德島縣是德島，以阿波祭阿波舞為觀光賣點。其中 Milly 還一直沒機會前往德島，所以遍路不成四國。

四國對 Milly 的致命吸引力卻是開始於現代建築。認識到四國是經由 BRUTUS 雜誌，知道 BRUTUS 是因為安藤忠雄，迷戀安藤忠雄是因為他的建築，如此類推四國就等於現代建築。

Milly 認定四國是適合現代建築巡禮的邏輯沒啥學術背景。就像 Milly 喜歡現代建築，只是喜歡建築散發出的都會洗練氛圍，希望親身在這建築裡日常一下，例如喝杯咖啡，曬曬太陽，背後並沒有什麼專業的建築知識，純樂趣純欣賞。

以 Milly 的純主觀樂趣判斷，四國適合滋養現代建築，是因為開發較晚，有很多未經開發的胚地，可以讓建築師縱情揮灑。在這股趨勢和潮流的推動下，四國出現了很多可以用旅行的姿態來參與的現代建築。

如果可能，Milly 真的想來個四國現代建築踏破之旅。基本上雖説這網站沒包含直島的建築，Milly 則是絕對建議將這安藤忠雄朝聖之島也納入四國建築之旅中。Milly 有個朋友更把安藤忠雄作品最多的大阪姬路等關西地區劃入這建築之旅的範圍，一切看你對現代建築的興致有多大。

在四國的建築旅行 list 中，Milly 之前完成了丸龜市豬熊弦一郎現代美術館，而從高知出發前往體驗的，則是牧野富太郎紀念館以及高知縣立坂本龍馬紀念館。本來還計畫到土佐オーベルジュ和雲のホテル去住宿或是用餐，卻都因為交通因素暫且作罷。

網路上列出的 17 個建議，有 9 個在高知。所以從設計風 7 Days Hotel 為中心，來個四國現代建築之旅，絕對是個好建議。 ▶1160

❶ 牧野富太郎植物園
❷ 坂本龍馬紀念館
❸ 豬熊弦一郎美術館

2

3

GO! 高知市不便利下的便利 Pass

在基本印象中，高知不是一個可以利用公共交通工具很順暢地到旅遊點的城市。首先 Milly 計畫要去的植物園或土佐オーベルジュ，都沒有頻繁的巴士到達。這可能是地面電車相對發達的原因。從高知車站出發的地面電車，以十字型交叉分布，幾乎可以涵蓋大半個高知市。

但是細細搜查交通資料，發現情況不是這麼糟。善用一些觀光路線巴士，還是可以搞定。其中最便利的是 MY 遊パス。一天大約有 6 個班次，高知車站－はりまや橋站（靠近 7 Days Hotel）－八幡通（有卡通展覽館）－五臺山展望台（竹林寺）－五臺山牧野植物園（就是 Milly 要去的牧野富太郎紀念館）－龍馬紀念館（參觀紀念館建築）－桂浜沙灘（有土佐犬擂台場）。

第一班車是早上 9:00 由高知車站發車，到終點桂浜 9:43，9:45 循路線回高知車站。最後一班是 15:00，16:30 從桂浜發車。如果算好時間，就可以在某個地點下車，遊玩一下，搭下一班車到下一站。成人票 700 日圓，一天的通用 Pass，除了觀光巡迴巴士線，高知的土佐地面電車和以循環線行駛在高知主要鬧區的ぐるりバス（乘坐一次 100 日圓），也都可以不限次數免費乘坐。只要 700 日圓就能遊遍高知，方便吃喝玩樂的 MY 遊パス，超值。

前一次 Milly 來到高知，因為巴士時間已過，第二天要一早出發，加上捨不得坐計程車，曾經試圖走路去五臺山牧野植物園。但是到了五臺山腳，天色不穩只好作罷，也因此留下未能完成的任務。

這次上午為了重現前一天的四万十川之旅，下午就怎麼都要趕在 13:24 回到高知，趕上巴士出發到植物園 14:23，如此還可以坐 15:23 的班次到坂本龍馬紀念館，然後走到桂浜搭最後一班 16:30 的巴士回高知車站。這是當日下午最順暢的一種接駁方式，不容失誤。

這巴士有趣的地方是，在巴士站時刻表下面都有個小掛牌，巴士到站，司機就會下車將小牌子轉到「通過」的字樣，這樣遊客就會知道這時段的巴士已過，請等下一班。如果巴士因為塞車還未到，乘客也知道可以再等下去。很手工但是很清楚的人性操作方式。 ▶1160

❶ MY 遊 BUS 有趣的班次告知方式
❷ 高知的小雞泡麵電車
❸ 高知巡迴小巴士

2

3

1

2

GO! 終於來了，這美好的植物家紀念館

巴士經過市區，到達山底，盤旋而上，山路陡峭又有些窄。終於到了牧野植物園。Milly 是愛植物沒錯，但是沒愛到要專程來一趟植物園，理由是因為 BURTUS 雜誌的推薦。

喜歡的植物，BURTUS 雜誌推薦的建築，加上一個叫牧野富太郎終其一生專研植物和繪製植物圖畫的精神，以及 BURTUS 揭露的植物花草畫的纖細唯美，都讓 Milly 感到無窮的魅力，怎樣都要來親身體驗一下。

到了植物園就直衝紀念館，還頗有段路程。

終於看到了許多建築推薦文章都介紹過的紀念館，像個圓形甜甜圈，圓洞中央是庭園，木造的展覽室有挑高的魚骨天井，館內是低調的昏黃，展覽區陳設有不同的和紙裝飾和花卉布幔。看見模擬植物學之父牧野富太郎專注畫著植物的模樣，感動。另外有木質整體感的研修廣場。

走出展覽館有木造咖啡大廳，還有據點可以眺望高知全景。

在咖啡大廳外木椅子上坐下，面對中庭，圓形透空的半弧形天空，以在はりまや橋巴士站乘坐巴士之前在附近市場買的 105 日圓大水蜜桃和 300 日圓特價醋魚壽司野餐。

好景好風好心情，還有終於完成體驗任務的滿足感。

在前往等坂本龍馬紀念館之前，還有時間細細觀看入口的溫室。整個人都被包圍在陽光下的植物植物植物群中，天堂。

幸福。

離開了牧野富太郎紀念館和植物園，下一站是順線的坂本龍馬紀念館。 ▶1160

❶ 牧野富太郎之像
❷ 紀念館內部有富野牧太郎的植物畫
❸❹ 植物園充滿綠意

3

4

❶ 美術館面向大海
❷ 坂本龍馬畫像
❸❹ 坂本龍馬紀念館

GO! 這個建築太厲害

坂本龍馬在歷史上有什麼功績？ Milly 其實沒能用心去蒐集，畢竟吸引 Milly 的，不是紀念坂本龍馬的意義，而是建築本身的現代耀眼。

很難聯想，一個以劍術揚名的歷史人物的紀念館，可以用這麼鮮豔的色彩，用玻璃和鋼骨構造出如此大膽的幾何造型。

據知這氣勢十足、面向大海的建築，是從 457 件作品中甄選出來的。在陽光下反射的建築體，幾乎是讓人不能正視的透亮光彩。只能說，讓這建築出現的背後決意，厲害。

沒花 400 日圓的入場料去憑弔高知的光榮和坂本龍馬的一生，一方面是因為看見外觀已經滿足，再者有些誤算了從紀念館走到桂浜的距離。因為怕搭不上回高知市區的最後一班車，難免謹慎，其實實際走過，利用馬路邊清楚指示的捷徑，大約 10 分鐘就可以走到。

桂浜有什麼？有坂本龍馬的紀念雕像，海邊則是——據說坂本龍馬就是在這裡眺望著大海，思考著日本的未來。然後這裡有水族館，有《家有賤狗》那黑社會主人養的土佐犬的擂台道場。除此之外，就沒什麼特別的重點。

如果你不是歷史迷，會建議跳過這個據點。

▶1160

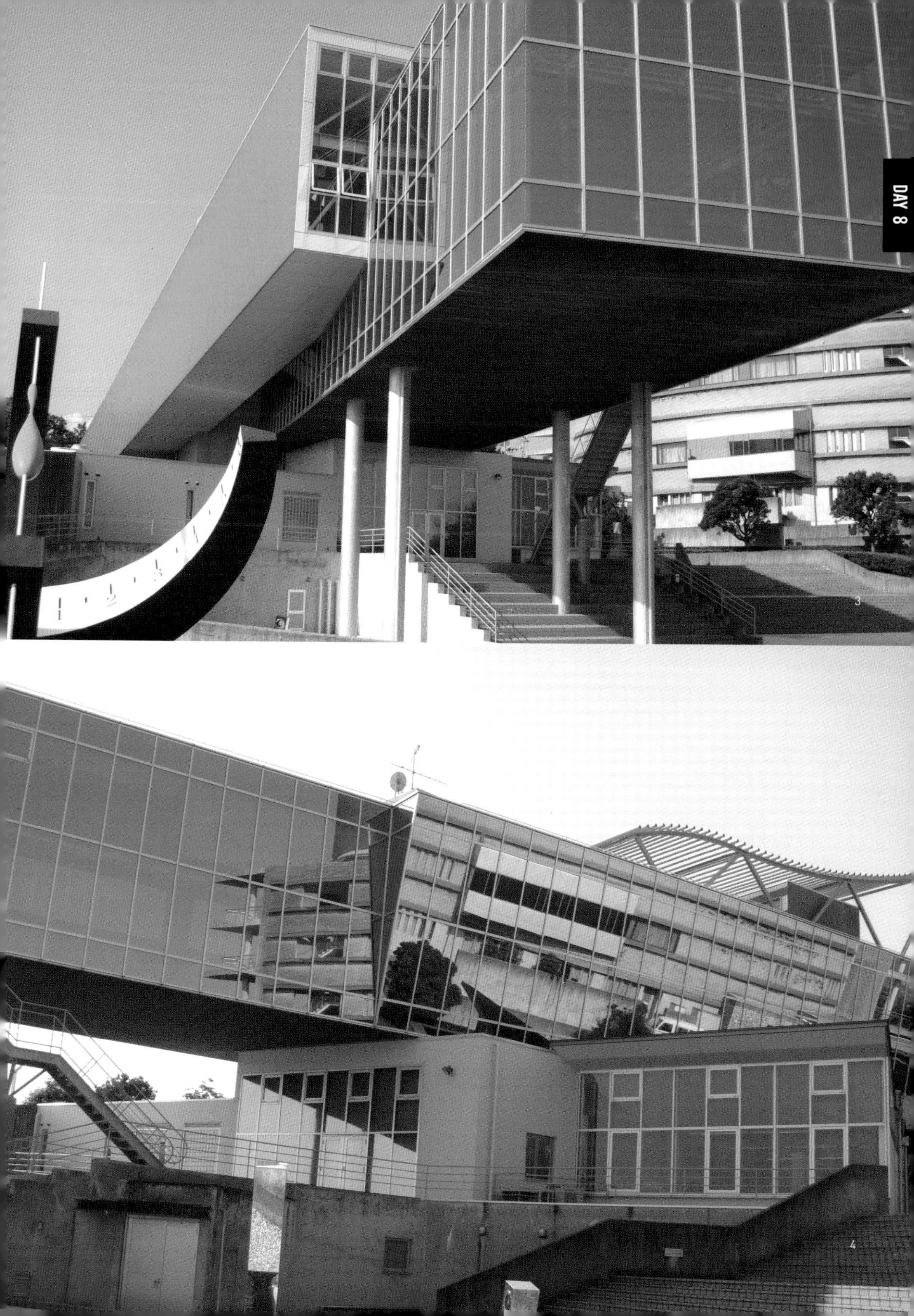

3

4

1

2

GO! 高知吃什麼？

❶ 高知城
❷ 高知的市場

結束了高知的小小建築之旅，滿足了視覺，開始考慮味覺。

資料顯示，靠近はりまや橋附近的ひろめ市場，應該可以吃到各式各樣便宜又好吃的道地高知料理。

本來以為是一間間獨立的餐廳，像函館朝市，原來卻有些像亞洲傳統夜市。中間有飲食區桌椅，兩旁一間間小食攤，客人點餐，然後自由找位子用餐。料理的確經濟又庶民，大多是一夥人，熱熱鬧鬧地喝著酒，佐著下酒菜，喧嘩著。

一個人的 Milly 有些卻步，放棄在這裡用餐。

離開前要一提的是，這裡有些時空錯亂的印象，因為小食攤忽然傳來中國話，一個中國女子正在店前幫一個中國男子掏耳朵，旁邊加入打趣的也是道地的北方口音中文。另一方傳來的卻又是韓國話的對話⋯⋯微妙，是怎樣的背景成就了這異國風味的詭異空間？

離開了ひろめ市場，就想都來到高知，高知城就在附近，總該到此一遊。遠看在市區寂靜的中央，小巧氣勢不是那麼雄偉的高知城，在暮色下意外地有吸引人的清雅魅力。▶1160

在旅程書店中修正旅程

在附近超市買了晚餐和水果，再到一旁的書店找旅遊靈感。

這是 Milly 出外旅行的習慣，如果路過書店大約都會進去，買買文庫本，在旅途消磨時間，翻翻當地或下一站的旅遊新資訊，有時會因此改變行程，就像是這次，原本第二天計畫去小豆島，但新的旅遊情報雜誌上介紹了直島的地中美術館和一間風味咖啡屋。

這個季節小豆島的橄欖還未成熟，直島的咖啡屋卻讓人很心動。心意一轉，決定明日改去直島，也因此在書店為了直島的資料又耗了些時間。

一個人的旅行就是這樣的節奏，自己的小會議。自己反對，自己贊成。

高知。路面電車，鰹魚料理，四万十川，建築的植物園和坂本龍馬紀念館，7 Days Hotel 和周邊的悠閒商店景緻，巧遇的よさこい祭小朋友，暮色中的高知城……是一個有魅力的小巧精緻的城市。

應該會再來，某一天。

找個星期天，體會高知出名的星期日市集，還有或許可以去看鯨魚，然後去住宿那間可以體驗建築的旅店。關於高知還有太多未完成的任務。

很遠的城市，但是哪裡有想法，哪裡就是近處。

▶1160

❶❷❸ 巧遇よさこい祭小朋友
❹ 高知電車
❺ 四國高知站前

土電バス

離開高知繼續前進的多種方式

蒐集資料中，意外知道了一個帶著些可愛意味的稱號，關於鐵道マニア，鐵道狂熱者或是熱中鐵道旅行的人，稱之為鐵つちゃん（鐵子）。

不壞，鐵つちゃん這暱稱。

不過今天 Milly 這個鐵つちゃん，在四國移動的方式不是鐵道，而是巴士和船。

前次離開種植霸王椰子樹的高知，是利用鐵道，乘坐特急南風號經由 JR 土讚線，途經溪谷激流的大步危小步危，在琴平下車，前往金刀比羅宮，爬上陡峭的階梯，俯瞰遠方的瀨戶內海。接著乘坐琴電（不是 JR 系統，而是獨立的路上電車）前往高松，制霸兩間有名的烏龍麵店，心滿意足地乘坐快速線回到本州的岡山。

這次是從高知車站乘坐高速巴士前往高松，最早是 7:10，到達高松 9:14，如此可以順利又悠閒地接上 10:14 前往直島的船，還可以做一下地形觀察，看看接駁巴士的位置。巴士車費 3,300 日圓。

如果利用 JR 土讚線特急是 4,760 日圓，但最早的兩班是 6 點和 7 點，都有些過早，不能在 7 Days Hotel 吃都會早餐，第三班則是 8 點出發，但是沒停多度津。如果加上在善通寺換車到多度津，再換車到高松，約 10:50 之後才能到。

普通列車沒有從高知直達高松的，一路換車轉車，時間花費更多。除非悠閒思考，以途中下車的玩法，先在阿波池田下車，乘坐復古風的觀光巴士，到達可以坐船遊覽的大步危峽谷，再到德島的觀光名所祖谷かずら橋，當晚前往德島住宿。Milly 也思考過這路線，但是如果不利用特急，就要很早很早出發，才能接上觀光巴士路線。另外，直島的魅力還是勝過一切。

到達高松要計算如何更有效地接駁上前往直島的船，第一班是渡船 8:12，接下來 10:14、12:40，之後是午後 3 點多、6 點多兩班船。因為這次 Milly 不像上次住在直島美術館內的旅館，所以還要計算回程的時間。

計畫上是乘坐下午 5 點最後一班回高松的船，當晚在高松散策用餐打發時間，再乘坐凌晨開航的夜船，前往神戶。

也就是說，Milly 試圖挑戰無宿的移動方式。

▶1160

Day / 9

從高松前進安藤忠雄美學的直島

在可以配合 7 Days Hotel 早餐時間早上 7 點的條件下，考量乘坐特急或高速巴士到高松搭乘前往直島的船。

最理想、最經濟的，還是高速巴士。從高知出發，到達都會感十足的高松車站，觀察地形後，在車站旁的都會超市買飲料，水果便宜，還買了好吃烤雞串當點心。這超市開到晚上 9 點以後，很方便，食品蔬果等很豐富。上次 Milly 住宿直島美術館的 Hotel，因為晚餐太貴，就是在這超市購買壽司小菜水果飲料，自己在房間用餐。

前往直島的船票是 510 日圓，費時 50 分鐘。當然還是要買往復票，即使只省 50 日圓，還是要利用喔。

8 月 27 日依然是閃過颱風之後的無雲陽光好天氣，坐在甲板上，迎著海風，旅行中有遠足的情緒。

坐船到一個島嶼散步，是 Milly 喜歡的節奏。

配合船的到港，很快就可以接上島上的巡迴巴士。記得記好巴士時間，善加利用才可以不浪費時間地途中下車。

關於直島跟現代藝術的連動背景，說起來可能長篇大論，而且怕 Milly 的藝術修養淺薄，說明不周反而是反效果，這裡只是大致說說 Milly 自己體會的直島。

▶1160

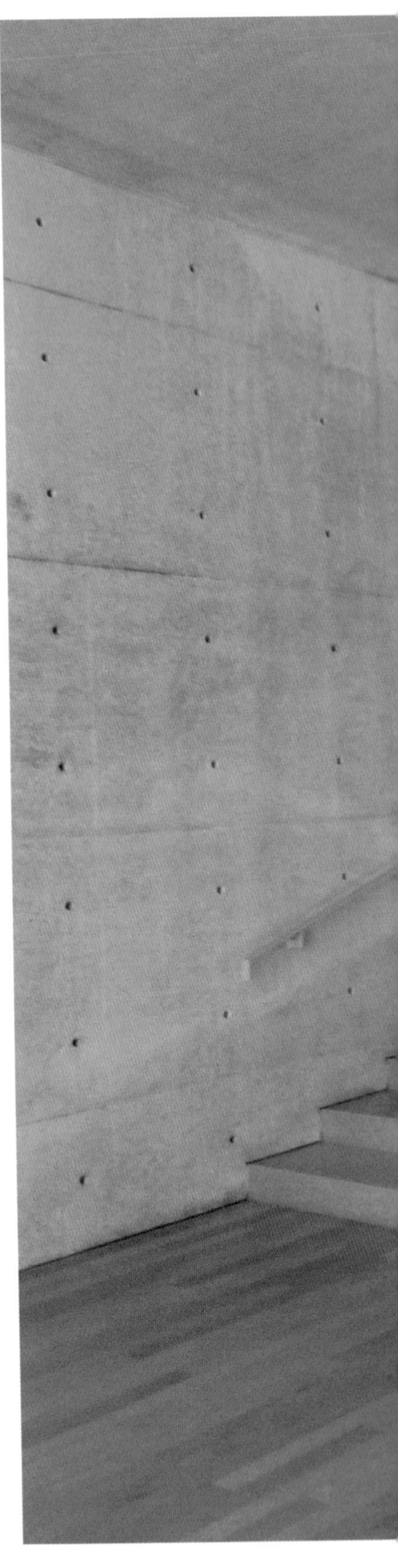

GO! 直島是如此一個美好的現代美學島嶼

知道直島是經由安藤忠雄，以及安藤忠雄主導的 BURTUS 雜誌。

首先知道的是安藤先生設計的直島美術館，和憧憬入住的美術館內旅館。2004 年完成住宿體驗，那時一個人住宿（兩人房一人住宿價錢相同），淡季 16,000 日圓左右，後來價格更動，一個人要 30,000 日圓左右，會想好在已經體驗過。房費含美術館入場費用，不含餐，但如果經濟許可，在這美術館用餐是一大享受。Milly 上次是預約了早餐，晚餐則是屋內自己野餐（一面看瀨戶內海黃昏喔），當然能入宿一間美術館朝聖安藤忠雄，早上可以自由地在美術館內遊晃，絕對是很難忘的體驗。

然後在「農協前」下車的本村，有所謂和直島原始文化相容合而完成的家プロジエクト——Home Project 家屋計畫，一個改造直島古屋，加入現代藝術的計畫，包含了角屋、南寺、きんざ和護王神社。除了這幾個比較完整的建築體，其實每家的門牌和路牌也都是專家整體設計，低調但是很有個性地鑲在烏黑的傳統屋牆上，可以留心找找看。

入內參觀體驗家屋計畫要 500 日圓，星期一休館。きんざ則要預約才能參觀。這次 Milly 奸詐地沒花 500 日圓，因為上次已經參觀過，護王神社在戶外，雖有工作人員在一旁服務，但是……不會阻止你拍照。

Milly 個人主觀覺得南寺角屋藝術陳義太高，反而是玻璃階梯的護王神社，很明白地感染到它的魅力。

同樣地，直島美術館周邊有很多戶外現代裝置藝術，不花入場券一樣可以體驗。例如面向瀨戶內海的大南瓜雕塑，就是相當基本的直島地標。

然後這次 Milly 首先途中下車的是由農協超市改裝而成的本村 Lounge & Archive，陳設著直島的建築資料，也販售直島美術館和地中美術館的紀念品及書籍。這是新設的服務區，Milly 上次來還沒有，在雜誌上看見這白色主體、挑高兩層的工作室建物，就一見鍾情，非來不可。

島嶼的作息較早，上述家屋計畫和本村 Lounge & Archive 都是下午 4 點半就休息，要注意。

注：以安藤忠雄為號召的直島年年都有極大的變化，不論是住宿或是現代藝術的展示。要掌握最先的資訊，請參考以下的 Benesse Art Site Naoshima 網站。http://www.benesse-artsite.jp 。

▶1160

1

❶ 杉本博司的作品護王神社
❷ 農協前街角
❸ 本村的特殊門牌
❹ 草間彌生的作品大南瓜
❺ 本村的碼頭
❻ 到中筋看家屋計畫
❼ 瀨戶內海

CAFE

GO! 島嶼咖啡屋野心很大

這次有上次沒有的直島體驗，還有地中美術館和カフェまるや「maruya naoshima」。後者就在家屋計畫之間，所以同樣是在農協前下車。

カフェまるや從角屋走過去大約50步，有地圖，Milly依然迷路。跟在黑牆窄巷裡推著菜籃車聊天的本村媽媽們問路，媽媽們熱心熟練地告訴Milly位置。本村就是這樣一個地方，現代藝術和古老的傳統住家融合在一起的區域。

完美的結合，加入創作元素，但是不破壞村落的氛圍。聲音、空氣、風的移動都是安靜的。

在這個地方，人自然會悠閒起來，善良起來，對於人對於大自然。

至於カフェまるや店名的由來，網頁上的說法是發想，是來自人與人之間一個「輪」和「和」的印象，是圓融的一個圓。まる是圓，や是屋。同時，也包含一個意義是，任何美好的事物都是從0開始，0就是一個圓。有趣的是，「圓」屋咖啡屋在「角」屋旁邊，互相對應。

咖啡屋是11點開門，11點半多進去已經客滿。是一個住家改裝的模樣，一不留神，還會開錯旁邊住家的大門。就是這樣跟住家緊密相連的一個咖啡屋。

進門要脱鞋，經由玄關，走進起居間。說是單純的咖啡屋也不盡然，カフェまるや比一間光是喝咖啡和用餐的咖啡屋，多了一些旨趣：希望那些追尋著美和旅的旅人，能在這個空間跟當地村民一起聊天一起飲食一起……一起寫著些什麼的所在。

他們說，在世界來看，這個咖啡屋無疑只是一個小點，但是透過不同的旅人，就會將這一個點跟不同的點連成一條條的線。因此カフェまるや還會不定期舉行小小的演奏會，會在有限的空間展示一些人的創作，還提供小小的圖書館服務。（注：很遺憾地カフェまるや於2012年夏天關店。）

▶1160

❶❷ 本村散步
❸ カフェまるや咖啡屋

2

3

GO! 巧遇 10 歲小畫家 KAI

Milly 去的 2005 年 8 月，展示的作品是一個 10 歲 KAI 的畫作。不是小男生喜歡的車子飛機，而是很古風的時代劇人物，很熱情很 powerful 的作品。

幸運的是，Milly 到訪的那一天，住在岡山的 KAI 正跟家人來直島玩，還跟著大姐姐客人們玩著他手繪的大富翁遊戲，玩到連飯都顧不著吃了。

原本看著大家起鬨，懷疑這小鬼或許是店裡展示畫的作者。但是雖說有些不同於其他小孩的小藝術家氣質，但真的只是一個小鬼，真的能畫出這樣有氣勢的畫嗎？

Milly 問他咖啡屋裡的畫都是你畫的？他有些害羞，但是重重地點了個頭，啊！ lucky，看見作者。

除了人文的企圖，咖啡屋如果咖啡難喝食物難入口，就太悲劇。好在カフェまるや的料理還算不錯，起司蛋糕也很好吃。

Milly 點的是紅燒肉蓋飯，冰紅茶和起司蛋糕，1,350 日圓。唯一缺點，上餐的速度實在有些慢，當然也怪 Milly 沒有給自己太多悠閒的空間，在希望悠閒的同時，偏偏掛念下一班要開往地中美術館的公車時間。

Sorry，Milly 不該將不適當的急躁，帶進這悠閒的空間裡。 ▶1160

1

2

❶ 本村散步
❷ 小畫家 KAI 和他的畫

1. 直島地中美術館
2. 直島巴士素直君
3. 直島處處都有藝術品展示
4. 美術館前露台
5. 地中美術館咖啡屋

GO! 在地中的地中美術館

乘坐直島町營巴士前往地中美術館。巴士的終站，有的是直島美術館下方的Benesse House下（ベネッセハウス下），有的是地中美術館。10:10甚至有一班從港口出發，6分鐘就直達地中美術館。不過即使坐到Benesse House也無所謂，因為有接駁巴士來往兩座美術館之間。

直島町營巴士有個可愛的暱稱，すなお君，すなお日文漢字是「素直」，就是淳樸誠實溫馴的模樣或態度。すなお君是個小男孩喔，巴士車頭有他的模樣，乘坐前可以看看，打聲招呼。

到達地中美術館，首先看見一個像祕密基地的無機質白色建築，是售票處。工作人員穿著白色的工作服，像科學研究員，讓你以為要去參觀的是高機密的太空基地，或許還要全身消毒才能進入。

買票之後，會有專人解說美術館的行進動線和規矩。重點之一，就是絕對不能拍照。

從售票口到美術館之前，會經過一個「地中之庭」，是研究過19世紀印象主義畫家莫內的畫中，選出莫內最喜歡的50種植物花草所建構出來的庭園，讓遊人小歇的地方。

經過地中之庭，到達美術館入口。一個像警衛亭的地方就是收票口，果然還是有即將進入祕密軍事基地的氣氛。

依規則來說，從這開始就絕對不能拍照，但Milly還是有些不規矩地拍了美術館的大門入口處（伸

2

3

4

舌頭，裡面也偷拍了兩張，就不好意思曝光）。從大門一點都不能窺看到裡面的空間，

依舊是低調堅實。

至於為什麼叫「地中美術館」，因為基本上，就是一個所有建築都埋在地下的美術館，是安藤忠雄運用水泥、鐵、玻璃和木頭四種基本材料，極致發揮所完成的建築作品。

進去裡面，你就真的會超崇拜安藤大師，尤其是像今天這樣一個好藍天的時候。一個大空間裡又另一空間，獨立超然，但是又跟大自然融合一體。不做太多形容，希望你自己去體會。

入場票價是 2,000 日圓，可以用信用卡刷卡購票。

建議你穿輕便的衣物和好脫的鞋子，因為有的空間是要你換上館內的拖鞋進去體驗的，是叫做 OPEN SKY 的視覺知覺展示。

然後有莫內的真跡《睡蓮》，據知這不是長期展示品，是有年限地暫借展示。

而 Milly 最愛最愛的一個空間，作者是誰 Milly 不清楚，但是一踏入那像是神殿的空間，牆上鑲著金色的木柱，黑亮的中央大理石球，向上延伸的階梯，最微妙的是陽光穿透天井的縫隙射入，一道金色光線空間作圖的模樣。

讓人不由得屏息驚嘆，情緒安靜地激動起來。

好在能來到這地中美術館，旅行中的感動。

美術館內有面海的地中咖啡屋（地中カフェ），可以喝飲料和用簡餐。地中 Store 有紀念品販售。不過 Milly 的私人建議是從地中カフェ推門出去，走到咖啡屋外草地看海，有墊子讓你使用。或是再沿著階梯往下走，面向瀨戶內海的位置有露天座，可以自己野餐。

更詳細的資料請參考美術館網站，www.chichu.jp，不過也不是那麼詳細，連網站都是超級堅實地低調。

地中美術館－直島美術館的接駁車要不要錢？似乎要，又似乎不要。的確不能這麼不負責地丟資料，但是 Milly 原本不打算坐接駁車。當天真的很炎熱，心想 30 分以內的路程應該還可以忍受，可是 Milly 畢竟幸運（什麼說法！），才走大約 2 分鐘，接駁車就停了下來「請」Milly 上車唷。好心的司機說，天這麼熱，走路「大変」喔，很辛苦喔。

不能辜負司機的好心，於是坐上冰涼的冷氣車，順利到達直島美術館下方。在途中，司機又請了一位年輕男子上車，依這樣判斷，應該是不用買票的。

本來的計畫是再進去直島美術館喝喝咖啡什麼的，但是上次兩天一夜的體驗已經足夠，印象還很深刻。這次就作罷，多留些時間給本村的 Lounge。於是決定，在巴士來之前，在附近散步就好。

ベネッセハウス直島（Benesse Art Site 直島），包含直島美術館、美術館內的旅館、地中美術館、本村家的 project 和本村 Lounge & Archive 等。Milly 這次去，看見原來的露營區（蒙古包住宿區）正在大興土木，似乎又有新的設施可以期待。難不成……是要建新的旅館，希望價錢低一些才好。

拍下熟悉的大南，在露天座吹吹海風，到直島的旅行任務好像才真正完成。 ▶1160

❶ 地中美術館一角
❷ 草間彌生的大南瓜
❸ 直島美術館戶外展示

2

3

GO! 因為直島，才能如此存在的直島中學

不過 Milly 對直島其實一直都存在一個好奇，就是坐巴士前往本村區域之前，那個像中學又像是特殊建築的地方，實際上是怎樣的地方？資料上並沒有說到。

這次一個小小的失誤，卻意外地解開了這個好奇。

原本是要去本村的 Lounge，想或許在乘船之前，能在那裡喝杯咖啡。到達時才發現，本村 Lounge & Archive 關了門在舉行研討會，再一個多小時才會開放。可離 5 點開船還有將近兩小時，本村又不能再走一圈，於是決定，不如走到港口，應該不會太遠，而且還可以去那中學探探險。

於是直島散步前進。

也不遠，邊玩邊走，拍拍直島貓咪，看看路邊自在的野生向日葵，40 分左右就到了港口。

直島中學果然有直島氣質，除了建築一反一般中學的僵硬外，最特別是沒有圍牆，沒有學校大門。

說沒大門倒也不是，而是其實這學校的操場較校舍低，成為凹槽狀，校園四周大樹圍繞就是校牆，而有一方是柏樹籬，像一面面牆般佇立，在樹牆和樹牆間的空隙，似乎就是校門。

果然只有直島這樣的島嶼學校，才可以有這樣的自由自在風情。 ▶1160

❶ 直島的貓咪
❷❸❹ Lunge & Archive
❺ 直島中學

1

2

3

4

5

宣讀直島町民憲章

對了，直島到底是怎樣靈魂的一個島，從豎立在直島中學邊的直島町民憲章可以窺看一二。

果然是目標純正、淳樸有熱力的島嶼。這可能就是安藤忠雄這樣的建築師會偏愛直島的原因吧。

Milly 和 DK bear 的直島之旅，就這樣在現代美術為主題之外，留下了一些私房的散步路徑。

下次何時再來直島？不知道。

但是關於直島的記憶，總是清風一般愉悅著。

直島町民憲章

我們是能夠讓美好的大自然和產業以及文化調和的町民 。

我們是能夠自覺這是直島町民責任而互相協力建立豐饒美麗故里的町民。

愛人愛自然，建立一個美好居住的鄉鎮。

培育身心豐實、爽朗的青少年，讓城鎮充滿樂觀朝氣。

事業有衝勁，努力產業發展，建立朝向未來飛躍的鄉鎮。

直島美術館的碼頭

GO! 凌晨之前的高松遊蕩

從直島回到高松，原本要實行以烏龍麵體驗加上消費北浜 Alley 來迎接零點前時光的計畫，

但卻意外連連，無法實現。

去北浜 Alley，大迷路。好不容易到了，卻是意外人煙稀少。本來以為這裡該是高松的下北澤，但是因為地處偏遠的港邊，路上都是灰塵滾滾的大卡車，醞釀不出悠閒的氛圍。原本想喝杯咖啡看看黃昏，甚至找間容易進去、不會不自在的小酒吧耗耗時間，都因此無心完成。

所以呢，資料歸資料，還是會有失真的潛在危機。

拍了些照片，就想還是吃烏龍麵去。誰知那間 9 點以前都會開的烏龍麵名店，居然整修中。在附近商店街想找間主觀還可以用餐的餐廳，卻可能是在大迷路時用了太多體力，沒足夠的食欲去牽靈感。眼見很多商店都陸續關店（不過 9 點多不到），只好找間還可以的烏龍麵店吃碗基本款烏龍麵。不至於不好吃，只是少了些想法。

旅行中有時會這樣，如果一開始不是那麼順，最好有些心理準備，可能接下來還會有些不順等著你。

連環不順之後，才會再回到順線上。或許這就是旅行中的某種魔咒。

書店也混過後，已經沒有可以探險的地方和足夠的體力。

回到高松車站，拿出寄放的行李，在高松車站的大堂候車區將一天的照片存放電腦，也順便利用角落的插座「偷電」給電腦充電。

該做的事都做完了，時間卻過得很慢。長夜漫漫，渴望起一張可以入睡的床。

這時唯一能做的，就是看著各型各色夜歸人的身影，幫他們編編故事。

▶1160

1

2

❶ 少了些想法的烏龍麵

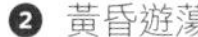

❷ 黃昏遊蕩

Day / 10

本州 旅行資源豐富

挑戰無宿旅程，夜船前進神戶

今晚是無宿日，或簡稱夜行日。

乘夜船從高松到神戶，0:30 出發，4:10 到神戶（注：此船班已改為凌晨 1:00 出發，5:00 點到達神戶）。船票 1,800 日圓，往復券 2,990 日圓。乘船處不在前往小豆島或直島的高松車站旁碼頭，所以配合每天五班船，有高松到乘船碼頭的免費接駁巴士。

巴士站牌很低調，低調到你以為這是祕密巴士。接駁車有兩處站牌，在琴電築港站的有些黑，乘夜船的獨身女子最好不要從這裡上車。另一個在碼頭旅客服務中心大樓邊停車場不顯眼的人行道邊。建議在白天就勘查好位置，在深夜真的不是那麼好找。

上車處沒燈光，好在不只 Milly 一人在等車，不然 Milly 應該不安不安非常不安。在黑暗的現場觀察，除了 Milly 這不尋常的熟女外，等車的有：精力十足深夜依然亢奮的年輕男女學生組、疲倦男上班族、OL 名牌購物族。

❶ 夜間渡船的接駁巴士
❷ 夜船的女性專用區

這樣的夜船，從四國高松回本州神戶，是可以混得比較晚，不用住宿，而且交通費便宜的手段。若乘坐 JR，不坐新幹線或特急也大約要 4,000 日圓。

白天 Milly 還在陽光燦爛的直島，這時卻在黑暗的人行道邊，一身疲倦席地而坐，落差之大，真是感觸（笑）。

實際上船，發現意外地搭乘的人很多，算是客滿。

這ジャンボフェリー（Jumbo Ferry）往神戶的渡船，在夜色中也毫不遜色地雄偉。似乎可以一路航行到阿拉斯加一樣地龐大，然後船行時很穩，一點搖晃都感覺不到。

船上有和式和洋式的乘客空間。Milly 發現客人幾乎都是老手，女性專用艙邊的和式房間，轉眼就客滿。Milly 原本是在椅子區休息，後來實在太累，就去了大通艙的和式榻榻米睡覺。可是很冷，大家都有禦寒毛毯，果然有經驗就是不同。詳細可以看這渡輪的網站：www.ferry.co.jp/index2.htm。

▶1160

果然是旅行中的魔咒？

船在凌晨 4:10 準時停靠神戶港，乘坐巴士到神戶的 JR 三宮車站前。一趟 200 日圓，而且不能找零，這點要有心理準備。

選擇這航線，除了要嘗試一下好久沒實現的夜行體驗，最重要還是因為這樣就可以很順線地從神戶的三宮乘坐第一班巴士到安藤忠雄的重要建築作品：淡路島夢舞台。如果從高松到岡山住宿，就多了岡山到三宮這段路。

依據旅行計畫，接下來應該走路去車站附近的 SPA 洗個澡，一身舒暢地吃早餐，坐 7:30 的巴士前往淡路島。可是之前也說過，如果不順，一定會連環不順（俗稱禍不單行）。

當時真的很累，畢竟不年輕了，就像 Milly 常自稱的，一過 12 點就會變成南瓜。當晚真正入睡的時間不到 2 小時，加上在船上雖略有梳洗，沒洗澡還是渾身不順暢。

拖著疲倦想睡想洗澡的身軀，寄好行李，拿著簡單的盥洗用具，離開車站，經過有些混亂混雜的飲食夜店區，跟一些特種行業和喝得、玩得一臉倦容的夜歸人擦身而過……靡爛氣味的夜生活區，又不禁想到昨天 Milly 是在那陽光燦爛的直島。

好不容易找到外觀豪華、預定要去的 SPA 兼旅店「神戶 SAUNA & SPA」，神之湯溫泉，去洗那某本鐵路旅行達人的書上推薦有凌晨優惠、1,500 日圓就可以洗澡兼使用按摩浴池和休息空間的專案服務。但是工作人員一臉疑惑看著我，因為這凌晨專案只限於男性，住宿也是男性限定的「膠囊旅館」。

女生可以利用的 SPA 是 3,000 日圓，而且是早上 11 點才開始營業到凌晨 5:00。

天啊！那不就是要髒兮兮、累垮垮地流落在黑暗的都會角落？

太相信自己又誤判資料，真是大失敗。 

晨間 6 點多在神戶異人館區噴泉，刷牙！

結果 Milly 決定放棄洗澡，戴上帽子掩飾一下，心一橫，決定晨間散步三宮的神戶異人館區。

早上 6 點多，回憶著在這裡的種種記憶，還意外經過當時一心想找的教堂咖啡屋，以及那記憶深刻、意外發現的小小完美咖啡屋，只是時間仍太早，沒能再去體驗。

晨間的異人館區，意外有風味。遊人只有 Milly。

在地標風向雞館前，水池邊有水龍頭和噴泉，突發奇想拿出電動牙刷，才正準備要塞入口中，dididi……響著時，卻出現陪著半身不遂老公來運動的中年妻子。妻子鼓勵著先生：不怕！沒人看見，試著動動。

這樣溫馨的感人場面下，Milly 在觀光區水池前用電動牙刷刷牙……的確太突兀。只好默默地將電動牙刷放回包包，含著一口牙膏泡泡，安靜地離開現場。

天亮了，天空漸漸從灰色轉成金黃。這樣迎接一天的旅程，畢竟深刻。

日後若再來三宮，一定會憶起這樣一個迎接白日的黑夜。

▶1160

攻略
夜間移動的列車

很實際地檢討，Milly 可能真的已經過了夜行的年齡。不過，作為青春 18 的遊人，善用夜行是基本。

夜行，在夜晚中行動前進。夜行巴士，夜行列車。

最理想的夜行是像移動城堡一樣，可以在屋子內又可以移動。其次是有臥舖的夜行列車，但是在日本，臥舖不見得比住宿一間經濟商務旅館再坐早班列車出發來得便宜。

經濟的夜行列車是只提供座位的，徹夜行駛，省去住宿費，又可以在一大早到達目的地，是更有效利用時間的旅行手段。舉個例子，在 2005 愛知博覽會期間，很多青春 18 的遊人就是利用青春 18，坐上 23:43 從東京車站出發的**ムーンライトながら**，經由品川、橫濱，在凌晨 6:05 到達名古屋，前往愛知博覽會。晚上再於 23:55 從名古屋坐回東京，4:42 抵達。如此三天兩夜都是在車上住宿過夜，費用是青春 18 三天份 6,900 日圓。如果計算得宜又事先訂到指定席，可以從橫濱 0:11 出發，這單程就只要使用一天份的青春 18，又省下 2,300 日圓。

上述是從東京到名古屋。反向來看，在學生放假的旺季，有些年輕人就會從大阪或京都轉乘ムーンライトながら到東京，去迪士尼樂園或東京都會玩一天，當晚坐回關西。

Milly 就在品川車站看過排隊等著搶搭夏季臨時ムーンライトながら座位的年輕朋友們，拿著大包小包的迪士尼商品，一臉睡意但是滿足的神情。

幾乎所有夜行列車都是以「ムーンライト」，Moonlight 月光命名。

日本「通年」，就是一整年無分季節都行駛的夜行列車，有剛剛提到的從東京到大垣車站的ムーンライトながら，以及行駛新宿到新潟的ムーンライトえちご。

而季節性的臨時夜行列車，雖大致依照青春 18 的使用期間增班行駛，但因為是屬於臨時列車，每年情況未必絕對相同。JR 會先在季節前公布行駛期間，或有沒有行駛等公告。青春 18 同好因此必須每年注意新公告，據知原本有更便利的夜行列車，但已停駛，讓青春 18 之友不勝唏噓。

在未必每年絕對相同的基本認知下，Milly 整理出的臨時夜行列車如下：

臨時ムーンライトながら，大致行駛期間是三月下旬至四月上旬的黃金週期間、七月下旬至八月下旬及年末年始日本的新年假期期間。這是為了疏散青春 18 旅客而增班的列車，要注意的是，它是在品川發車，不同於定期ムーンライトながら是在東京。

這原本是定期列車的救濟列車，就是說，若訂不到定期ムーンライトながら指定席，可以改乘這班不用買指定券的臨時列車。在車型上，定期ムーンライトながら是白天也可以作為特急列車的軟椅墊座位，而臨時列車是舊型列車，硬梆梆的椅子，而且沒冷氣。簡單說，一個是豪華版，一個是庶民版。那年 Milly 有訂到位，坐的是豪華版。在某些停靠站會與庶民版列車同列，相對之下，（笑）不免有些優越感。

但 2003 年夏天之後，臨時ムーンライトなが

ら也改成要購買指定券，年輕朋友在品川席地而坐排隊搶位，或唱著歌，或看著書的青春模樣不復見，有些失落。

不過臨時列車的座椅舒適度或許也會因應改善也不一定。

其他臨時夜行列車有：

快速ムーンライト仙台（東京－仙台），行駛期間大致是春天 - 夏天的週末假日。

快速ムーンライト信州（新宿－松本－白馬），春夏冬學生假日的某些時期。

快速ムーンライト九州（新大阪－博多），三月下旬－四月上旬，七月下旬－八月下旬，以及年末年始。

快速ムーンライト松山（京都－松山），快速ムーンライト高知（京都－高知）行駛期間同上。

（注：此類臨時夜行列車年年變化很大，要放入行程務請搜尋最新資訊。）

以上夜行列車，幾乎都要事先購入指定券（即使有的路線是區域性或部分車廂指定席，但以 Milly 的觀點，把所有夜行列車都認定是指定席，比較安全，也比較簡單），依號入座。但因為都是快速列車，青春 18 都能使用。

説這些夜行列車是因為青春 18 才能繼續存在也不為過。光是看臨時的夜行列車行駛期間都是與青春 18 的使用期重疊，就可以看出。

在這些夜行列車中，最熱門搶位最激烈的，莫過於ムーンライトながら，畢竟是可以連絡東京及大阪兩大城市的路線。尤其是夏季青春 18 的使用期，更是最尖峰。一般都是購入青春 18 的同時，就要先預約ムーンライトながら。或是更強勢一些，先預約好位子再去買青春 18。

青春 18 的預購是 20 天，而快速ムーンライトながら可以預約一個月的座位。以夏季為例，青春 18 使用日是 7 月 20 日起，從 7 月 1 日開始發售，但 6 月 20 日就可以先搶買指定券。

很多日本的青春 18 交流網站都有如何搶購ムーンライトながら指定券的實戰功略。甚至可以説，利用青春 18 最便利，也最需要花心思的路線，就是這條。

這時你或許有個疑問，這類夜行列車一定要使用青春 18 嗎？當然可以不要，只是，以東京到大垣ムーンライトながら為例，乘車券 6,620 日圓，加上指定券 510 日圓，而青春 18 是一天份 2,300 日圓加上 510 日圓。但如果只是單程前往一個地方，並不計畫利用青春 18 繼續旅行，倒也非絕對不划算就是。

在月台唱歌的年輕人

GO! Milly 的 2000 年青春 18 上山下海極致之旅

滯留東京的 2000 年 8 月 14 日，Milly 買好指定席，中野出發，先用一般的 JR 票到橫濱遊玩，車票 620 日圓。15 日 0:11 利用青春 18 乘坐ムーンライトながら，然後 6:43 到達岐阜後，轉車前往目的地飛驒高山。

列車座椅雖然意外地很舒服，但燈光很亮，旁邊人有些亢奮地在説話，其實沒怎麼入睡。據知燈光亮、夜間不熄燈是為了防止偷竊。而一些人不睡覺亢奮，就純粹是禮貌規範，這點也讓一些乘坐夜車的人困擾。

6:43 到岐阜，6:58 坐上到高山的列車，10:08 到達，還可以參與高山有名的朝市，喝了香甜的高山牛乳，吃了飛驒高山牛肉串。之後高山散策至下午 1:42，坐 JR 到下呂，找到可以洗澡的錢湯（澡堂），雖説出發前已經洗過澡，因為坐夜車一晚疲倦，能泡個熱水澡總是幸福。

夜車的攻略中，如何在途中找到能舒暢一下的溫泉或是澡堂，也是重點。

之後轉車到美濃太田，散步兼喝咖啡，再到名古屋感受一些都會風。買了晚餐，轉車到岐阜，預計乘坐 23:20 發車的ムーンライトながら回東京。

這趟睡得不錯，畢竟累了。

回到東京是凌晨 4:42，Milly 沒有回家而是繼續上路。因為別忘記，青春 18 已經進入第二天，就是説距離當天半夜 0:00 之前，還有將近 19 個小時可以無限乘坐。

5:20 坐車到佐倉，轉乘 11:19 到銚子，另外購入

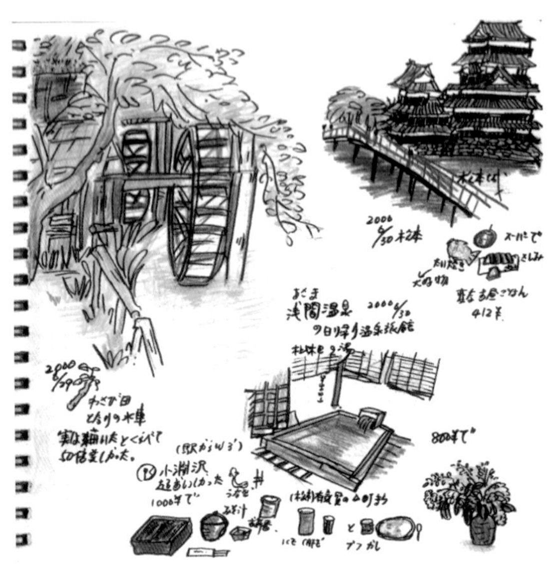

2000 年上山下海之旅繪遊記之一

銚子電車一日券，在港口看海鷗，同時去 Milly 一直想去的岩石海崖。之後又坐上外房線到御宿看海灘沙丘，洗褐色溫泉。最後經由房總半島，晚上 8 點回到中野家中。

如此上山下海天涯海角的三天兩夜，無住宿費，去除餐費溫泉費，交通費 6,860 日圓，包含兩天的青春 18 共 4,600 日圓，來回ムーンライトながら指定券 510×2 ＝ 1,020 日圓，中野－橫濱 620 日圓，銚子電車一日券 620 日圓。

2000 年 8 月 14-16 日，Milly 40 歲未滿，完成了一趟以夜車組合的青春 18 極限之旅。

現在可能比較對夜車卻步……（弱氣起來）。

▶1160

攻略

以青春 18 搭夜車從新宿到北海道，行不行？

這次本來 Milly 計畫搭新宿到新潟的路線。目的倒不是去新潟，而是想從這條路線轉到北海道，試圖以青春 18 縱貫。結果因為耗時過大，旅程時間不夠，暫且放棄。

但還是分享一下，如果企圖以夜車組合前往北海道，有以下兩條壯烈路線。

路線 1

在這之前先看看，如果白天出發，利用青春 18 的建議路線是：上野 7:00→宇都宮 8:43，宇都宮 8:46→黒磯 9:36，黒磯 9:39→郡山 10:40，郡山 11:07→福島 11:53，福島 12:00→白石 12:33，白石 13:07→小牛田 14:45，小牛田 14:53→一ノ関 15:41，一ノ関 16:06→盛岡 17:40，盛岡 17:47→大館 20:43（盛岡到好摩之間經過非 JR いわて的鐵道，要另外付 630 日圓），大館 21:06→弘前 21:51，弘前 21:55→青森 22:39，然後乘坐青森港 23:30→函館港 3:20 的青函フェリー，或青森港 2:00→函館港 5:50 的青函フェリー。

船費不含在青春 18 之內，而且看上去的確是頗為龐大的轉車行程。

一般來説，完全利用青春 18 的難度在於，從盛岡到八戸要經由いわて銀河鐵道和青い森鐵道，都是不能使用青春 18 的所謂私鐵。所以只能繞道來節省額外費用。

加上原本可以通過海底隧道的海峽號普通列車已經停駛，如果不在青森轉乘渡輪青函フェリー而用鐵路前進，就必須乘坐普通車從青森→蟹田，從蟹田轉乘特急自由席→木古內，到達北海道的木古內下車，再轉乘其他普通車繼續前進。特急？青春 18 可以乘坐嗎？因為蟹田到木古內只有特急，因此特別通融，青春 18 的旅客可以乘坐自由席。可是過了木古內你還留在車上繼續乘坐的話，就要加付特急券的費用，請務必小心，不要坐過頭。同樣因為該路段只有特急列車，通融使用青春 18 乘坐特急自由席的路段有：九州的宮崎－宮崎空港，和北海道的新夕張－新得。

因為的確有些不便，而且耗時過長，加上有的青春 18 遊人企圖以青春 18 完全制霸，於是就算出另一個路線，繞路出發。

路線 2

首先，可以先使用青春 18 到新宿，乘坐 23:09 發車的ムーンライトながら前往新潟。若想更精打細算地省下一天份的青春 18，可以先從新宿到高崎 1,890 日圓，在高崎 0:47 上車。這樣雖然省了 410 日圓，但限制了當天的旅程，以旅行來看，或許前者更划算。

4:51 到達新潟，立即換乘 4:57 前往村上的快速列車，5:50 到達，轉乘 5:59 前往酒田的列車。到達酒田是 8:18，鐵路達人會建議在酒田先吃個早餐（反正都要等車），接著乘坐 9:38 的列車到秋田，11:21 到達。在秋田有些時間小小旅遊一下，13:13 前往青森，17:12 到達。之後就是坐渡輪或轉 18:22 的列車往蟹田，19:11 到達，搭上 20:29 前往函館的特急自由席，21:16 在木古內下車，這樣就到了北海道。

比較悲劇的是 21:16 在木谷內已經沒有前往函館的普通車，你可以先找個地方住下，明天再前進；或多花特急料金繼續坐到函館，約 1,680 日圓。甚至有人會建議在青森住下，旅遊青森，第二天再換車前進北海道。如此可以途中下車，又較能以青春 18 完全制霸，值得參考。

坐夜車較大的缺點是，若在車上睡不好，第二天會影響旅行的體力。若真的不能適應夜車的艱辛，鐵路達人就會建議在白天移動。Milly 後來也多數會一早出發，例如某次是早上坐上中野第一班列車 4:25 →新宿 4:42，新宿 5:10 →品川熱海 6:48，之後從熱海快速換車 6:50 →靜岡 8:06，轉車 9:19 到濱松，繼續轉車 9:55 到豊橋，之後轉 10:00 快速，10:50 就到名古屋。

前一天晚上早點入睡，早點起床，不用過於疲倦地移動，是 Milly 的推薦。

淡路島有安藤忠雄的意念

為什麼一定要去淡路島？

首先因為那裡有間憧憬的 THE WESTIN AWAJI Hotel。這是安藤忠雄參與的設計風旅店，周邊還有安藤先生主導的淡路島夢舞台，和那間大堂設在水池底下的真言宗本福寺水御堂。

安藤忠雄的旅館，安藤忠雄的夢舞台，安藤忠雄的寺廟。只要是安藤忠雄，就有值得一去的衝動。是信仰或憧憬或單純只是相信，相信安藤忠雄不會讓人失望。

後來知道一個關於淡路島的美麗故事背景，就會想好在來過淡路島。原來因為要填海造地興建關西機場，於是在淡路島挖土，有一半土地成了光禿的山嶺。身為大阪人的安藤忠雄於是發起拯救禿山的計畫，種下 30 萬株樹木，並且說服建設公司興建旅館，於是有了今天的淡路島夢舞台。

所以即使很睏，即使沒洗澡，還是不能放棄淡路島。

乘坐早上 7:30 的巴士，從神戶三宮出發，車程約 50 分，往復券 1,800 日圓。如果謹慎，可以先劃好來回的位子，因為這輛巴士是走高速公路，規定不能有站位。如果不是在起站坐車，例如在高速公路上的上車處，而巴士已經坐滿，你就別無選擇，只能等下一班。

本來以為這是很少發生的事，但這次卻實際遇見有人就是因此無法上車，這提醒了 Milly，要小心高速公路巴士的中途乘坐。

到了 THE WESTIN AWAJI Hotel，上扶手梯在 Lobby 就立刻見到那幾張在設計風旅館專書上介紹過的花型紅椅子，任務似乎就完成一半。

整個 THE WESTIN AWAJI Hotel 感覺不是那麼距離，怎麼說呢？就是比想像中商業，像一般度假旅館，沒有很強烈地讓人驚艷的設計，因此沒有使用者平凡因素和設計者天才因素的距離。希望 Milly 能形容得更貼切，簡而言之，就是比期待還平凡了些，不像是韓國首爾 W HOTEL 那樣直接撲來的設計 power。

❶❷❸❹ 淡路島夢舞台
❺ THE WESTIN AWAJI Hotel
❻ 京都 TIME'S I 也是安藤忠雄作品

至於那比想像中龐大壯觀的淡路島夢舞台，則是真有果然就是安藤忠雄的驚嘆，值得一來。

水、光線、水泥的極限空間。

是一個殿堂。尤其是一大早，一個人在這殿堂遊走迷路，更是有幸福的獨占震撼。

因為很早，所以獨占一個安藤忠雄空間。可惜也因為太早，奇蹟的星植物館沒開，可惜。

因為年紀，一夜未睡，有些累精神不集中，本來還想轉巴士前往附近那間安藤忠雄設計的大堂設在水蓮池底下的真言宗本福寺水御堂，卻已經激不起鬥志，早早乘坐 9 點多回神戶的巴士，只企求快些到旅館，洗個乾淨的熱水澡。

只是關西的確是安藤忠雄的建築集中地，第二天在京都遊蕩時，就輕易在河原町附近發現安藤忠雄的另一個早期作品 TIME'S I。可能你也曾和它擦身而過，但卻不知道這飲食店大樓是大師作品。

一項一項專程地，無心地，順路地，去品味安藤忠雄，是近年 Milly 旅行的樂趣之一。

攻略
旅行中的星期邏輯要注意

幾乎是世界的一致約定，星期一是美術館、圖書館、博物館、植物園、遊樂園的休館日。旅行中如果是星期一，就要暫時按捺一下心靈的企圖。

旅行中容易忘記日常，忘記時日，奢侈地浪費一些時間。忘記是好的，是放鬆的證據，但是對於「星期」，還是要保留一些清醒才好。

星期五、星期六或休日前，如果要住進一間渡假旅店，可能就要付出額外的費用。相反地，如果是商務旅館或有商務氣氛的都會旅館，星期五至日通常都有若干減價優惠，因為商務人士出差很少是假日。

星期六、星期日或假日，移動時要注意時刻表，一些流動量較大的路線或巴士，會標明「平日」（星期一至星期五）和「土曜日休日」（星期日和假日）的不同時刻表。一些所謂的通勤快速，是為了疏解上班族人潮，只在平日行駛也是合理。

如果遇見星期六和星期日，也不要忘了 check 一下，有沒有好康的 Free Ticket，フリーきっぷ。

Free 的意思不是免費，而是不限次數地乘坐某段路線區域，例如 Pass、周遊券和フリーきっぷ，但這幾種都有些微妙的差異，後段會說。這裡先分享假日特惠フリーきっぷ的利用。

2005 年 8 月 28 日從神戶的三宮前往京都，星期日。在站內看見京阪神おでかけパス，京阪神出遊 Pass，一日 2,000 日圓，限土休日（星期六）使用，可在京都大阪神戶區域，無限制乘坐 JR 的普通列車和新快速列車。甚至可以延伸到奈良和關西空港。如果你預計在京阪神三都遊樂購物，這樣的假日 Pass 就很好康。（注：京阪神おでかけパス已於 2008 年 6 月 26 日停止販售，但依然有類似的優惠票券，可參考 JR 網站。）

那天 Milly 沒使用這 Pass，因為要直接去京都，之後就只在附近散策。三宮→京都，1,050 日圓，相對 2,000 日圓是較為划算。但當天如果是在不同區域來來去去，京阪神おでかけパス絕對比較划算，甚至比青春 18 的 2,300 日圓還划算。

這類的土休日限定特惠票，Milly 最常使用的是 JR 東日本（關東地區）ホリデイーパス Holiday Pass，2,300 日圓一天，土休日使用。只要是去青梅區奧多摩或房總半島等遠離東京的郊外，Milly 就一定會安排在假日，使用這特惠 Pass。除了土休日，ホリデイーパス在黃金週期間等特定時期也可利用。在日本，無論私鐵或國鐵，都有這類所謂ホリデイーパス的優惠，詳細資料可以上一個很有趣的網站，www2s.biglobe.ne.jp/~t_aoyagi/railway/free，上面有很詳盡的フリーきっぷ情報。

例如四國有週末乘り放題きっぷ，土休日、12/31-1/2 新年期間限定，一日 10,000 日圓，可以乘坐四國急行和特急列車的自由席。在四國這類以特急為主的區域，這票券就很划得來。

要做一個精打細算的鉄っちゃん，善用季節和其間特惠 Pass 是一定要的喔。

攻略

周遊券不等於 Pass

至於 Pass、周遊券和フリーきっぷ（Free Ticket）有何不同？簡單地説，這些都是フリータイプ，不限次數乘坐的區域特惠票券。

Pass 跟フリーきっぷ，基本上是同義。要注意的是周遊券和フリーきっぷ的不同。中文把 JR Pass 翻成「日本國鐵周遊券」，容易讓人誤解周遊券就是 Pass，其實在日本卻是有差異的。

在日本所謂フリーきっぷ，是在一個區域內提供季節性、期間性，或通年的無限次數特惠票券。像是一再提到的青春 18，就是全國性フリーきっぷ。另外像近年很受到注目的北海道＆東日本パス也是。

但在日本時刻表書上提到的周遊券，則是在特定區域內，必須以「ゾーン券」、「ゆき、かえ券」配套來販售。ゾーン券是類似フリーきっぷ的區域性無限次數搭乘票券（通常真的很划算便宜），ゆき、かえ券就是到ゾーン券之前的往復車票（部分區域也可以機票和船票組合）。簡單地説，フリーきっぷ可以單獨購入，周遊券要組合購入。

因為ゾーン券的區域票券真的很划算，就會想，如果從進入ゾーン券最近的車站來往復，不是很棒？但注意點就在這裡，這樣配套組成的周遊券中，ゆき、かえ券的車站必須以離目的地 201 公里以上。

JR 有很雜（但是鐵路迷一定知道）的每公里多少錢的試算方程式，201 公里的基本票價大致都要 3,000 日圓上下。這樣配套成為周遊券，有一定的往復票券優惠，對日本人或許有一定的優勢點，但是對大區域移動的海外旅人來說，就未必划算。

不論怎麼説，周遊券要更精密地試算，才能抓到有利點。連日本鐵路迷都會懷疑這類周遊券的便利性。如果不是非常清楚遊戲規則，Milly 是不建議利用的。

畢竟除了周遊券，日本還有許多簡單的フリーきっぷ可以利用。

GO! JR 在京都區域不是第一名便利

對外國人，JR Pass 是方便又超划算的特惠票。但 Milly 總是會更精打細算地去考量。這裡想提醒大家的是，JR Pass 未必是絕對的選擇。如果只是小區域移動，不見得划得來。或是計算之後，車費跟 JR Pass 的票面價相差不多的話，或許可以使用其他專案特惠票券，活動的範圍和區域更靈活也不一定。

例如在京都，幾次實際體驗後，就會比較清楚知道，JR 系統的 Pass 在京都不見得好用。整理一下讓你參考。

使用 JR 系統的 Pass，去嵐山、大原野、東福寺、高山寺和宇治是便利的，其他地方就不太好用，還不如買一張 1,200 日圓可以乘坐地下鐵、京都巴士和市巴士的京都觀光一日乘車券。而京阪電車，方便的區域是河原町、祇園等繁華街道，以及京都御所、下鴨神社、宇治、伏見、東福寺。去鞍馬，貴船等洛北區域，便利的是叡山電車。去太秦或嵐山，是京福電車。

也就是，要在京都便利又划算地全區移動，單靠 JR 的 Pass 是不可行的。不同區域以不同的交通移動，是最好的建議。

如果不怕塞車，Milly 個人最建議的是巴士，除了比較遠的鞍馬山區域外，只要乘坐巴士，幾乎沒有到不了的京都古寺。

▶1160

❶ 京都巴士
❷ 京都車站
❸ 京都叡山電車

1

2

ワンマン
EIDEN

笹屋伊織

錦天満宮
錦天満宮

十二段家

以主題來遊樂京都

另外，Milly 想分享的是，在京都不要貪心，重要的是悠閒地去品味，一點一點地。

不同的時節不同的風情，每次一點點。這次這個區，下次那個區；這次是國寶級的古寺，下次是町屋改造的店家。不同主題地去品嚐京都最好。

Milly 不知第幾次來到京都。專程到京都的幾乎沒有，大概都是順路，去九州經由京都，去大阪經由京都，去四國經由京都，去高山經由京都……不是不偏愛京都，就是因為太偏愛，所以左轉右繞，都不能過京都而不入。

京都似乎不大，卻意外總玩不完。京都看似不過是古都，卻每次都有新發現新驚喜新感動。更何況京都的四季如此鮮明，節慶如此繁盛，內蘊如此龐大。京都於是對你可以很簡單，也可以無限。偷偷告訴你，Milly 有個心願，就是繼《東京生活遊戲中》之後，想寫一本《京都生活遊戲中》。是心中的期望，想更細密地在京都生活一下。

Milly 的京都，更因為一本叫做 Meets 的關西情報雜誌（專攻京阪神），總是充滿魅力和新的期待。這次 Milly 就是拿著那本 Meets，2004 年 7 月出版的三度からの京都通本，就是説，如果你第三次來到京都，應該可以更精通地悠閒遊樂。不是説一定要是第三次，只是一種情緒的企圖，如果你已經不是第一次來到京都，或許可以用另一個方式去散步京都。 ▶1160

GO! 京都五星飯店一下

Milly 這次 8 月 28、29 日的京都散步路段，鎖定在最喜歡的河原町區域，原因是透過一休 .com 訂到了原本單人房一間 20,000 日圓，期間限定含稅和服務費一晚 6,500 日圓，在京都市役所邊靠近河原町的 Kyoto Royal Hotel & Spa。

是重新裝修改裝的都會五星級觀光旅店，進去的 Lobby 很富貴大氣，房間乾淨，床夠大又好睡，飯店餐廳裡有雜誌推薦的咖哩自助午餐和蛋糕下午茶。

最重要的是，地點便利，接近京阪三條和河原町，可以走路到 Milly 喜歡的餐廳和錦市場。

在飯店洗了個好澡，總算洗掉一些疲憊。 

▶1160

河原町風情

GO! SMART 京都老咖啡屋

循圖走路去那間 Meets 推薦受老京都人喜愛的歷史咖啡屋 Smart，1932 年開業，據知京都號稱最早的咖啡屋 White House 是 1933 年開張，嗯～～微妙。這麼說，這間 Smart 也可以號稱自己是京都最早的咖啡屋。

因為這家咖啡屋早上 8 點就開店，本來是要來這早餐。但是就在旅館附近看見了，就忍不住先進去喝咖啡。遺憾那天胃口普通，沒能點咖啡之外最招牌的布丁和 Hot Cake。

關於 Hot Cake 有個小故事。原來在創業初期，這 Cake 都要靠電影業的常客調度麵粉、蛋和糖。而現在還在賣的布丁和 Hot Cake，都是依創業時的食譜製作，是招牌甜點。咖啡是自家研磨，好喝之外，能同時享用店裡 70 多年來不變的低調溫軟古風氛圍，更是至福。

旅行中，重溫和嚐鮮重疊著，同時也矛盾著。在京都當然也是如此。有想去體驗一下的新景點，也有想去重溫一下的味覺。這也想去，那也想去，但時間只有這些，胃也只有一個。

行程安排過於貪心，只會讓自己失了興致。但如果不逞強去完成，又難免有遺憾。興致和遺憾中間，怎麼找到一個好的說服點，是旅人的難題。

Milly 這時就會以興致為重，遺憾？就留待下一次旅行時填補。就是因為有遺憾，才會不斷地旅行啊！ Milly 在一個訪問中這樣回答，說完才好像意外地堅定了自己的信念。雖說之前這意念可能已經存在，但是被問到之後，答案很順口地出來，似乎這意念就是絕對了。直覺的答案是真實的。

京都是 Milly 一直想旅行的地方，以不同主題，體驗新據點的同時也重溫一些味覺。 ▶1160

1

2

3

京都最愛的午餐所在

去了Smart咖啡屋，先去了不見得要去買伴手禮，卻一定想去拍張照片京都茶莊老店一保堂，厚重的黑牆沉色的屋簷，在微風中揚起的白色布帘，簡直是完美的京都國寶級風情。

本來應該進去瀏覽，但是那間怎麼都想重溫一下的美味餐廳，就要接近午餐結束的時間，明天是星期一該店公休，只能今天。於是腳步匆忙起來，未能踏入店內的遺憾，就留給下次的京都順路。

餐廳是Meets雜誌推薦的，以町屋改造的和風料理屋酒飯川とも，從河原町穿進去或從二條通進去的富小路通小巷裡。上次吃的是平日商業午餐，除了口味淡雅的京都料理風味，更難忘的是那位稻米達人白飯的三選一。

這次是星期天，沒有上次1,000日圓有找的套餐，1,580日圓的和牛套餐是最低價，同樣有稻米達人白飯的三選一。如果奢華一些，假日午餐有含一杯酒的全餐，5,000日圓以上。

炭烤鮮潤的和牛，上面有香煎蒜片，沾上牛肉醬汁，配上從釜鍋裡盛出的熱騰騰、晶瑩剔透白米飯，美味幸福。

如果下次來京都，這間餐廳的美味，應該還是不能抗拒想去重複的記憶。

滿足的午餐之後，經過京都老旅館俵屋、一些繁華商店街，無意間又來到錦市場。沿著錦市場散步，是Milly京都最喜歡重複的路徑之一，看見高雅的醃製京野菜排列的模樣，就會有果然是京都的愉悅。

▶1160

❶ 茶莊老店一保堂
❷ 達人白飯三選一
❸ 老旅館俵屋
❹ 和風烤牛肉午餐
❺ 酒飯川とも

京都的第二間咖啡屋 SECOND HOUSE

從錦市場穿出，河原町附近不乏精緻典雅有風味的店家，花店藝品店古董店義大利餐廳法國餐廳，也有些氣氛不壞的咖啡屋。

只是 Milly 都要一一撇過頭去，不被誘惑，因為目標已經在事前歸檔，從一本書《世界 32 個城市咖啡屋》推薦的京都咖啡屋，SECOND HOUSE 東洞院店，Milly 在京都這次要體驗的第二間咖啡屋。

被圖片中門前的大芭蕉樹給吸引，可是循址找去，卻不見芭蕉樹，有些失望。好在咖啡屋是一文字瓦頂的舊町屋改造而成，店內的木造結構也給人溫暖的感覺，是喜歡的咖啡屋的型態。

店內可能因為接近學校區，整體氛圍是年輕的，尤其二樓的義大利餐用餐區。如果你希望更沉穩的空氣，就會建議去一樓的裡處，不用餐，點杯飲料吃個現烤麵包的好。

不過如果是 Milly 的推薦，最想去的京都咖啡屋，可能就不是這間，而是位於一乘寺區域的 Prinz。

▶1160

京都咖啡館

❶ 六曜社
❷ 前田咖啡
❸ INODA COFFEE
❹ Cafe IWASAKI

1

3

2

4

Day / 11

Milly的京都咖啡屋因為Prinz而完整了

Prinz是一個咖啡屋，但是Milly知道Prinz是透過一本雜誌PEN上介紹精緻小旅館的特輯。沒錯！Prinz也是個藝廊，可以展覽作品，還可以辦些小型活動。是個書店，賣一些寫真、繪本和設計之類的書。也是唱片行，販售CD。

說是Hotel也不盡然，主人更希望被稱為apartoel，公寓旅館。神奇的是，Prinz是旅店，卻只有兩間房間，M Room和L Room，顧名思義，一大一小。M Room一人住是13,125日圓，三人就是19,425日圓。L Room可住宿1-6人，一人16,275日圓，六人32,025日圓，分攤下來不貴。因為是apartoel，有簡單的廚房。房間有張很大的大床，很多設計雜誌都介紹過，整個意念與東京的CLASK相似。如果有興趣可以上網check一下，http://prinz.jp。

一個獨特風情的旅店，企圖醞釀一個Prinz才有的空間。

如果多加10,000日圓左右，還可以參加一個Relaxation & Fast Plan，放鬆和斷食專案。很LOHAS樂活的住宿專案，Milly很期待能參加看看。

房間在咖啡屋後的二樓，面對著精緻的小花園。不住宿，咖啡屋CD店書店一樣可以自由體驗。

Prinz怎麼去？坐計程車從京都車站約20分，或坐叡山電車在茶山站下車走2分。Milly是在京阪三條電車站附近坐5號線（在京都車站起站）岩倉行的巴士，在京都造型藝大前下車，走約5分鐘。不是那麼好找，因為很低調的外觀，不是

那麼大的建築，而且混在住宅區間。但小小迷路也好，因為附近清幽，樹多很好散步。

Milly 去的早，因為計畫吃 8 點開始的咖啡屋早餐。更有利的是，咖啡屋開到凌晨一點。Milly 點的是咖啡加麵包和蜂蜜早餐，640 日圓。如果要更豐富，早餐套餐有蛋沙拉優格麵包和飲料 840 日圓。

一早就有好聽的音樂，架上有好看的雜誌，可以分心去看看一邊的攝影站空間，咖啡好喝麵包好吃，窗外陽光充足，花園裡有高大的玫瑰，幸福可以如此簡單入手，只因為在一個像是 Prinz 的咖啡屋早餐。

可以早餐中餐可以晚餐和喝一杯的地方。Milly 的京都因為這間咖啡屋更豐富起來。

京都如果推薦一間咖啡屋，Milly 會說是 Prinz，不但因為這是一間可以簡單幸福的咖啡屋，而且周邊是個好散步的區域。

Milly 會建議你走回造型藝術大學，找到一間附近的和菓子老舖一乘寺中谷，買一個豆乳布丁 395 日圓。布丁好吃，更重要的是，吃完布丁，可以得到一個來自老舖京都的好禮物：裝布丁的小兔子杯。

Milly 在店內吃完布丁，清秀的第二代（或是第 N 代）少主人很貼心地幫忙把小杯子洗好，用紙包好交給 Milly。

▶1160

1

2

3

4

5

6

7

8

❶ 買布丁的老鋪—乘寺中谷
❷ prinz 的畫廊
❸ prinz 的花園
❹ prinz 的 Hotel 房間
❺❻❼❽ prinz 咖啡屋

総本山知恩院
少僧都養成講座 於勢至堂
浄土宗
二十一世紀

Milly 的京都私家路線

喜歡京都偏愛京都無庸置疑，但這次是縱斷日本，京都漫慢遊，留給下一次的悠閒。能喝到 Smart 的咖啡，吃到 Prinz 的早餐已經滿足。

本來京都只是順線上的一個休憩點，計畫中只停留一晚，之後就要上行去湖西（琵琶湖），體驗新區域近江八幡。

資料都已齊備，路線也做好。但是遊走在一休.com 網站，又被另一個京都的住宿專案吸引，30,000 日圓的 THE WESTIN MIYAKO KYOTO 豪華單人房，12,000 日圓優惠還包含精緻自助早餐，五日限定。這五日正是在行程內，猶豫之後，改變行程。

放棄比較順線、可以經由金澤前往能登半島的近江八幡，多停留一日京都。說服自己的理由之一，8 月 28 日是星期日，一澤帆布公休日，多留一天正好可以在隔日順線去朝聖一下。理由之二，THE WESTIN MIYAKO KYOTO HOTEL 在三條蹴上，散步就可以到 Milly 都最愛的寺廟，南禪寺和青蓮寺。理由三？就不需要了。

吃完了 Prinz 早餐，帶著小兔布丁杯，到旅館 check in。豪華單人房果然豪華，床又大又軟，DK Bear 也滿足。唯一的問題，離京都車站較遠，明日前往登半島的超級移動計畫，要更謹慎地布局。

散步去南禪寺，走出飯店一個近道就到了，完美的住宿。記憶中，那年走出南禪寺大迷路時就路過這區域，仰望過這飯店。而第一次來日本旅遊時住宿的東山青年旅社 YH，正在下方，用腳步計算一下，是 735 步。20 年前後，對於日本的熟悉度和消費勇氣，在這兩間旅店中呈現，小小感觸。

2

❶❷❸ 古寺散步
❹ THE WESTIN MIYAKO KYOTO HOTEL

3

4

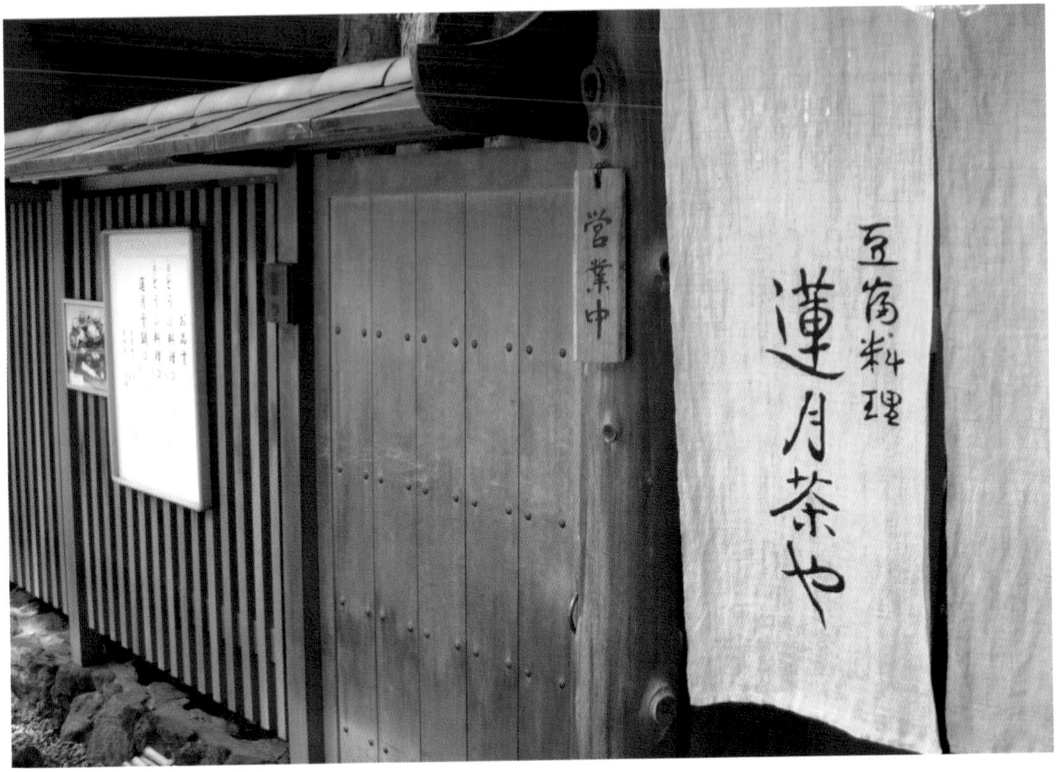
営業中
豆腐料理
蓮月茶や

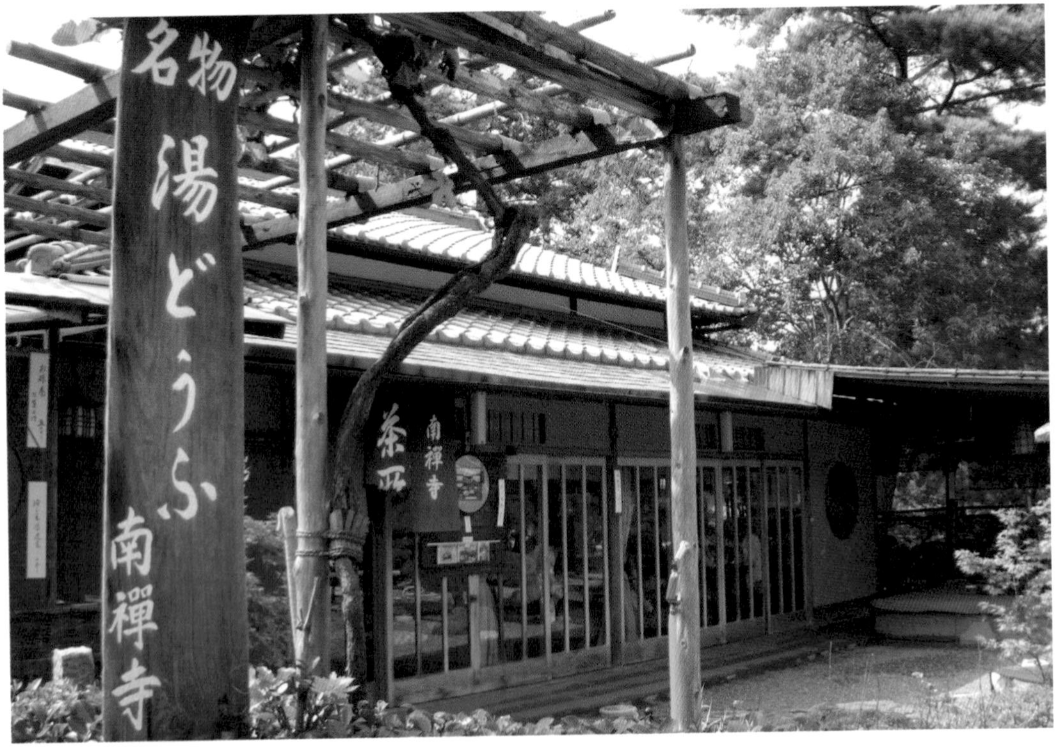
名物
湯どうふ
南禪寺
南禪寺

南禪寺的高聳水渠，和山門雄大的木柱，是怎樣都看不厭的。

清水寺也喜歡，尤其是二年坂、三年坂，但嫌棄那裡觀光客名產店過多。也喜歡高山寺面對雲霧山林的屋簷平台，但畢竟不在完美的順線上。而前往南禪寺，沿著美麗的哲學之道悠閒走來，時間夠的話，沿線有足夠的古寺可以留連，銀閣寺、法然寺，還有比較少人提及的青蓮寺。

青蓮寺在哲學之道外圍，比較接近知恩院，可是因為在南禪寺的下方，就習慣把它放進 Milly 的私家散步路上。如果說京都 Milly 最愛的寺廟是青蓮寺也不為過，不是寺廟本身，而是寺外的大樹和外牆以及階梯，醞釀的整體風情。

看見了就被吸引，來京都就不能不來。只付過一次拜觀料進去過一次，Milly 喜歡的其實是青蓮寺的外圍樹蔭，而不是寺廟內容。少了拜觀料，來去青蓮寺的心情更容易了。

有人說，到南禪寺要吃南禪寺湯豆腐。Milly 偏食，逞強吃過一次，也體會不出滋味，枉費了料理的認真。從此不勉強自己。

如果你跟 Milly 一樣不愛吃湯豆腐，Milly 倒是可以推薦你一個哲學之道的好去處：賣京都化妝用品和雜貨的怪頭娃娃よーじや（最有名的是它的吸油面紙），在哲學之道靠近法然寺的銀閣寺分店內附設的咖啡屋，Awww.yojiya.co.jp/pages/cafe（另外還有三條和嵐山分店）。二樓可以用餐，一樓是面對日式庭園要脫鞋席地而坐的咖啡屋。

哲學之道的河渠兩旁有不少飲食店，Milly 推薦這咖啡屋，是因為它的隱密性。尤其是煩熱的天氣下，一進去那隱密在日式庭園的優雅空間，心就不由得平穩下來。點份抹茶配點心，或一份大大的宇治冰（抹茶白玉冰 790 日圓），更是舒暢。

這次不是刻意地循圖找到這咖啡屋，而是一個意外的邂逅。看見招牌，直覺啟動，體驗之後，列入最愛檔案。

如此一點點的，一間咖啡屋一間咖啡屋……在散步的路徑上慢慢地連結一個 Milly 京都的私家咖啡路線。然後京都就可以像東京一樣生活遊戲中。 ▶1160

❶❷❸❹ 哲學之道散步
❺ 南禪寺水渠
❻ 南禪寺三門
❼❽❾ 咖啡屋よーじやカフェ

7

8

9

悠閒的一澤帆布不悠閒地購入

哲學之道，原名思索的小徑，因為當初是一個哲學家如此暱稱這渠道，久而久之，就成了哲學之道。

哲學之道當然是櫻花時節最美。可惜 Milly 幾乎沒在櫻花時節來過京都，自然沒能因為哲學之道的櫻花隧道而幸福過。即使如此，散步在渠道旁樹蔭小徑間，躲過陽光的酷熱，得到一點悠閒已經足夠。

哲學之道一端接銀閣寺，一端接南禪寺。中間夾著法然寺、安樂寺、若王子神社、永觀堂，那天 Milly 由南禪寺開始散步哲學之道，沒去銀閣寺而在中段穿出走回白川通，路經大紅搶眼的平安神宮，回味過青蓮寺後，目標知恩院。倒不是要拜觀知恩院，而是要朝聖一澤帆布。

一澤帆布，每個帆布袋上都貼著傳統標誌：京都市東山知恩院前上ル。明顯聯想，一澤帆布店在知恩院前面。

Milly 有三個一澤帆布袋，第一個醬綠色的帆布包是從朋友那裡搶來的。Milly 也因為這個包包開始喜歡上京都的這個堅持，一個只能在京都知恩院前買到的帆布袋。如此這般，再來京都，怎能不誠心朝聖一番？

www.ichizawahanpu.co.jp。據知現在一澤帆布袋約有百多種樣式，Milly 基本上還是偏愛最簡單的。上面是一澤帆布的官方網站，很清楚地傳遞了一澤帆布的歷史。

為什麼是一澤帆布？看起來似乎毫不起眼地簡單，為什麼就只是一澤帆布？

一澤帆布的宗旨：與其是改變的，我們選擇不變的元素，一澤帆布製。是有傳承故事的，Since 1905 年。（注：一澤帆布多年在遺產官司陰影下經營權反反覆覆，原本掌理一澤帆布的老三，因官司敗訴於 2006 年 4 月另闢了信三郎帆布商品系列。可是之後官司逆轉勝再度奪回經營權，於 2011 年 4 月將一澤帆布、信三郎帆布、信三郎布包三個品牌整合為一。）

2

3

是帆布卻很耐用，只能在京都買到（不然就要透過通販，訂貨後有時要等上3、4個月）。價錢算是合理（其實有些小貴），但是可以回店整修。有趣的是，初代的一澤喜兵衛在1905年開了一間西式洗衣店，但創業精神旺盛的一澤先生，還組過樂團，拍過無聲電影，在此同時也進口了布料，開始縫製襯衫和布袋，一澤帆布的雛型開始。但真正開始正式作帆布袋，是二代目的常次郎。三代目信夫上學的帆布袋就是爸爸做的。

一澤帆布早期的製作對象都是為了職人，種樹的木工的藥商酒商牛奶屋的工具和運貨袋。職人等於堅持，等於堅固耐用。

對Milly來說，鍾情一澤帆布是因為它簡單樸實但耐用的外觀，和帆布袋背後的故事，是不妥協於商業販售，不會大量生產，職人手工一針針堅持的作品。

另外，是一種符號。就像「學音樂的小孩不會變壞」、「愛小動物的人很善良」般的符號，Milly樂觀地以為，真心喜歡和愛用一澤帆布的人，就是喜歡生活的人。在路上看見有人拿著一澤帆布袋，就像看到同類一樣親切。

只是，一澤帆布或許真的太有名，也或許因為只有在知恩院前才能買到，那天前往一澤帆布店內，只能用人山人海形容。小小的店內擠滿了人潮，保守估計，每個人都幾乎買了三個以上，應該是自用外還有禮物或是托買，畢竟只此一家。

Milly買的中型灰色帆布袋，4,725日圓。用來悠閒散步，卻是在混亂的場面下購入，微妙。

知恩院，八坂神社、祇園……都可以順線一澤帆布。

Milly的私家路線是，去一澤帆布之前，在白川水流處散步一下。楊柳小橋流水清澈，脫了鞋，撐把陽傘，光腳浸在水裡，舒暢自在喔。 ▶1160

❶ 祇園料理名店「桃庭」
❷ 白川散步
❸ 祇園藝妓
❹ 祇園拍藝妓的攝影阿伯

在京都不要再吃吉野家如何！

在京都不要再吃吉野家，Milly會這麼強烈建議。

那天晚上遊走在祇園的暮色裡，然後在角落跟著一些外國遊客和長年在此執著的攝影阿伯，一起用鏡頭追逐著京都藝妓風姿。

祇園、藝妓、八坂神社……似乎每次來都是黃昏將近時。來此一遊，是一種京都的儀式。

之後就要考慮今天的晚餐，幾次都想嘗試進入祇園內的料理店，但是直到現在還是沒有掀開白布帘進去的豪氣和技術。

沒錯，Milly以為是技術。要能悠然自在地進去一間傳統的料亭吃個飯，除了消費的氣度，要有合宜的技術才行。

本來還想或許可以去那間位在祇園邊，町屋改造的法國料理店小小奢華一下，但是印象中的位置，印象中寫著法文的白布帘，卻怎麼都找不到。是消失了，還是不過是迷徑？走了一天，有些累只好放棄。晚餐的布局，還是回到Milly最擅長最習慣的平民小奢華，就是外帶。

沿著祇園走向京阪四條和河原町四條附近，計畫或許可以在百貨公司樓下食品街買到老店的便當之類的晚餐。

就在這時，跟一些年輕的台灣遊客擦身而過，「今天還是吃吉野家嗎？」「不然就麥當勞嘍？」聽見這樣的對話，Milly幾乎想多管閒事地上前說：在京都不要再吃吉野家！

古都京都有傳統，傳統顯現在飲食中，即使不能真正深入，但至少不要吉野家。

這天Milly外帶晚餐買的是在河原町四條ひさご壽司外帶箱壽司1,522日圓，小小的盒子內像是一個京都壽司的縮影，口味上品，精緻細膩，帶回旅館悠閒地泡杯熱茶吃，大滿意。

原來這間壽司屋，Milly偶然路過被吸引而光顧的是河原町本店，然後在京都車站內的伊勢丹貨和京都高島屋食品區也有分店。網站是www.hisagozusi.co.jp，創業已經50年以上，星鰻箱壽司是招牌。

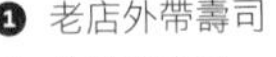

❶ 老店外帶壽司
❷ 外帶箱壽司

1

2

攻略

京都 B 級美食攻略

這裡分享一下 Milly 的京都 B 級美食家用餐小心得。

首先正如上面所寫，許多老壽司店都在京都車站旁的伊勢丹百貨地下美食街都有專櫃。

最方便、最簡單接近京都風美食的方式，就是到伊勢丹百貨外帶，可以是在火車上用的便當，可以去寺廟椅子上或哲學之道野餐，或外帶回旅館自己 party。

另外一種，是去傳統風情凝聚的錦市場採購，一攤攤的京泡菜、京小菜、京蛋卷、京點心，買好今天的晚餐全餐。近日很多本來只外賣的老店，也設置了餐廳，可以用餐。

如果怕預算 over，就選擇午餐 set，在錦市場也好，在一些還不錯的料理店也好，中午套餐的價錢都在可以接受的範圍內。

對於京都的用餐，Milly 的 key word 是：善用錦市場，活用河原町，愛用伊勢丹。

錦市場

Day / 12

長途跋涉就是要能登半島

為了要去一間能登半島上一個日本女子嫁給一個澳洲人經營的民宿體驗住宿，長途跋涉。

8月30日，從京都前往能登半島。簡單地看路線，必須先到金澤，再前往七尾，最後在穴水轉乘巴士前往民宿。導遊書的建議，往能登最快的方式是飛機。

坐火車從京都到金澤，最快是大阪發車的JR特急サンダーバード，6,510日圓，費時兩個小時多一些，幾乎每小時都有一班。8:40還有L特急雷鳥號直達金澤。（注：此特急列車於2011年3月統稱為サンダーバード，不再以漢字的雷鳥號稱之。）

如果要更悠閒些，可以在京都車站乘高速巴士，約4個小時4,060日圓。7:30第一班，一天有五班。 ▶1160

民宿前的日出

GO! 第四天使用青春 18

但那天 Milly 要用青春 18，7:48 山科出發，12:20 到達金澤。

為什麼是山科不是京都車站？因為 Milly 住在蹴上，坐地下鐵到山科只要二站，而新快速會經由山科，如此 Milly 就不用再花 20 多分鐘繞道前往京都車站。

當然最重要的是，這次 12,000 日圓的五星飯店專案住宿含自助早餐，7 點開始用餐。地鐵山科走 3 分鐘就可以到 JR 山科站。如此 Milly 可以先吃早餐，再趕搭 7:48 的列車。雖說有一些些匆忙，但是依照事先精算的行程，吃了富貴早餐（不能放棄），有趕上列車，很有成就感。

不過支持 Milly 堅持吃過早餐再分秒必爭的，也是因為，即使更早出門搭乘更早的列車，也不見得能更早到達金澤。 ▶1160

五星級飯店的富貴早餐

一天中最完美的黃金路線是存在的

這就是鐵路旅行的樂趣，翻透時刻表，找出從甲地到乙地的黃金路線。

可能是一天內唯一的一條，換車時間、等車時間最少，接得最順的一條黃金路線。

對於 Milly，從京都到金澤一日中以最低票價（不搭乘特急）前往的最黃金路線是：7:48 山科→米原 8:34，8:39 米原→敦賀 9:31，立即換乘 9:42 →金澤 12:20。

另一條路線，搭乘 7:04 從山科出發到米原的快速，比 7:48 的新快速早了 44 分出發，到達米原 8:12，但最近一班前往敦賀的列車還是 8:39。甚至提早 6:46 從山科出發，也只能搭 8:39 這班。如果晚點出發，可能又會錯過 9:42 這班最快最早到金澤的直達普通車，而下一班是下午 5:43，或是搭乘前往富山經由金澤下午 4:46 的列車，多誇張啊。

翻透時刻表，發現這樣一天之中唯一一條前往金澤最順線的黃金路線，是很興奮想去完成的。實行時，發現不少人手上也是拿著這條換車路線，一群人同時換車。 ▶1160

當黃金路線因為延遲而崩盤的時候

可是人算不如天算，當在山科車站聽到廣播說前往米原的新快速要遲 7 分鐘的時候，Milly 真是不禁這麼感嘆。遲 7 分鐘，原本是 8:34 到達，轉乘 8:39 的列車，中間只有 5 分鐘，遲到 7 分，這黃金路線就崩盤了。

月台上一陣譁然，不少人在翻看時刻表，試圖應變。Milly 的想法是，總之先到米原，必要時坐一段特急趕上進度。

到了米原 8:41，下車後大家衝的衝，跑的跑，月台又是一陣廣播，Milly 根本來不及聽。好在有一群中年人也在詢問，一聽才知道，前往敦賀的 8:39 列車，居然移到另一個月台，延後到 8:50 發車。一聽非同小可，立刻衝，上車後不久就發車。真驚險！

可是如果前往敦賀的發車也延遲，那到金澤的列車不就又搭不上？好在日本的確是鐵路大國，前往金澤的列車也配合調整時間，讓大家趕上。

神奇的是，最後還是在 12:20 到達金澤，因為普通列車有時會停下來等特急列車通過，這樣的停留時間就可以慢慢調整。

7 分鐘的延遲，讓 Milly 意外地體驗了一次特殊的經驗。 ▶1160

❶❷ 車內車外風景
❸ 一起搭黃金路線的旅人

小帖

吃火車便當不是那麼簡單的樂趣

駛弁就是在車站內和火車上賣的便當。或許有些人是透過《電視冠軍》知道日本的火車便當，驚嘆鐵路便當迷可以花這麼多時間這麼詳細吃遍日本各個車站的特色火車便當。

車站內的便利商店賣的便當，不能稱為駛弁。駛弁通常都在專門店內販售，並貼上駛弁的招牌。另外，由人掛著便當箱或推著便當車販售的，也稱為駛弁。在火車上販售的，自然更是。

更詳細的定義是，每個火車便當都有特定的容器、固定的菜色和紙掛包裝，便當名稱會附上車站站名，例如加賀溫泉幕之內便當。更清楚的辨認，是外包裝的紙掛上有駛弁二字。

大本裝訂版的時刻表都會附註有販售火車便當的車站，而鐵道迷更會很清楚，哪些車站會停留較久有時間買便當，哪個車站雖說停車時間有限，但有所謂立ち売り，靠近列車月台掛在身上賣的便當。

雖說東京這類都會的百貨公司有時也會舉行「全國火車便當大展」之類的活動，但有的鐵道便當迷就會說，火車便當還是要在火車上吃才有滋味。的確如此，看著車窗外的景緻，吃著不同區域不同地方才買得到的特色火車便當，正是火車旅行的樂趣之一。

適合在火車上用餐的列車，最有風情的是那種對坐座椅，窗邊或許有個小檯子可以放飲料。

如果是日本女子，會在膝蓋上舖個手帕，保持乾淨。當然最方便的是特急或新幹線，前面椅背就像飛機座位，可以拉下一個小桌子。最尷尬的是那種一長條兩排一列的車廂，興致勃勃買了火車便當，卻不能當眾拿出來吃，掛心著便當又肚子餓，很難熬。

Milly 初到日本鐵路旅行的時候，的確也很沉迷所謂的不同地方用不同的食材、特殊的容器，限量發售的火車便當。

可是其實，大部分火車便當都只是一般好吃（主觀判斷），因為多數都是冷便當。有的會比較淡，沒什麼口味，有的則是過於鄉土風味，不是那麼容易接受。

基本上 Milly 也會嫌這些便當或許太貴，簡單一個都要上千日圓。如果時間允許，會更希望是坐在餐廳內吃個 1,000 日圓的熱呼呼套餐。或先在車站附近的大型超市、百貨公司的地下食品街買飯糰、便當或麵包，還可以配上甜點和水果，自己採購一份在火車上的野餐盒。

不過如果時間有限，或是在一些比較有特色的地方線上，還是會動心買買鐵路便當。

在金澤車站前往七尾之前，Milly 先在金澤車站買了一份最喜歡的石川特選雙層火車便當。車行一段時間後，終於坐到靠窗的位子，開始悠閒用餐。

❶ 加賀的四季火車便當　❷ 石川特選雙層火車便當

1

2

從金澤到穴水的路徑精算

從金澤坐上 12:28 前往七尾的列車，14:00 到達七尾。旁邊月台立刻可以接上前往穴水的のと鐵道。可以買 JR 和のと鐵道的聯票。例如 Milly 當時直接買七尾到穴水的票是 810 日圓，回程不用青春 18，而用穴水到金澤的車票 1,940 日圓，在七尾還是要下車，但不用出站，直接經由兩個鐵道會社的連接口到 JR 月台換車。

七尾－金澤，票價 1280 日圓，加上七尾到穴水 810 日圓，應該是 2,090 日圓。但前面說穴水到金澤是 1,940 日圓，少了 150 日圓。原來 JR 的七尾線不是最後一站，還可以前進到和倉溫泉站，而のと鐵道也會經過這一站，兩條鐵道有一段路線重疊了。JR 比私鐵便宜，而和倉溫泉到七尾車站是算 JR 的票價，差異就是這樣出來的。不見得是要省錢，而是斤斤計較起來，發現這祕密是很有趣的。

當然這裡也顯示一個 Milly 的小失誤，其實在前一天，使用青春 18 應該先坐到和倉溫泉換車，而不是七尾。

のと鐵道本來有七尾線和能登線，可惜的是，七尾線在 2001 年 3 月廢線，結束了 65 年的歷史。而能登線本來是從七尾到蛸島，但是從 2005 年 3 月 31 日起，只行駛到穴水，穴水－蛸島就改成巴士。真是可惜，一些網站上的介紹，這條能登線沿著海岸行駛，非常有風情，每個小站也各有特色。

最可惜的是，原本 Milly 要去的民宿ふりちと是可以坐能登線在波並站下車直接到達，現在只能坐到穴水再轉乘巴士前往。 ▶1160

 去穴水車站的巴士

 巴士窗外風景

異國夫婦的能登民宿初體驗

在穴水車站前搭往宇多津的巴士，在三波站下車。巴士站就在民宿邊。

車費 850 日圓，沿線海景和鄉村風光宜人。巴士發車還算密集，15:15 上車，16:22 到達。從京都出發，歷時約 8 個半小時，終於到達民宿ふりちと。（注：民宿ふりちと已改名為 FLATT'S ふらっと。）

民宿從字面來看，就是把自己的家當作旅舍來經營。在日本，不同於西式的 Pension，民宿被界定是比較日式的家庭所經營的住宿服務。民宿比旅館便宜一些，而且更能跟老闆親切交誼。

之前 Milly 的成見中，民宿多數在海邊港口區，多半是漁夫開的料理店兼住宿。因為是純日式又有漁夫印象，就會怕一個女子住進一個歐巴桑風味的民宿，似乎不能輕鬆愉快。

雖說如果有機會，還是會想體驗一下，卻鼓不起勇氣。直到無意間買了一本《旅の手帖》，發現了一間位於能登半島由澳洲男子跟日本女子經營的能登義大利料理民宿。Milly 就想，或許可以這間既傳統又有點西洋風的民宿，來開始民宿初體驗。

所謂能登義大利料理，就是以能登半島的漁獲料理出的義大利菜色。

一下巴士，立刻就看見民宿的看板。ふりちと的意思是自由自在，不拘束地來去。英文名稱是 flatt's by the sea。By the sea，民宿對面一片汪洋大海，所謂的富山灣。

民宿旁還有間同樣是老闆經營的天然酵母麵包店，FLATT'S BAKERY，強調使用國產的小麥粉、天然鹽和天然酵母。以 Milly 住宿期間的觀察，

❶ 從民宿看出去的海景
❷ 民宿附設麵包店

FLATT'S BAKERY
☎62-1550
OPEN AM 9:00 PM 7:00
FLATT'S BAKERY
OPEN
AM10:00~PM7:00
水曜定休

1

2

3

似乎生意不錯，不少人開車前來購買。

住宿的客人，理所當然可以吃到這由民宿女主人智香子製作的手工麵包。不住宿的人，可以利用附設的咖啡屋，喝杯咖啡吃個麵包，或預約中午的義大利套餐，每日限定三組。

以傳統漆器、漁產、梯田、鄉土朝市為觀光重點的能登半島，出現這樣的能登義大利料理民宿，怎能不突出？

Milly 旅行回來，正巧就看見日本的旅行節目介紹了這間民宿。以「民宿ふりちと」上網搜尋，發現不少電視台介紹過。很多人也是慕名而來。

那天住宿，只有 Milly 和一對異國情侶，日本女友帶著外國男友，因為知道民宿夫婦都英文流暢，可以體驗日本文化又能語言溝通，正好。

女老闆智香子說，之前有一大組台灣來的能登半島環島自行車隊預約，因為將近 20 人，民宿只有 4 間房間，老闆害怕招待不好，不敢接，但對方堅持可以擠，才協議成功。為何堅持預約這民宿？應該也是因為這裡不用說日文，英文也可以通的關係。

民宿ふりちと是 1997 年成立，老闆是澳洲人，女老闆去澳洲教英文時（可見英文多好），べんさん（老闆的暱稱）對她一見鍾情。智香子回日本後，べんさん居然辭掉了義大利餐廳的廚師工作，提了皮箱就來投靠女老闆。兩人之後結婚，生了一兒一女，開始經營這間以義大利餐為號召的民宿。

其實智香子的雙親在能登半島也開了一間頗知名的能登鄉土料理民宿さんなみ，一晚含早晚餐一人 16,800 日圓喔，就在ふりちと附近。

民宿ふりちと的住宿費含兩餐，二人一間是每人 7,500 日圓，Milly 一人是 8,500 日圓。推門進去，因為還不到 5 點，女老闆智香子好像去接小朋友放學，べんさん在麵包店聊天，很自由地。打個招呼後老闆領著 Milly 去樓上房間，但是……沒幫 Milly 提皮箱，果然是有些不同。

第二天 Milly 離開去搭巴士時，夫婦二人也沒像一般 Pension 主人那樣在門口揮手送客，只送到玄關，而且還是 Milly 吃完早餐，要出發前自己探頭到廚房跟正在吃飯的べんさん一家說再見，他們才出來。Milly 也趁此機會要求合照一張。

4

❶ のみ鐵道廢線
❷❸❹ 在民宿用義大利晚餐

或許你會以為他們不夠親切，其實完全不然。上菜時，女老闆總是笑容滿面，還找空檔親切詢問旅程。吃完晚餐，一家四口很愉悅地來聊天，可能只是招呼的邏輯不同。

房間有點簡單，不過能面對無敵海景，就值回票價。只是前面的大馬路，夜晚意外有不少卡車經過，有些小吵，但是可以忍受的範圍。對了，民宿後窗還可以看見のと鐵道的廢棄鐵軌。如果在能登線還行駛的時候，應該又有另一番風味。

浴室洗手間都在一樓，好處是隨時可以淋浴（泡澡就限於晚餐前後）。對於習慣早上洗澡的 Milly 很方便。

至於料理，晚餐是義大利餐，早餐竟然是和風。晚餐大滿足，有手工麵包、海味烤螺前菜、燴汁鱸魚、手工義大利海鮮麵。配上冰鎮白酒，飯後咖啡。べんさん還出來說如果大家還有胃口，他烤了章魚披薩。於是 Milly 又吃了整整一個中型章魚披薩。

據說べんさん還會用能登捕獲的魚來淹漬類似鯷魚醬的魚醬，用來料理義大利麵，調味時也很會利用能登鄉土的魚醬油。因此即使是義大利餐，還是可以吃到隱藏的鄉土能登滋味。

因為 Milly 一個人睡日式榻榻米，總不由自主東想西想不安穩，當晚其實沒睡好，因此一覺醒來才 5 點半多，推窗看見完美天光，海邊的日出火紅一片。

匆忙起床，梳洗之後，晨間散步去了。

有些寒意的清透早晨，海水沖岸的波浪聲，花草有些露水，廢棄的鐵道旁住宅區有早起的貓咪母子。朝陽照在三波郵局的玻璃上，燃燒般的艷紅。

雖說到能登半島如此長途跋涉，還是以為，真是一個難忘的民宿初體驗。 ▶1160

❶ 女兒愛美梨
❷❸ 民宿晨間散步

小帖
插播鐵道小趣味

回金澤之前，先來一點火車旅行中發現的小小趣味。

首先，這個標記：請不要坐在地板上。來自 JR 九州，貼在車門的窗戶上。其實真的頗常見到，高中男生喜歡一屁股坐在地上，尤其車門邊。有一次看見一個高中男生坐在車門邊，還在吃泡麵呢。

❶ 這個標誌出現在大糸線的月台，大糸線的列車上沒洗手間。提醒乘客如果要上廁所，出發前要快去。如果真的忍不住……就要提前下車在車站解決。大部分的地方線列車上都有洗手間，不見得很現代或乾淨，但有時還真的不能沒有它。據說曾有乘客太想上廁所，要求駕駛在列車到站時等一下。但只是傳聞（笑），可不要輕易嚐試。

❷ 也是在大糸線的地方列車上，似乎是很久以前留下來的設備。在窗戶邊居然有開瓶器，有趣吧。只是不知道是用來開汽水瓶蘇打水瓶，還是啤酒瓶？

❸ 這個標誌貼在車門，提醒乘客 12/1-3/31 冬季嚴寒期間，為了保暖防寒，請用手動來開關車門。就是說車門不自動開關，如果沒人下車，可以避免冷風灌入。其實不只冬季，有些地方列車的車門不是自動開關，要按門邊的按鈕。Milly 開始不知，在那裡傻等，還是旁邊的同學幫忙開門的。某些酷寒地區的列車，像青森的輕津鐵道，會在座位前區放上炭火爐，讓大家取暖。有機會真想體驗一下。

❹ 則是往松本的地方線列車，車門邊一大塊空出來的區域有架子，是讓遊客在滑雪季放雪具用。如果是滑雪季節，JR 會推出一些滑雪專案，有到滑雪地的加班列車可以幫忙送雪具減少負擔，還可以幫忙預約旅館。聽說 JR 還辦過重型機車北海道專車，隨車運送重型機車，遊客到北海道後才開始騎重型機車旅行，免去從關西或關東一路騎到北海道的辛勞。

最後要討論一個小話題：在日本鐵道旅行時，可以脫鞋子把腳放在椅子上嗎？基本上是可以，至少 Milly 的觀察是如此。因為很多人都是上車後不久就脫掉鞋子，把腳放上前面的座位，車掌也沒出聲阻止。只要乘客不多，且穿著乾淨的襪子的話，就問題不大。

Milly 算是小小犯規，雖說有稍微用布擦擦，但沒穿襪子，還好腳是乾淨的。長途坐火車，困在一個位子上，腳的血液循環不好，能夠放鬆一下，真的是幸福。

如果不好意思，就在腳上蓋上一個手帕就好。

1

2

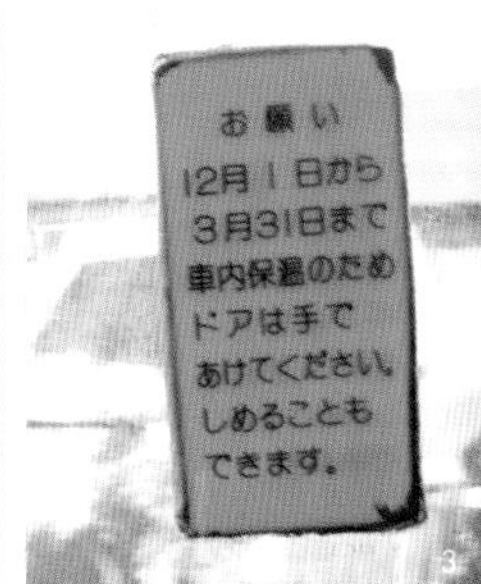

3

4

Day / 13

歷史和現代並存的金澤

金澤觀光，最基本是兼六園、金澤城址、武家屋敷、近江町市場和にし茶屋街，台灣人比較熟悉的還有加賀溫泉的加賀屋。

進一步看，金澤似乎是自古繁華的商業區和文化區，因此發展了金澤金箔手工藝和加賀獅子舞。另外還有常被旅遊節目介紹的加賀料理，金澤於是有很多高級的豪華料亭，來傳承這集合美味和豪華風味的加賀百万石料理。

關於這又稱為小京都的金澤，Milly 知識不足，華麗不能，但是想要繞道再來一遊，因為剛開幕的東橫 INN 金澤站前店住宿特惠 3,950 日圓，還有自助洗衣服設備。旅途上為減少行李負擔，善用投幣洗衣店和有自助洗衣的商務旅館是技巧之一。

另外，如果從能登直接衝去松本太辛苦，於是計畫中途休息一下。但在找資料的時候，發現了美好的金澤 21 世紀美術館，金澤意外地不再是轉接站，而是完整的悠閒之旅。

▶1160

金澤古城

GO! Milly的金澤私家路線

8月31日坐上巴士，前往穴水車站。讓人驚訝的是，周邊一點都不熱鬧的穴水車站，休息室居然有電腦可以免費查資料，Milly還因此上自己的網站留了言，愉快地度過等車時間。轉車到金澤後，先到車站附近的旅館辦理check in，輕身前往金澤車站，提早將JR Pass開票，同時到觀光服務櫃檯要了金澤地圖，買好一張很便利的一日觀光巴士券，500日圓。一券在手，幾乎所有金澤觀光地點都可以到達。如果單次乘坐，每次是200日圓。8:30-18:00，隔15分鐘發車。這外型可愛的觀光巴士ルトロバス以循環線繞行金澤。巴士的顏色有紅綠藍，分別叫做鏡花、秋聲、犀星，名字都很浪漫。

Milly先到にし茶屋街，再去兼六園旁的金澤城（上次來剛好是兼六園下雪的日子，這次就省了門票不進去了），接著去21世紀美術館，喝了下午茶，去近江町市場採晚餐，同時在武家屋敷黃昏散步。巴士每站都有編號，地圖會註明附近的觀光點。善用時刻表，就可以不浪費時間地途中下車觀光。幾乎每座觀光城市都有這樣的巴士和Pass，出發前上網查資料，充分利用最好。近江町市場很遺憾地因大整修，變得明亮寬敞，雖說還是有販售魚蝦蟹，卻大多包裝起來，原本熱鬧雜亂的魚市場風情不再。不過還是在這裡買到了黃昏特價450日圓（原價650日圓）圓滾滾壽司，也算沒白來。 ▶1160

1. 金澤城
2. 近江町市場買的便宜壽司
3. 觀光巴士鏡花
4. 武家敷屋
5. 近江町市場

1

2

3

4

かにの川本
北陸一の
専門店
かつお
屋食品KK
利身屋
スカイ
小畑
宅急便
航空便
全国発送
承ります
近江町市場

GO! 21 世紀美術館

另外上次來吃中飯的近江町食堂，也好在維持原來的模樣，是可以推薦的餐廳。

當然這次的金澤之旅，最值得推薦的私家路徑，還是金澤 21 世紀美術館。在站前乘坐巴士，在香林坊下車。如果是在觀光路線上，從兼六園走過去也可以。

美術館是 2004 年 10 月 9 日開館，主旨是希望能和世界美術館同步發展，同時建構一個像宇宙船一樣有無限夢想的美術館。如果對現代藝術沒什麼興趣，建築本身就是一個藝術品，不用買門票也可以體驗。建築的語言是圓形，三面對著大馬路。「水平的」是希望美術館能跟金澤的城市沒界線地融合一體；「透明的」使用很多玻璃建材，呈現明亮和開放性。

建築師是妹島和世 & 西澤立衛，同時也設計了許多歐美美術館。

www.kanazawa21.jp/ja/index.html，網站在此，可以上去瀏覽一下。如果對建築也不能太投入，那至少可以在入口那面對一大片草地的明亮玻璃風咖啡屋喝杯咖啡或來個下午茶時間。不同的餐點，不同的咖啡杯具，連蛋糕都像現代藝術品，歇歇腳喘口氣，味覺視覺都是享受。

在歷史文物豐富的金澤，卻有如此美好的現代美術館，這裡的居民真幸福。

將現代融入歷史風情，日本很多城市像京都、金澤、倉敷和松本等，都做得很好。金澤算是不輸京都，尤其是新建的金澤車站，更是要大大拍手的好作品。古典融合現代鋼骨，居然可以如此美麗壯觀，真是厲害。

▶1160

❶ 金澤車站
❷❸ 21 世紀美術館咖啡屋
❹ 21 世紀美術館

3

4

Day / 14

第五天使用青春 18 前進松本

8 月 31 日住金澤，9 月 1 日前進松本。

2005 年 9 月的狀況（12 月時刻表更改，或許是為了順應寒冬），早上 5:40 從金澤出發，到富山 6:36，轉搭列車到糸魚川之後，乘坐 7:59 到達南小谷的列車，再轉乘 9:18 前往松本經由穗高的列車，11:05 到達穗高。

使用青春 18 移動，排除特急，金澤前往富山的普通列車，和從富山前往直江津（經由糸魚川）都大約是一小時一班，到此都是行駛 JR 北陸本線。糸魚川－松本就是大糸線。有趣的是，糸魚川－南小谷屬於 JR 西日本，南小谷－松本是 JR 東日本。不曉得是不是這個原因，前者的班次很少，幾乎兩小時才一班，而且都是普通列車。但後者就較頻繁，約一小時一班，甚至有直達東京新宿車站的特急おずさ號。

所以在邏輯上應該這樣：如果在關東就是從新宿出發，乘坐兩個半小時特急到達松本，以松本為中心來旅遊上高地、白馬、穗高、美美原、安曇野和淺間溫泉區域。在關西，從大阪經由名古屋前往。前往松本的關東關西中心點是長野，從長野到松本的列車也最多。

所以 Milly 雖然在自己的長程路程上是順線，從石川縣的金澤經過富山縣的富山進入長野縣的松本，但如果以區域性的短程旅行來看，就要逆向前進，而北陸的班次比較少，轉車的接續就要更精準。

趕早班列車，抓出黃金路線，如此方便途中下車旅行。在住宿松本之前，先前往穗高，去祿山美術館，以及繪本美術館「森のおうち」。

早出發早到達，可利用的時間多，途中下車，邊走邊玩。坐早班列車倒也不辛苦，只是有些原則要注意。首先，當然一定要確保自己不睡過頭，然後行李最好睡前就整理成一提就可以出發的狀態。早餐如果可以，就在前晚買好，或如果轉車時間足夠，可以在月台上吃碗熱熱的烏龍麵或蕎麥麵。最重要的是，旅館一定要在距離車站最近的地方，如此不但時間好控制，也降低天還沒亮摸黑出門的風險。

其實早上乘車非常舒服，冷冷的空氣，迎著晨光，看著車窗外天空的變化，別有一番滋味。

大糸線是一條很美麗的路線，可以看見山間溪谷、安曇野的秀麗田野，遠眺北阿爾卑斯山，欣賞山影倒映在廣闊湖面的風景。白馬到神城區域有許多滑雪場、Pension 和度假旅館。

Milly 體驗的心得是，一個好天氣一個好心情，聽著小野麗莎音樂，藍天遠山平野，從糸魚川到穗高。

完美窗外景緻，是鐵路旅行的至高境界。 ▶1160

大糸線車窗外

2000 年的青春 18 松本旅行

大糸線，松本－糸魚川。中央本線，東京－松本。

在東京滯留的兩年期間，曾經使用青春 18 從東京前往松本，在站前找到經濟的旅館，寄放好行李，第一日的行程是松本城周邊散策。

第二天一早先去淺間溫泉來個純泡湯，之後坐巴士回松本車站，轉車去穗高。出了車站先去穗高神社，之後走路前往大王芥末農園，沿途感受安曇野田野山脈的秀麗，到達農園看芥末田，吃芥末冰淇淋，被芥末菜虫嚇到。同時看見了大導演黑澤明的電影《夢》的拍攝場景，水車、湧水和清流。如果你喜歡吃蕎麥麵，這裡也有不少選擇，可以在這蕎麥產區品嚐本場滋味。

之後純搭車，為看窗外風光，利用大糸線來回了穗高和白馬之間。接著回到穗高，散步到車站附近的祿山美術館，一見鍾情那被藤蔓攀附的教堂建築風美術館外觀。也因此這次再到穗高，可以不去芥末田，卻一定要去祿山美術館。入場料金 700 日圓，不好意思的是，Milly 對展品興趣不大，願意花入場券進去這不大的美術館，只是為了這建築和樹木的氛圍。

匆匆來去美術館，重溫當日一見鍾情的激情。回想當年的路線，是一大早出發，以非假日的平日時刻表來搜尋。中野出發（東京或新宿出發也都會經過中野），平日的好處是，快速線的通勤列車班次較多。中野 6:24 → 高尾 7:22，高尾 7:25 → 小淵澤 10:13，因為直達松本的列車是 12:29，因此決定在小淵澤散策一下，意外在車站附近吃到至今念念不忘的備長炭炭烤天然鰻魚飯。到達松本是 13:56。

從高尾發車，有 6:14 和 6:44 直達松本的普通列車（要注意的是，6:44 的下一班是下午 16:25），乘坐 6:14 那班，9:47 就可以到達松本。如果你是在旅途上，不像 Milly 當時是住在中野，就可以住在高尾（東京到高尾約 60 分），可以省下更多移動時間。

▶1160

❶ 安曇野田野山脈
❷ 糸魚川車站

 繪本美術館依然失誤！

2005年9月1日，從金澤再次到達穗高，計畫上是先去繪本美術館森のおうち，再回穗高車站重遊上述的祿山美術館。

Milly渾然不知自己已走近一個大失誤。從穗高車站前往森のおうち，最直接的方式是坐計程車約10分鐘，或是租借腳踏車一路遊覽過去。如果是在4/28-5/8或7/16-9/4，就可以搭安曇野穗高周遊循環巴士，每次100日圓，但一天只有五班，一定要事先查好時刻表。乘坐周遊巴士，在天滿澤下車，走約15分就可以到達森林中的森のおうち。Milly從一個日本生活旅遊網站看到，這是個可以看著森林喝咖啡的美術館，就想如果到了長野縣，一定要來體驗。

到達穗高車站，先到一旁的觀光服務處問有沒有地方可以寄放行李，也確認繪本美術館的交通。「前往美術館的周遊巴士，就在觀光服務處前搭乘，時間——啊！應該剛開，下一班……下一班是下午一點半。糟糕！不對！似乎還沒經過，那就是遲到，快去，行李就寄在這裡好了，但一定要在五點前回來，因為這裡五點關門。」就這樣，Milly一陣混亂地放下行李，衝到巴士站，一分鐘不到，遲到約三分鐘的100日圓周遊巴士就到了。

到了天滿澤，依照指示牌走入似乎隨時都有熊會出現的森林道路中，東張西望提高警覺快步向前，終於看見了繪本美術館，可愛小巧佇立在森林中的模樣。想像著悠閒吃午餐喝咖啡的情景，但是……close！沒開，休館，星期四休館。Milly被美術館都是在星期一休館的既定印象所累，沒能確認資料，站前的觀光服務處混亂中也沒提醒。（注：森のおうち休館日在冬日有時會是週三週四兩日，前去時建議上網確認。）

於是，在這次旅行中，繼葉祥明阿蘇高原繪本美術館之後，再次因失誤沒能進入森のおうち。難道是被繪本美術館詛咒了？當然也同時證明確認資料有多重要。避免你的失誤，放上網址，www.morinoouchi.com。最慘的是，不但繪本美術館沒開，附近的商店也大多公休。下班巴士還有一段時間。肚子餓了，還是先找吃的。 ▶1160

❶ 祿山美術館
❷ 繪本美術館沒開

1

2

槍聲？熊出沒？

走在森林中，先是怕熊出現，後來聽見槍聲，更是陷入恐慌。果然有熊！走出森林進入大道，槍聲還是持續。定下神看見標誌，又巧遇逃竄的猴子群，才恍然大悟，原來槍聲是蘋果園內定時發射的空氣槍（或瓦斯槍），用來威嚇野生猴子。

Milly 被一間間掛著 close 的店家和美術館給拒絕，又看見一些遊人在燦爛陽光下輕鬆騎著腳踏車呼嘯而過，最懊悔的還是剛才被嚇出一身汗，更懊悔的是為什麼不會騎腳踏車。

終於，在走了大約 20 多分後，看見一家不錯的健康生機食材木屋餐廳，吃了好吃的中午套餐，喝了咖啡，心情才平復。重振士氣，乾脆將錯就錯，念頭一轉順著森林邊的主要大道，以周遊巴士站牌為目標，沿線散步下去，然後在預定時間內坐回穗高車站。

因為放寬心地散策去，Milly 經過了大樹的林道，泡了溫泉足湯，在青果社買了水果黃番茄，看見了藍天為幕廣闊田園風光下的一大片波斯菊、蘋果園和奇異果田。其間在碎石路上摔跤，擦破了手掌，流了些血。因為藍天太美，田野遼闊，不但不懊悔，還能平靜地坐在路邊花了些時間看著自己的身體試圖修補傷口的努力，超感動。

旅行上難免會有失誤，但只要想，這失誤，Milly 因此可以在自由的散策中擁有一個意外悠閒美好的藍天下午。一個人旅行中的心情，自己是自己的魔術師。

坐 100 日圓安曇野穗高周遊巴士回到穗高車站，先去車站附近的祿山美術館，再回到觀光服務處拿回行李。這時 Milly 無意間做了一個錯誤的舉動，就是在購票窗口買了一張從穗高前往松本的車票，320 日圓。如果趕時間，乘坐 JR 特急號到松本是 1,040 日圓，約 26 分鐘。普通列車 32 分，相差不大，選擇容易。那何來錯誤的舉動？原來路程不長就忘了計算，忘了今天是使用青春 18 的日子，何需買車票？錯了怎麼辦？退票即可。直接拿去購票窗口，說買錯了或買多了，站員立刻就會把錢退給你。

▶1160

❶ 好吃的有機套餐
❷❸❹ 穗高散步

3

4

攻略

買錯車票？退票？票掉了怎麼辦？

這裡順便一提退票問題。大致來說，乘車之前，指定席之外的票券，退票手續費都是 210 日圓。如果是指定席票券，兩日之前是收 320 日圓，可是如果是一日內，就要收票券價 30%。至於那些企劃專案、特惠票券，就依規則各有不同，細心一些的話，購入前請看清楚說明。

像青春 18 是五天份的企劃票券，如果完全沒使用當然可以退票，但如果已經開始使用，即使只用一天，也不能退其他四天的票錢，付出手續費也不行。還有，如果你用信用卡購票，一定要到購票的地方退票。像 Milly 這次退票不收手續費的情形，應該是法理外的通融。另外，如果你買了一張票，但臨時要提前下車，可不可以退票？原則上是可以，但大原則是出發地到目的地的距離超過 100 公里。例如從東京到大阪，臨時在名古屋下車，退票時就是扣掉已經搭乘過的乘車料金加上手續費。但如果從東京出發到品川，卻在新宿就下車離站，因為距離不到 100 公里，就不能退票。

那如果更慘，票不見了呢？基本上真的很麻煩，不是那麼適用外國遊客。原則上如果票掉了，就再去買一張票，但要跟賣票窗口說明是票遺失了，如此重新購入的票上面會蓋上「紛失再」的字樣，就是遺失後再入的意思。如果是指定席，自然就只能重買同一班車的指定席。這張新購入的票用過後，千萬不要讓出口的站員收走票根，拿著票根再去下車的購票處要一張「再收受證明書」，一年內如果票找到了，拿著找回的票附上這張證明書，就可以拿回票錢。

但如果是定期券或某些企劃特惠票，就不適用以上辦法。例如 JR Pass，出國前拿到手上的是交換券，在日本換成鐵路旅遊券。兩者遺失了都不補發。如果沒使用，可退票收 10% 手續費。鐵路旅遊券要在開票的同一窗口退票。

所以 Milly 旅行中最謹慎小心的事情，就是避免遺失票券，尤其青春 18 和 JR Pass。上車下車前後都要注意，否則特地買了優惠票，不見了要補買，實在太不划算。

最緊張的是，利用 JR Pass 前往北海道，在北海道如果不小心遺失了，自己就要花一大筆車費回東京……光是想到這，就不能不小心。

青春 18 的獲利乘車總積分計算

也就是這樣，Milly 走出松本車站時，大大鬆了口氣。因為在這一刻，一張 11,500 日圓的青春 18，五天份的票使用完畢，不再有遺失的威脅。

8/19-9/1，14 天行程中，選擇了 5 天充分利用這張青春 18，現在就來算算，賺了多少便宜，遊戲贏了多少積分。這裡的獲利積分，就是指從 A 地至 B 地的乘車料金，也就是普通列車的車費。

8/20，福岡（博多站）來回門司港，前進熊本，約 5,000 日圓。8/23，湯布院→廣島，加上來往宮島，約 7,410 日圓（但搭乘特急一段 2,000 日圓）。8/24，廣島→松山，同時來回下灘，約 7,410 日圓。8/30，都山科→能登半島穴水，約 5,250 日圓。9/1，金澤→松本，約 4,310 日圓。

五天總合約 27,380 日圓，賺到的獲利積分：27,380-11,500=15,880 日圓。

雖不是什麼了不起的大差額，但還是很有達成的成就感。也因為搭乘鈍行的地方列車，讓自己得以在更悠閒更緩慢的節奏下，細細品味旅行。

▶1160

❶ 列車上的青春 18 海報
❷ 車窗外風景

1

2

GO! 松本是很裝飾美學的城市

松本市，有一個松本城。雖說 Milly 不能狂言已看過所有日本古城，但大阪城、名古屋城、熊本城、高知城……的確也看了不少。在 Milly 的排行榜中，第一名如果是姬路城，第二名就絕對是松本城。黑色穩重的松本城，襯著火紅鮮豔的橋樑，強烈印象就是一幅好景。本來有些排斥很觀光意味的古城，但是來到松本卻一定要到松本城，重溫一下不會厭膩的美麗震撼。

這次繞道松本，本來最大的動力是要住宿憧憬的溫泉旅館扉溫泉明神館。其實在出發前一星期都還是預約著那時在特惠中一宿兩餐還要 34,000 日圓以上的專案，預計完成一次稍稍奢華的設計風溫泉旅館體驗。但意外發現了一間在輕井澤的公寓式設計風旅館，怎麼都想去體驗（當然也是臨時抽腳，不敢太奢侈），於是行程大轉彎，先住在松本車站附近開張一年多的連鎖商務旅館 ROYNET HOTEL，房間很時代很寬敞，

7,500日圓。然後前往輕井澤，心想，行程都改了，不如再繞道角館。但訂不到另一間憧憬旅館田町武家屋敷旅館，卻也因此經由資料搜尋找到了田澤湖畔一間美好的Pension。

旅行的行程，有堅持但又不能過於堅持。一個決定，牽動一連串決定。一個人的旅行，自己反對自己贊成，問題不大。

也因為不用遷就溫泉旅館的接駁巴士，check in車站附近的商務旅館後，還可以來個黃昏松本城周邊散策。跟旅館要了City Map，研究後只鎖定松本城和周邊。

去松本城之前，一定要去的是最能顯現松本歷史風情的中町通。如果在松本的時間較長，就會建議乘坐觀光巴士，一樣一次100日圓，到松本城內或近郊的觀光點。 ▶1160

中町通的商店很會擺設

忘了店名的二樓咖啡屋一角

Milly 的松本私家推薦

松本市是四百年的城下繁華商業區，自然留下很多商家古建築。中町的特色是以黑白分明的古倉庫群改建而成的觀光街道，有民藝工藝、家具專門店、雜貨屋，有古意風情酒廠和 Milly 非常鍾愛這一區的最大理由：「藏」改裝的咖啡屋和餐廳。藏是日本舊稱的倉庫。

Milly 的私家推薦，一個是前一次來吃過中飯的デリー咖哩屋，藏屋改建，從 1970 年開始營業，及以松本民藝家具裝潢為特色的まるも，可以喝咖啡也可以住宿。

而這次來中町，發現了一間已經忘了店名的二樓咖啡屋。也是藏屋改建，先進入樓下的髮型屋，然後從陡峭木梯走上去。咖啡屋不大，放著喜歡的生活雜誌和一些寄賣的雜貨。

憑直覺找到滿意的咖啡屋是幸福的事，雖然咖啡屋的變動總是很大，或許下次再來，它已經在空氣中消失也說不定。

Milly 很喜歡這條不長但很有風味的中町通，在這裡散步不能不感嘆這裡果然歷史悠久，每一個角落每一個小地方，都可以驚艷一些不經意的擺設藝術。不經意就是已經馴染到生活中了，街道整體的統一協調，也讓人印象深刻。

松本有這次暫時放棄的憧憬旅館，有想去的上高地和上高地帝國飯店，有留下好印象可以純泡湯的淺間溫泉，有眺望天空草原的美美原……以松本為中心，有很多還想體驗的旅行。 ▶1160

Day / 15

來去輕井澤的絕對交通需知

松本到輕井澤，普通列車 2,910 日圓。

2005 年 9 月 2 日的時刻表，坐 JR 篠ノ井線，松本→篠ノ井，7:31 出發，8:28 到達，950 日圓。之後進入私鐵しなの鐵道，就是不能使用青春 18 或 JR Pass 的區域。乘坐私鐵しなの鉄道，在篠ノ井立即換乘 8:31 前往輕井澤的列車，9:44 即可到達，這段費用是 1,240 日圓。私鐵比 JR 貴一些，從這裡也可以略窺。

例如你手上持有 JR Pass，堅持要搭 JR，那就是先從松本坐車到長野，再轉長野新幹線到輕井澤。如果當天拿的是青春 18，因為不能乘坐新幹線，自然就得經由しなの鐵道，多付一段私鐵費用，否則到不了輕井澤。

順便一提，從東京如果要到輕井澤，乘坐 JR 普通列車是無法直達的，只有乘坐長野新幹線，從新宿出發約 5,350 日圓；東京車站也有新幹線直達輕井澤。 ▶1160

1

❶ 前往長野
❷ 私鐵しなの鐵道

2

EF63 2

攻略

從東京以普通列車去輕井澤

如果你使用青春 18，或想花較少的費用前往輕井澤，又是如何？以下就試算一次路線。

這是 2000 年 Milly 在東京居住期間實際體驗過的，以普通列車前往輕井澤的路線。

假設是從大家最常住宿的新宿出發，最順的路線首先要到大宮，乘坐最早的通勤快速 6:25 經由大宮往川越，6:54 到大宮，接著轉車去高崎（如果從上野出發，就有直接到高崎的列車）。7:06 大宮→高崎 8:29。

到目前為止似乎都是很順的路線，列車班次也很多。繼續前進，困難出現，高崎到橫川的列車不多，平均一小時一班，但是如果計算好接駁時間，也不至於浪費太多時間。8:38 高崎→橫川 9:12。

唯一要提醒的是，印象中從高崎走到往橫川的月台，略有距離，下車後不要太鬆懈。到達橫川後，轉搭 JR 巴士，因為從這裡沒有 JR 鐵道前往輕井澤。10:00 的巴士，到輕井澤車站 10:34。這巴士班次不多，8:40 第一班，10:00、12:00……一天才七班，要事先查時間。

如此計算，從新宿到輕井澤，是 6:25-10:34，倒也不是什麼很難熬的路程。

新宿到橫川是 2,210 日圓，橫川到輕井澤的巴士是 500 日圓，總合 2,710 日圓。

日本最有歷史的鐵路便當

9:12 到達橫川，10:00 才有巴士接駁，這多出來的四十多分怎麼消磨？

如果是鐵路迷就一點也不擔心。橫川車站以前有列車直達輕井澤，是從橫川跨越險峻的碓氷峠，在這之前列車要加裝配備，就會在橫川停留較長的時間（約兩小時），因此誕生了現在的橫川名物便當「峠の釜めし」。

特色是用益子燒製的陶碗（土鍋），盛入用醬油煮過的雜炊飯，加上雞肉、栗子、牛蒡等，是日本鐵路便當迷熟悉的懷舊便當，號稱日本最古老的火車便當，在明治 18 年（1885 年）就開始發售。

1996 年，甚至達成發售一億個「峠の釜めし」的紀錄。所以有機會到橫川或經過橫川，幾乎乘客都會買「峠の釜めし」，一個 900 日圓。

不過現在即使不到橫川，在前往輕井澤的新幹線上或輕井澤車站都可以買到。但因為便當的本店是在橫川車站旁，在橫川買這便當別有意義。

▶1160

經過日本 JR 標高最高的車站

松本到篠ノ井，路經姨捨站時，可以看見窗外美麗的梯田風光。而從篠ノ井經由小諸到輕井澤的路上，看見的有趣景緻是，小諸車站的月台柱子上居然攀滿藤蔓，讓人眼睛一亮。發想出這點子的站長，想必是喜愛植物的人。

在小諸車站可以轉搭 JR 的小海線，小海線沿著秀麗壯觀的八ヶ岳前進小淵澤，是鐵路旅行同好中很受推薦的一條路線。尤其是夏季，不輸給鄰近的輕井澤，是很受女性歡迎的高原避暑地。

小海線上的清里位於清里高原，有著名的清里寮，同時有相當多 Pension 可選。Milly 曾因工作來清里拍攝 Pension 專題，充分感受這是 Pension 的繁華區也是成熟區，而且還有農場可以體驗，有許多各式美術館可以尋訪。清里車站附近有比較熱鬧的購物飲食區，提供各式需求。

小海線清里到野邊山之間，標高 1,375M，是 JR 標高最高的路線，野邊山則是 JR 標高最高的車站。 ▶1160

小諸車站的月台柱子

❶ 往村民食堂
❷ 村民食堂的健康套餐
❸ 村民食堂內
❹ 星野エリア

輕井澤私家路線

這已是第四次來輕井澤。重點是一間可以帶著狗狗住宿的公寓式 Hotel，アートホテルフォロン 井沢。

在輕井澤要怎麼吃，怎麼住，怎麼遊玩，怎麼消費，有太多選擇，太多推薦和太多導覽資料。不同的交通工具，不同的形式，不同的成員，不同的價位，就會有不同的輕井澤。

這樣一個選擇太多的地方，更要清楚自己要什麼。Milly 在這裡分享的是自己的私家路線。

在輕井澤，有故事充分的万平ホテル，有一些有故事的麵包店，有一些產生故事的教堂，有醞釀故事的香腸製作和一個有堅持故事的茜屋咖啡屋，都可以安排在散步路線上。但如果想避開人潮，就必須設法小小遊蕩後，遠離已經被觀光客淹沒的「輕井澤銀座」，往周邊發展。

租個腳踏車以心情去探險，可能性自己發揮。Milly 不會騎腳踏車，這次就計畫依循資料，先寄放好行李，走到有接駁巴士前往的村民食堂用午餐順便散步。

村民食堂位於中輕井澤。無意間發現這位於森林中的餐廳，是在尋找憧憬旅館「星のや」資料時，找到了這個網站，www.hoshino-area.jp/contents.html，因此知道星のや、村民食堂、星野溫泉「トンボの湯」，輕井澤高原教會以及野鳥觀察 picchio，都位於這稱為「星野エリア」的休閒度假區。從 JR 新幹線輕井澤車站南口（就是前往輕井澤 outlet 廣場的南出口），過天橋下的停車場邊有前往星野エリア的免費接駁車。

Milly 硬生生在那裡大迷亂。循地圖找來，卻看不見巴士站牌，來來回回地問路，知道的人不多，混亂下到處尋找，繞了個大圈回到原處，剛巧看見印著星野 logo 的巴士出現，不就是那接駁巴士？詢問之下才知道，這種私人旅館或休閒區免費接駁車，都是臨時停車，區域大致一定，但不能設立固定站牌和時刻表。難怪讓人混亂起來。好在沒耽誤太多時間，順利搭上原本就預計要搭乘的那班接駁車。這巴士方便，班次卻不多，最好先查好時刻表。

到達後，差不多是中飯時間，就先去有著一面大玻璃特色建築的村民食堂中餐。餐點選擇很多，依照一些日本網站的推薦，點了 1,000 日圓的村民食堂定食，儉樸的感覺卻是食材新鮮，單純地好吃。用餐環境也因為天花板挑高，陽光充足，非常舒適。

餐後本來要去看起來很有風味的トンボの湯享受純泡湯，但一看價錢，1,200 日圓，Milly 計算的本能又發揮，似乎太貴！還不如在下一班巴士來之前坐在草地的木椅上曬太陽。

準備去搭巴士之前，還意外在野鳥觀察站邊看見了樹林間的清澈溪流。 ▶1160

輕井澤散步

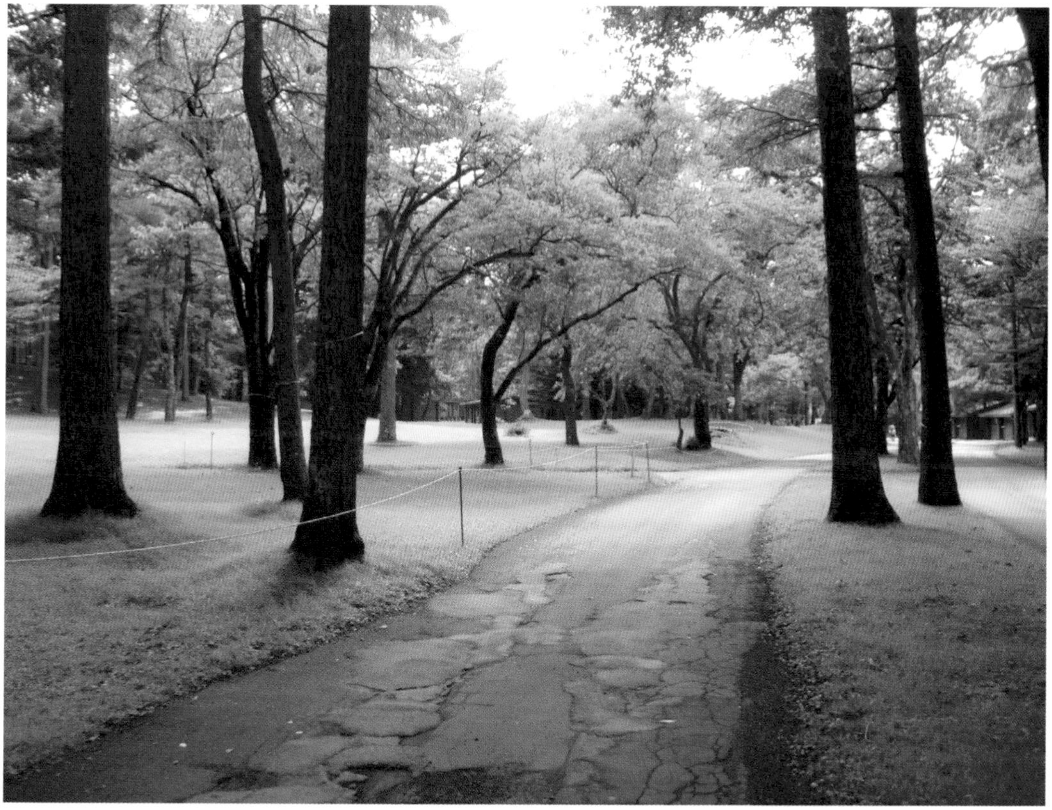

ストリートオルガン
世界のおもちゃ・模型博物館
ワールド トイ ミュージアム

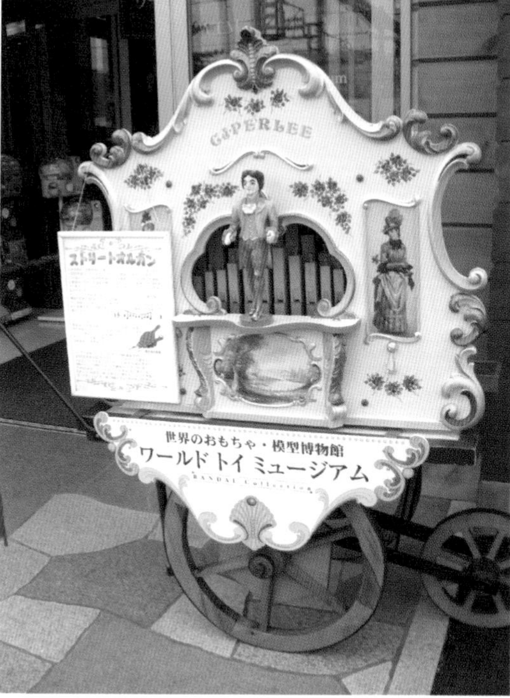

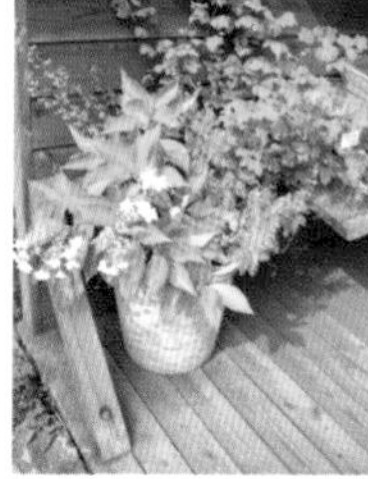

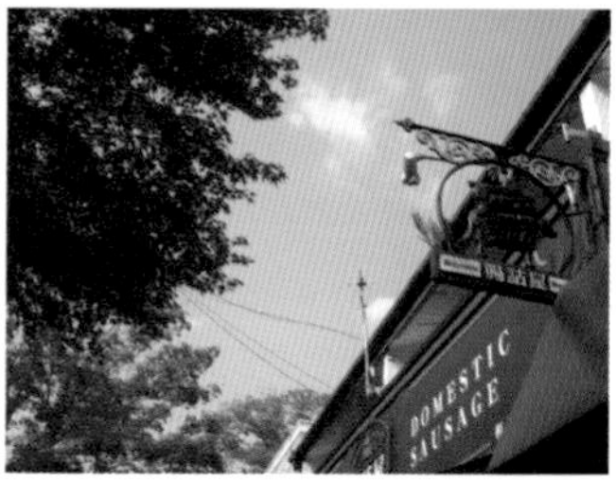
DOMESTIC
SAUSAGE

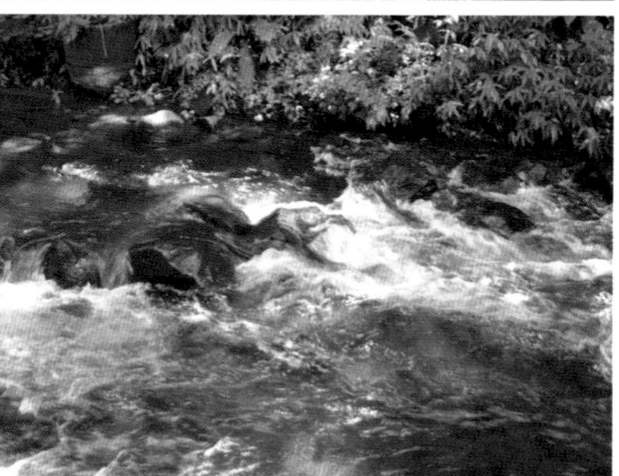

時尚公寓的 Hotel 在輕井澤

アートホテルフォロン輕井沢，從車站步行約 15 分鐘，號稱距離輕井澤銀座步行兩分鐘的地方，但不是很好找，原因……這是很低調的 Hotel，一個在鬧中取靜，很低調的公寓式 Hotel。如果不留意，會以為那棟三層樓的建築只是一般的公寓，一棟有咖啡屋的公寓罷了。

Hotel 如此低調是一種企圖，因為主人原本就不想這旅店的建築破壞四周的自然環境。不設立誇張顯眼的看板，就是因為這個堅持。

指標是一樓的 CAFÉ PABLO。這咖啡屋是旅店附設的，吧枱有電腦訂房資料，Milly 那天比較早到，基本上是在咖啡屋 check in，第二天也是在咖啡屋 check out。房間沒有室內電話，說明上有告知管理人的電話，有事就打這個號碼。

Milly 第二天 7:30 以前就要 check out，以便走去輕井澤車站搭 8 點多的新幹線，打了這電話卻沒人接，太早？只好拿了行李下樓，用按「住家電鈴」的方式呼叫，出來一個有氣質的老先生，難道是老闆？老先生說可以幫我 check out，我說要刷卡，老先生靦腆地說他不會用刷卡機，工作人員 7 點半才會來上班，可是因為還沒劃位想早點去車站，再等會來不及。氣質老先生於是打電話請工作人員早些到，然後承諾會開車送 Milly 去車站。在等工作人員的期間，老先生倒水給我喝，還自願幫我照了幾張照片。大約 7 點 20 多分，很時髦很有質感打扮的中年男人（店員？）開車到來，很熟練地幫 Milly 刷卡結帳，老先生則在店門前熱車。

就是這樣，Milly 被老先生用很高檔的休旅車送到輕井澤車站，幸運。因此也可以悠閒地劃好今天一路的新幹線指定席，買了輕井澤名物便當「峠の釜めし」。

就是一個這樣很生活，很住家，沒有過多生意氣息的旅館。

Milly 透過じゃらん .net 預約，房價淡旺季假日平日差很多。因為怎麼都想住，9 月 2 日星期五夏日旺季的尾端單人住宿的專案客滿，於是預約了雙人住宿有廚房可以帶狗一起住宿的專案 15,436 日圓。實際體驗過，Milly 大滿意，也很推薦，如果是一家子來輕井澤度假，是很完美的選擇。

輕井澤有很多 Pension。原本輕井澤是一個繁盛的 Pension 區，一般人在輕井澤沒有房子，就會租一個別莊，或住在 Pension。可是前幾年日本經濟不好，很多人寧願來回輕井澤，而不住在這裡，Pension 生意多少受影響，因此比較積極地開發海外客層，Milly 就是在這背景下跟著電視台來這裡拍了長野縣信州的 Pension 節目。

因為很積極地開發海外客層，這次到輕井澤銀座區，東南亞和台灣的遊客異常充斥。

看得多就不珍惜（笑），這次一開始就希望朝另一個方向思考。曾經想過住宿那憧憬的万平……但一方面旺季很難訂房，同時沒單人房，最便宜的雙人房也要 35,000 日圓上下。2005 年 7 月 20 日新開張，備受旅遊名人和雜誌推薦的超高檔溫泉旅館星のや，開幕特惠一晚約 35,000 多日圓，但是要訂兩晚還不含餐。現在平日特惠，一晚雙人住宿也將近要 50,000 日圓。很美好的住宿旅店，是成熟的旅人有品味的選擇。www.hoshinoya.com。憧憬的旅店，等待契機和機緣，或一些消費奢華的勇氣。

原本發現アートホテルフォロン輕井沢時，因為沒有空房已經放棄，考慮或許還是住 Pension，怎知過了一天再看，空出了房間。這就是機緣嘍。

房價是一人平日 6,600 日圓，星期六或休日前，一人是 7,700 日圓。但可以一人住宿的房間數不多。Hotel 就只有 14 間房間。7-9 月要加上季節料金 1,000-2,000 日圓，新年和黃金週就要多加幾乎 9,000 日圓。帶幼兒或是狗狗都要再加 3,300 日圓。Milly 在旅途上當然不可能帶狗，但是想到可以看見其他房客的狗狗還是很期待。

房間都設有電視、微波爐、烤箱、餐桌，有廚房和浴室，有視聽設備，有網路線，整體是很有品味的現代簡潔風。窗戶看出去是森林，最是美好。

雖然不像是擁有一座森林中的別莊，卻像是擁有一間輕井澤的時尚公寓，這種住宿能在旅行中轉換口味，體驗一下，是很有趣的想法。www.folon.net/KARUIZAWA/。

有廚房可以煮水，但料理器具要自己帶。Milly 沒有鍋碗瓢盆，只好玩玩輕井澤晚餐外食採買遊戲。如果自己開車，可以去輕井澤很棒的超市。

▶1160

❶ Hotel 低調的看板
❷ Hotel 旁咖啡屋
❸ Hotel 房間
❹ Hotel 窗外看見森林

3

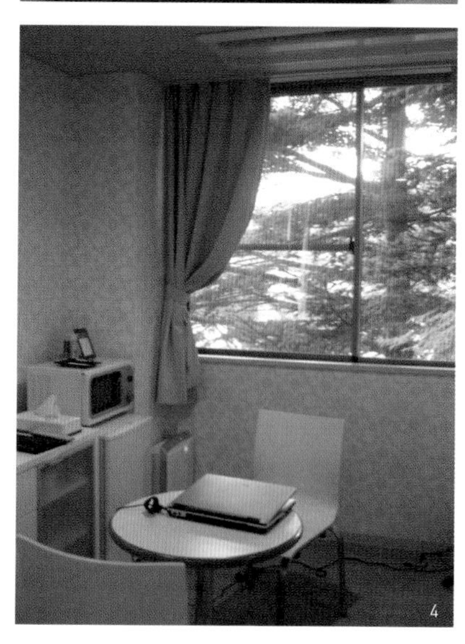

4

輕井澤的購物和晚餐採買路徑

輕井澤，是以清爽的森林氛圍取勝的觀光區域，是長久以來有錢人的高原避暑度假勝地。可是比較微妙的趨勢是，很多東京人來到輕井澤，是為了 JR 輕井澤車站南口的大型 Outlet，過期商品暢貨中心，然後順路旅遊輕井澤。因為這樣，假日的舊輕井澤銀座街道和早上 10 點開始營業的 Outlet 廣場總是人山人海。

人多的地方，通常很難有格調，難得的是，輕井澤畢竟是輕井澤，即使這樣人潮洶湧的地方，因為當初沒有財大氣粗地蓋上一堆高樓大廈，所以稱為輕井澤，Prince Shopping Plaza 的 Outlet 廣場，還是能以很好的規劃、有特色的建築和不破壞自然的企圖，讓在輕井澤消費這件事也變得很愉悅。

Milly 雖然還有將近一週的旅行在後，路經這衣飾的價格幾乎是東都內半價的商場，也不能不消費起來。

Outlet 廣場的公休時間不是很有規則，為免敗興而歸，出發前最好看看網路資料，www.princehotels.co.jp/shopping/karuizawa。

除了消費，還可以買些外食在附近散步野餐。Outlet 廣場是 PRINCE 旅館集團興建，旁邊就是 PRINCE HOTEL 度假飯店，飯店前有很廣闊的草地和樹林，散步讓人神清氣爽。

輕井澤更是狗狗的鑑賞區。在 Outlet 廣場就有各式各樣的可愛狗狗，銀座街道更總是可以看見一隻隻備受寵愛的狗狗跟著逛街。喜歡狗的 Milly 主觀以為這是最幸福的輕井澤光景。除了購物度假，許多日本人來到輕井澤的原因之一是婚

禮。各式教堂在森林間，輕井澤不浪漫也不行，運氣好些還可以看見婚禮。

這次 Milly 在茜屋咖啡屋前方不遠發現新婚禮教堂區 Green Garden，用水、木、光線等設計元素組成，一眼看到，只能用驚艷形容。雖然是教堂，但只是商業的婚禮場地，沒有太多聖潔的感覺。即使如此，置身在這建築中的感覺還是很棒。

Milly 是大大方方地進去這似乎才開張不久的婚禮區，不過似乎不是婚禮相關人士不能隨便進入（雖說那天沒人阻止），好在這裡有一個對外營業的咖啡屋，面向街道是一面玻璃，也頗有設計風。可能是外觀非常お洒落，當日所見是一位難求的客滿狀態。

輕井澤的用餐選擇很多，但一方面人潮太多，加上住在有廚房餐桌的旅館，就還是以採買輕井澤的特色食物來辦家家酒晚餐。

在輕井澤銀座街道上閒蕩著，這試吃吃，那試吃吃。在類似青果合作社的商店買了大水蜜桃，在名產店買了輕井澤的水果酒和似乎很出名的起司蛋糕，在那很出名的香腸店買了麵包香腸，自己一個人來個輕井澤特產晚餐，不壞。

新輕井澤（新幹線車站周邊，有 outlet 廣場），舊輕井澤（主要是輕井澤銀座區，有茜屋咖啡屋，有可以拍照留念的輕井澤代表建築之一聖パウロ教會和万平ホテル），北輕井澤（有淺間牧場），中輕井澤（有野鳥之森，有星野溫泉區），南輕井澤（美術館多的區域，例如繪本之森美術館）。不同的你可以玩出不同的輕井澤。

1

2

❶ 可愛狗狗
❷ 輕井澤採買
❸ 婚禮教堂

3

Milly 的建議還是，不要過於留連人潮多的熱鬧銀座街道和 outlet，才能玩出真正的輕井澤高原度假風味。例如 Milly 住宿的旅館旁，距離銀座街道路程兩分多鐘的地方，就有間開滿了白色繡球花的咖啡屋，在森林邊悠閒得聽不到人聲喧囂。

只要小小的探險，便可以找到自己的輕井澤私家記憶。

早上從輕井澤出發前往東北的田澤湖，check out 之前在輕井澤不能不做的，是在林間散步，聽聽鳥叫聲，在晨霧的空氣中，洗滌身心。幸福的是，住宿的アートホテルフォロン輕井沢正位於森林小徑入口的前端，容易在早上抓住輕井澤林道最美麗的時刻。

只是不要過於陶醉，愈走愈深，因為輕井澤可是真的有大熊。大熊有時會到垃圾收集處翻東西吃，因此這裡的居民都被告知不要亂丟垃圾，放置垃圾後一定要蓋好蓋子。 ▶1160

1

2

3

❶❷ 輕井澤採買
❸ 晚餐是輕井澤特產

Day / 16

結束鈍形列車旅行之後

滿足在輕井澤短短但豐富的滯留，開始經由東北前往北海道。

9 月 3 日也是這次 24 天旅程中開始使用 7 天 JR Pass 的日子。開始使用 JR Pass，也象徵著鈍行列車的旅行告一段落。

鈍行列車，就是相對於特急和新幹線的普通列車。幾乎所有站都停靠，一站一站地，跟沿線居民的作息融成一氣地，更能悠閒接觸一個旅行地區的交通手段。

雖然全世界的國家，都希望能發展速度更快的交通系統，但車窗外的風光是旅行的畫廊，像新幹線，總是隔著高高的防音牆，加上高速，車窗外的風景於是很枯燥。

鈍行列車則是經常穿越著田野、溪流、鄉間、海邊……悠閒的節奏，耳邊似乎會自然響起音樂一般。

但是大移時，或是企圖太多時，就不能不捨棄窗外的悠閒景緻，以時間換取空間，減少旅途的勞頓。

使用 JR Pass 可以很簡單，但是善用技巧，才能讓這張超級特惠的企劃票券更超值。

▶1160

攻略

JR Pass 的更超值攻略

JR Pass 一張 28,300 日圓，在不同國家依照不同匯率售出。

計算攻略，首先用最簡單的票價來看，從東京坐新幹線的のぞみ前往京都，約 13,320 日圓；從東京到福岡的新幹線のぞみ約 22,120 日圓。就是說，東京到京都來回一趟就幾乎回本，去一趟九州也容易就回本。所以回本不是問題，加上舒適方便從容，才是最好。

JR Pass 最大的優勢是能坐新幹線。新幹線的票價很高，若沒用 JR Pass，Milly 幾乎不會坐。日本人不能使用 JR Pass，如果要省錢，就要買早上特惠時段的便宜票，或回數票，或是到票券流通店買一些沒用完賣出的回數票，東京到京都就可以變成大約 12,850 日圓。

JR Pass 最大的優勢是能坐新幹線，但不是所有新幹線都能坐，也不是所有新幹線都有不用劃位的自由席。北海道、四國沒有新幹線。本州有東北、山形和秋田新幹線，東海道和山陽新幹線，上越和長野新幹線。九州則是九州新幹線。

東海道、山陽新幹線有「こだま」「ひかり」「のぞみ」三種愛稱的車種，意思分別是回音、光線和未來希望。こだま停最多站，のぞみ最少，所以一定比較快。例如東京到新大阪，こだま約 4 小時，ひかり約 3 小時，のぞみ約 2 個半小時。

JR Pass 最要注意的就是不能乘坐東海道、山陽新幹線的のぞみ。Milly 還不熟練 JR Pass 時，曾誤坐了のぞみ，只不過岡山到新大阪約 30 分鐘的車程，就被要求補六千多日圓。那時 Milly 可是連哄帶騙加裝窮才被寬容不補差額，説法之一是上車才知道坐錯，但找不到下車點。

為什麼一下子就被抓到？因為當時のぞみ是全車指定席，沒被劃位的位子有人坐，或沒位子坐站著，車掌馬上就會發現。那麼事先劃指定席呢？重點是即使劃了位，使用 JR Pass 也不能坐のぞみ。雖説現在大部分的のぞみ都已經增設三節自由席車廂，但還是不能使用 JR Pass 或許哪一年會更改也不一定就是了。

比較麻煩的是，為了搶生意創業績，JR 一年年增加のぞみ的班次，相對地，こだま及ひかり卻是年年減少。

此外，要特別留意的是，前往東北八戶的新幹線はやて，和往秋田方向的こまち都是全車指定席，JR Pass 可以乘坐，但一定要事先劃位。除非行程不想過於牽制，Milly 會建議事先劃位乘坐指定席，比較輕鬆舒適。劃不到位，只好坐自由席變通，可是碰到繁忙期，要在自由席坐到位子也很難，除非提早排隊（有時甚至要排上一兩小時才能擠上車）。明明是坐新幹線，卻要一路站到目的地，真的很累。尤其是黃金週、新年、夏季和お盆期間經常是一位難求。

另外，這次的經驗，沒想到星期五從東北回東京的新幹線也是意外地滿，一大堆穿西裝的上班族，可能是因為周休二日，出差的單身赴任的趕著回家吧。

使用 JR Pass 不要怕劃位。Milly 的一些朋友怕日文不通，即使使用 JR Pass 也只敢坐不用劃位預約的自由席。

其實劃位很簡單，直接把你要坐的列車的那一頁時刻表拿給みどり窗口的售票員看（就是劃著一個人坐在位子上的綠色標誌的劃位預約買票窗口），不用花額外的費用就可以順利劃好位子。

Milly 習慣使用申購表格將車號時間路線寫好交給售票員，如果怕花太多時間，就在晚上或是空餘時間先隨便寫在一張紙上，再拿去預約窗口劃位。這紙張只是方便售票員參考用，不用專用的申購表格也可以。

❶ 2013 年新幹線列車座椅
❷❸ 穿越九州的新幹線燕子號
❹ 日本新幹線不斷推出更新型快速的列車

新幹線途中下車角館

從輕井澤到田澤湖，搭新幹線是先坐長野新幹線到大宮，再前往田澤湖。Milly 因為想先到角館一遊，所以從大宮乘坐こまち到盛岡，轉車角館之後再回頭前往新幹線田澤湖站。

在盛岡轉車時，有算好充裕的時間在這裡買選擇豐富的火車便當。Milly 左思右想，買了 1,100 日圓的限量前澤牛便當（本來還在考慮其他便當，看見這便當只剩一個，就不由得拚命搶下），牛肉是冷的，如果熱一些，應該會更好吃也不一定。

為什麼要去角館？如果是春天，唯一理由就是那絢麗的角館櫻花。可是 9 月，櫻花已去秋天還早，唯一的目的，是要去瞻仰一下田町武家屋敷。從角館車站大約走個 10 分鐘，看見田町武家屋敷。憧憬的旅店，不能住宿至少要瞻仰。

實際走到旅館前，會直覺又是一間低調而堅持的旅館。沒有華麗耀眼的外觀，黑色的木牆，牆內的大松。看不見明顯的大堂，連招牌都是小小的。因為跟周圍的藏屋住宅幾乎是無區隔地融入，會一下忽略了這是頗有歷史的旅館。微妙的是，這樣的古風旅館，有名的卻是它的義大利餐廳。

角館散步

幾次路經東北都想住宿這間旅館玩家眼中的憧憬旅店，但都客滿，這次也不例外。房費其實還好，淡季含早餐 9,000 日圓有找。這次先路過，放在憧憬檔案中期待機緣。不過即使沒有櫻花，古意優雅的角館武家屋敷已經充分美麗。不禁讓人想到，如果是櫻花季，這裡該是如何地離世燦爛。

不是櫻花旺季，雖說還是有零星觀光客，卻給了這裡一些悠閒寧靜，也不是壞事。

從角館乘坐新幹線前往田澤湖只要 17 分鐘，普通列車約 20 多分鐘，時間差距不大。但這路線一天內新幹線有 17 班，普通列車卻只有 7 班，簡直是青春 18 的敵對路線嘛（笑）。

Milly 的觀察，只要是新幹線和特急侵入的路段，普通列車的班次一定變少，甚至廢線。也難怪很多青春 18 或鈍行旅行的同好們，會感嘆普通列車之路愈來愈難行。

不過感嘆歸感嘆，開始使用 JR Pass 的確進入了另一種速度化的旅程，會比較貪心地想去多一些地點。如果是使用青春 18，就可能不會繞道去角館。這裡先計算一下使用 JR Pass 從輕井澤→角館→田澤湖的車費，12,080 日圓。這是 Milly 的 JR Pass 遊戲樂趣，計算不用 JR Pass 會付出的車費，像是遊戲積分。

▶1160

武家屋敷

❶ 烤糯米串
❷ 民宿「Sounds Good」
❸ 田澤湖暮色

一個很音樂的田澤湖畔 Pension

用網路跟田澤湖 Pension サウンズグッド的主人預約了接車的時間地點，下午 5:00 田澤湖畔站牌邊。

在新幹線田澤湖車站前坐上巴士，700 日圓。到達時，離 5 點還有些時間，在一旁攤販買了秋田比內雞烤肉串 300 日圓（吃烤糯米串似乎也不錯），同時剛好迎接田澤湖算是較早的黃昏景致。

田澤湖，Milly 主觀以為是有些舊式的觀光區，陳舊的停車場，大而無當的名產中心。但田澤湖本身很秀麗，坐巴士或遊覽船繞湖一圈應該是不錯的主意。而繞著湖畔的田澤湖馬拉松大賽，似乎是頗為有名的例行賽事。此外，角館－田澤湖－乳頭溫泉，是一個順道旅線，很受年長的日本人喜歡。

田澤湖的地標是湖畔那座金色的女神像「たつこ像」，到此一遊的紀錄者不能不乘車前往，Milly 則選擇放棄。因為 Milly 住在田澤湖畔唯一的 Pension，有了自然湖景，已經足夠。

Pension，看英文名字會更清楚這間旅店的主旨：Sounds Good，聽起來不壞！這是音樂同好（特別是 Jazz）聚集的地點，定期舉行音樂會，整日充滿音樂。

Milly 基本上喜歡聽音樂，但對於音樂常識和創作是大音痴，所以 Jazz 不是理由，加分而已。

被 Pension 那草地上的桌子給吸引了，資料上說如果天氣好，就會在這長桌上早餐。

幻想一下子飛馳，想到了南歐湖畔的鄉間農舍。於是預約，於是繞道來田澤湖。可惜，那天早上是雨天。儘管如此，因為 Pension 坐落的位置很好，依然是個滿意的住宿。

Pension的主人有多愛音樂，從人工溫泉浴室就可以體會。浴缸鋼琴造型，有鍵盤圖形，入浴時還有音樂流洩著。Milly相當喜愛這有著大面玻璃的浴池，雖不是天然溫泉也不在意。

9月3日入宿，周六含早餐當時是7,500日圓，另訂晚餐1,200日圓，以及一杯晚餐的調酒，結帳是9,900日圓。

晚餐強調使用秋田的野菜和秋田地雞「比內雞」，料理是女老闆的自信作。大廳有鋼琴和各式樂器，還有大量的Jazz音樂影帶及唱片收藏。可能是位置的關係，電視收訊很差，用餐兼聯誼的大廳，電視播放的是演奏會影片。房間很有趣地是有祕密閣樓和天窗的設計，Milly一個人睡的房間是有兩套睡墊的雙人房。

在主棟旁另外有別棟，可以整層包下來，裡面有簡單的廚房可以自炊，當出租別莊也可以。據老闆說，這裡不但可以舉行小型音樂會、包場的party，還辦過婚禮呢。

可以刷卡付費，提供接送，時間晚了甚至可以到新幹線田澤湖站接客人。

不住宿，也可以只是來Pension的咖啡屋喝杯咖啡淺嚐杯酒，但營業時間只有星期六日和假日的早上10點至下午4點而已。

老闆親切和善，餐點好吃，有美好音樂，溫暖的房間，更重要的是，Pension坐落的據點太好。雖然不是真的一推開窗就看見湖面，但只要走出去一分鐘不到，就可以看見整座湖。

Pension是被樹林給包圍著，除了田澤湖畔，天氣好時還可以到旁邊的露營營地健行，或借個腳踏車遊湖。

第二天在小雨中的湖邊散步，然後回來吃早餐。遺憾是個陰雨天，沒有陽光草地早餐。 ▶1160

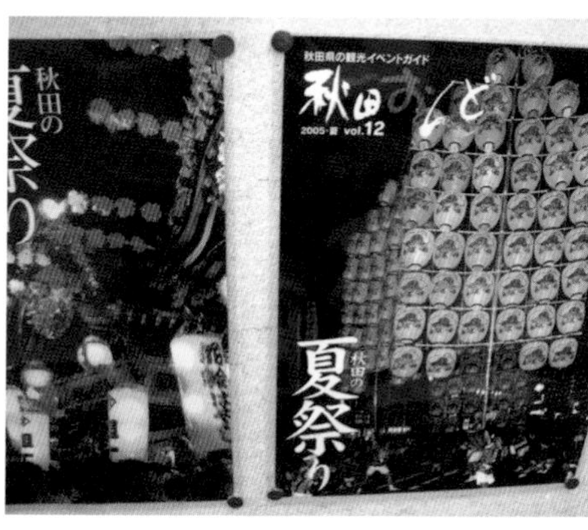
秋田の夏祭り
秋田県の観光イベントガイド
2005·夏 vol.12
秋田の夏祭り

Day / 17

北海道 遼闊最美

前進北海道

請 Pension 主人開車送到田澤湖畔的巴士站，9:12 坐巴士前往 JR 新幹線田澤湖車站，乘坐 9:58 秋田新幹線到盛岡 10:38，盛岡轉乘 11:03 東北新幹線直達八戶 11:31。

八戶是東北新幹線的終點站，之後轉乘直達函館的特急スーパー白鳥號 12:16 的列車，預計 15:16 即可到達函館。（注：東北新幹線已經可以從東京直達新青森站。預計 2015 年後新幹線可延伸到北海道的新函館站，也有 2016 年通車的說法，最終目標是將新幹線延伸到札幌站。）

2002 年東北新幹線延伸到八戶，計畫中會再延伸到北海道下的青森。而 JR 東北本線是從東京到青森，如果不在乎時間，的確可以利用青春 18 一路沿東北本線過來。但隨著新幹線延長到八戶，盛岡－八戶轉由私鐵いわて銀河鐵道和青い森鐵道運行，這段就不能使用 JR 的青春 18。

堅持要使用青春 18，就要在盛岡－好摩這段多付出 630 日圓的私鐵費用，然後接上 JR 的路段，繞遠路前進青森。但是有的青春 18 同好還是堅持企圖完全青春 18 制霸，就試算出了坐夜車到新瀉經由秋田前進青森的路線（詳見 p. 155）。

▶1160

❶ 北海道特有路標
❷ 這樣的景色很北海道

攻略

比青春 18 更適合前往北海道的北海道＆東日本パス

如果只是堅持以鈍行列車前進北海道，不如就放棄青春 18，改用北海道＆東日本パス。

這個企劃票券一張 10,000 日圓，連續五天使用，平均一天是2,000日圓，比青春18還便宜。利用期間：2/27-4/10、7/5-9/19、12/2-1/22（每年或許有更動，要參考最新公告）。可以乘坐 JR 北海道和 JR 東日本全線普通列車，加上北越急行、青い森鐵道、IGR いわて銀河鐵道、急行はまなす的自由席。青森－函館如果購入特急券，也可以乘坐特急列車的自由席。

這樣可以一目了然，比起青春 18，在前進北海道上是有利得多。可以從東京的上野車站早上 7 點出發，轉車再轉車，大約第二天 6:07 到札幌。

這個從 2002 年冬天開始發售的票券，跟青春 18 的利用時間大致重疊，Milly 的猜想，這或許是 JR 對青春 18 不能直接前往青森的一種補償吧。

北海道＆東日本パス的確是種很想嘗試的票券，如果下次有機會，有較寬裕的時間，Milly 企圖以鈍行列車旅行東日本和北海道，來個東日本和北海道路線完全乘坐之旅。

畢竟一天花上 2,000 日圓就可以從東京到達北海道，是難以抗拒的誘惑。

青春 18 空窗期可以使用的鐵道の日記念 JR 全線り放題きっぷ

在穿越青函隧道前往北海道之前，還要分享的 JR 鐵道攻略是，前往北海道的方式，除了利用飛機、新幹線、特急、一般列車和渡輪外，寢台列車也是一種浪漫的選擇。

不說便利而說浪漫，因為青春 18 不能乘坐寢台列車，單獨購票，從上野－札幌，乘坐寢台列車北斗星，選擇最基本的兩段式 B 寢台（就是雙架床），是乘車券 16,080 ＋特急券 2,890 ＋寢台券 6,300，合計 25,270 日圓，不算便宜。

使用 JR Pass 可以搭寢台列車，但坐寢台列車必須加收寢台料金和特急料金或急行料金。Milly 覺得已經花了 28,300 日圓左右買了一張七天的 JR Pass，都可以坐更快的新幹線了，還要額外付出其他費用划不來，例如，坐北斗星從上野到札幌，最便宜的 B 寢台，大約也要付出幾乎一萬日圓的附加費用，因此會以為還不如坐新幹線到一個接近的城市，將錢用在想住的旅店。

附上一個很好用的寢台列車分析網「ほどちゃんの島－寢台列車」，http://hodo.travel.coocan.jp/s/sleeper/index.htm。

寢台列車意外地邏輯很複雜，日本甚至有專書介紹喔。

至於花費的時間，例如北斗星 3 號晚上 7:03 從上野出發，第二天早上 6:34 到達函館。再試算看看，坐飛機從東京到函館，沒有特價時約 23,900 日圓，費時約 80 分。從東京乘坐新幹線はやて 6:56 出發直達八戶 10:03，之後轉搭 10:15 的特急スーパー白鳥，13:12 就可以到達函館，費時約 7 小時，費用約 18,750 日圓。

費用上新幹線優勢，速度上飛機優勢，寢台列車賺到的，則是一晚的時間。

但乘坐寢台列車本身，在鐵道快速發展的今天，已經變成一種移動功能之外的浪漫旅行模式。更重要的是，乘坐一趟上野－札幌間的寢台特急カシオペア號（從北斗星發展出的豪華版寢台列車），也是很多人憧憬的旅行方式。最便宜的兩人標準房，一人也要三萬多日圓，即使這樣還是預約滿滿，一票難求。在趨勢來看，寢台列車一定會朝愈來愈豪華的方向發展，甚至會發展出縱貫日本的寢台列車，三天四天的套裝旅行，傳統的寢台列車可能就會慢慢式微。傳統風情的寢台列車，可能要更把握時間去體驗才是。

寢台列車販賣浪漫

北海道＆東日本パス跟青春 18 的利用時間大致重疊。也就是說，跟青春 18 一樣，在秋季是不能使用的。那秋季不就是鈍行列車旅行的黑暗期？有誠意（？）的 JR 這時又推出了一個很有誠意的企劃票券，叫做「鐵道の日記念 JR 全線乘り放題きっぷ」。

顧名思義就是說，因為是鐵路紀念日，於是來個全日本 JR 無限乘坐的大特惠。因為是紀念日，那應該只有一天，微妙的是，它卻可以在 10/1-16 使用（大致是 10 月的前 10 天，但是每年不同，要 check）。

日本於 1872 年 10 月 14 日開通了新橋到橫浜間的鐵道，開啟了日本鐵路的新頁，於是 10 月 14 日就是鐵路紀念日，然後在 1996 年這一天發行了「鐵道の日記念 JR 全線乘り放題きっぷ」。

一張票券 9,180 日圓，三天份，可以不連續使用，有效期間可以乘坐 JR 所有路線的普通列車和快速線。基本上使用規則跟青春 18 相同。

試算下來，青春 18 一天是 2,300 日圓，這票券是 3,060 日圓，雖說貴了一些，但是在青春 18 空窗期出現這樣類似的票券，也是一種德政。

另外，跟青春 18 不同的是，這票券有小孩子的半價票 4,590 日圓，平均一天 1,530 日圓，如此就更方便全家旅行。

❶ JR Pass 不能乘坐的列車
❷ 只是幹線的意思
❸ 不同的新幹線不同的乘車位置
❹ 去函館的特急

1

2

3

4

函館的車站變了

9月4日下午三點半到達函館車站。

第一個感想是，變了，才幾年沒來函館，函館車站已經是全新的模樣。

新車站的設計是方便轉車，比較像歐美的火車站，所有月台都在同一平面，用主通道串成，不需要上下樓梯地轉換月台乘車。

函館自古就是本州和北海道最大的轉運口，有北海道的玄關之稱。

因為三點多就到了函館，本來大可以繼續轉車前往札幌，但是換乘了大半天的車，如果再花個三個小時半前往札幌，已經是黑夜，旅遊的時間都沒了，在旅程的規劃上是枯燥的。

所以在企劃行程時，就安排先來個金森倉庫周邊散步，晚上是函館夜景，第二天清晨出發前是函館朝市。

因為已經是第四次來到函館，很清楚自己要的是什麼。有夜景、倉庫群、歐風教會，看見港口的坡道，朝市就足夠。如果能吃到烏賊素麵更好。

1

2

❶ 歐風教會
❷ 函館電車
❸ 函館的特產是烏賊
❹ 金森倉庫
❺ 看見港口的坡道

3

4

5

五稜郭區域和較遠的俄羅斯教會區，這次就放棄。以前的經驗來看，那兩個區域是下雪的季節最好。

配合以上路線，旅館就選擇了靠近函館車站、在朝市和港口金森倉庫群間的函館國際 HOTEL，7,000 日圓。

對這個飯店沒太多憧憬體驗，貪圖的是位置方便。

搭乘 slow travel 風情、1897 年開始行駛的函館路面電車，悠閒地轉換地點旅行散步，經驗值上是非常美好的。但這次移動的範圍不大，就還是選擇以步行完成。

Check in 後，從飯店出發，一分鐘不到就看見海鮮市場，之後是明治館（1911 年開始營業的原舊函館郵便局）。明治館外面有個大紅郵筒，可以在這裡寄出紀念性的明信片，上面會蓋上紀念郵戳。而這郵筒可是認真工作了一百多年，厲害。

然後轉個彎，從旁邊的近道就可以到碼頭邊的金森赤レンガの倉庫群，就像橫濱的赤レンガ，有很多商店和餐廳，可惜 Milly 最喜歡的那間日式自助餐餐廳已經改裝。可以喝酒的那間記憶中的酒吧，也不知哪去了。

Milly 的函館浪漫和美食記憶，已經消失，無從回味。

▶1160

CHACHA 咖啡難喝但是卻是好據點

離開金森倉庫群，轉到十字街道，沿著八幡坂上去（或由較為出名的二十二間坂上去也可），回看函館港是基本動作。指標很清楚，前往右側的舊函館區公會堂，或左側的ハリストス教堂。其實不看指標，順著觀光客的流向，也不容易迷路。

Milly 在這裡要分享一個函館的祕密私家路線，可以悠閒地看函館港，同時拍到ハリストス教堂。就是從教堂小徑上去，找到一間 CHACHA 咖啡屋，點杯極為難喝 550 日圓的拿鐵（真的是悲劇地難喝），在戶外庭園露天座找個位置，就可以占據一個無障礙眺望函館的無敵視野。

付出的代價，只是一杯咖啡的價錢（當作入場料金），和難喝咖啡的考驗。

一般觀光客通常不會繞過教堂邊的小路往上走，所以這個咖啡屋可以算是知道的人才知道的「穴場」。

另外，CHACHA 旁神社前的空地，則是攝影高手拍攝函館港黃昏和夜色的據點。（注：CHACHA 咖啡之後改為 cafemountainBOOKs，咖啡、甜點、空間都好很多很多，可是 cafemountainBOOKs 也於 2012 年底暫時關閉，再開日未定。）

離開 CHACHA，往小徑坡道下去，正好是ハリストス教堂的前面，有些街頭藝術畫家和似顏繪的畫家。

其中有一位賣函館風景複製版畫的老先生，雖不是真正的版畫，但畫風和顏色的配置是喜歡的，加框也不貴，一幅大約 700 日圓，在猶豫挑哪一幅時，突然側耳聽見老人跟別的客人聊天，說他也會中文，忍不住插話，聊天後發現，老先生的中文可是字正腔圓的京片子呢。懷疑老先生是中國人，「不是，我只是在中國待過」老先生說。原來如此，有此緣分就更不能不買。

❶ 眺望函館景色

❷ 會說中文的函館老畫家

老先生用像是毛筆字的筆觸，一字一字地，用中文寫下「XXX（Milly 的中文名）2005 年 9 月 4 日在函館留念」。

雖然，Milly 遺失了金森倉庫內一杯雞尾酒的記憶，但是在函館的教堂下方，多了一個會說中文的老先生的故事。 ▶1160

函館拉麵，函館夜景，函館海鮮丼，都是必然要體驗的

到函館登高看夜景，同樣是必然的行為。

畢竟函館自稱該地的夜景是世界三大夜景之一，不輸香港太平山頂、義大利拿波里。

天氣不佳就罷，如果白天就是好天氣，或是像 Milly 一般幸運，當天在函館車站的港邊看見海面上壯麗燃燒的夕陽，那就更堅信當晚一定有完美的夜景，怎麼樣都要想辦法上山去。

前往函館山山頂看夜景，最直接的方式是從山下纜車口坐纜車。一趟是 640 日圓，往復券 1,160 日圓。纜車口就是在ハリストス教堂附近。

Milly 則是選擇在旅館櫃檯買一張夜景觀光巴士券，800 日圓。巴士會沿線到飯店接人，是有隨車車掌小姐（其實是歐巴桑）的觀光巴士。

看夜景之前，先去車站附近一間小小的朝市海峽拉麵店，吃了碗醬油味湯底的海鮮海峽拉麵 700 日圓，好吃。

本來該店還有賣 Milly 想吃的烏賊素麵（不是真的麵，而是烏賊切絲），可惜接近關店時間，賣完了。

函館拉麵以湯底清淡順口著稱，有一種說法甚至是，函館是拉麵的發祥地。

據拉麵通報料，原本大家以為最早引進發揚中華拉麵的拉麵店，是東京淺草 1910 年張開的來來軒。但另一個資料顯示，其實日本真正最早的拉麵店，是 1880 年函館開張的養來軒。

究竟真相如何？似乎還有爭論。但是函館拉麵比較清淡好吃，是 Milly 主觀認定的事實。

吃完了拉麵，9 點到飯店前面集合出發。一車滿座，因為要讓大家更清楚看到沿線夜景，上山時車內燈光全滅，意外增添了些神祕氣氛。

據車掌小姐說，每年大約有 30 萬人上山看夜景，但只大約 30% 的機會可以看到 90 分的夜景，而今天她預期，或許可以見到 100 分的夜景。果然上山頂後，在洶湧人潮的縫隙間，看見了超級無敵的完美夜景。一抹雲都沒有的，像是黑夜中寶石般的夜景。

車掌小姐下山時還開玩笑說，今天每個客人要加收 1,000 日圓，因為大家看到的，可能可以列入今年三大完美夜景的夜景。

帶著興奮的心情入睡。第二天不用咖啡土司，決定吃朝市的海鮮丼早餐。

但是，函館朝市的「海鮮丼」不便宜，1,500-3,000 日圓一碗。即使略為昂貴，依然不能錯過。吃一碗新鮮的海鮮丼，就如同吃進了函館美好的全部。

海鮮丼必吃，這毫無疑問，疑問是，這麼多間，要吃那一間？

每一家都稱自己是元祖，是最正統的函館朝市海鮮丼，可是，最正統就最合自己的口味嗎？

在做選擇之前，先看看函館朝市的背景。

應該這麼說，函館朝市本身是清晨五點就活力滿滿的傳統大市場，原本是比較雜亂，但現在跟金澤的近江町市場一樣，已經整頓成光鮮整齊的大市場。進步是好，Milly 還是忍不住遺憾，懷念著原本市場那種混亂中洋溢著的溫暖庶民的人情風味。

朝市有 450 多間攤位，賣著漁獲海鮮、蔬果、乾貨……等食材。市場攤販一般大約早上 6 點開始，中午 11 點多陸續結束。食堂的營業就長得多，晚餐時間都有營業。

看見滿滿的漁獲，和那一大箱 1,000 日圓的北海道男爵馬鈴薯、2,000 日圓一箱夢幻玉米，真想扛回家。

當然旅途上，只是妄想。若居住在日本，即使是在旅途上，填個宅急便單子，一樣可以新鮮到家。

❶ 函館拉麵清淡好吃
❷ 函館朝市的魚

❶ 成功看到函館夜景
❷ 物超所值的五色海鮮丼
❸ 2,000 日圓一箱的夢幻玉米
❹ 成功試吃到蟹腳

不能買，至少要吃到。如果是人潮比較洶湧的中午時段，混進人潮試吃，比較容易達成。6 點多的早上，就要靠點運氣，終於……在一家子大約 7 人正在試吃的熱烈情況下，Milly 從中間悄悄伸出手，獲得了一大塊肥厚的蟹腳肉。函館朝市螃蟹試吃，成功！

至於海鮮丼就要到市場邊食堂區的どんぶり丁。跟市場區一樣，已經遠離了原本漁港食堂的印象，轉型成百貨公司美食街的模樣。每間店都掛著各式海鮮丼的看板，各種組合，甚至有的店家推出了幾乎 50 種以上的配搭「海鮮丼」，真是眼花撩亂。

「惠比壽屋食堂」號稱是昭和 23 年（1948）創業的老字號，但是感覺不對，沒有理由。後來選擇了其中一間似乎是叫「一花亭」的 1,680 日圓五色海鮮丼，大約 500 台幣的早餐，吃完依然覺得物超所值。這裡還有所謂的七色海鮮丼，一色就是一種海鮮，當初想到這料理的人真是天才。Milly 吃的五色有最愛的海膽，吃在口裡鮮甜濃郁，大幸福。

帶著函館美食螃蟹、拉麵、海鮮蓋飯的記憶，滿足地離開，前進美瑛。 ▶1160

Day / 18

途中下車札幌，都會一下

函館沒有直達美瑛的列車，必須先由JR函館本線到札幌，而後轉到旭川，再從旭川轉乘JR富良野線到美瑛，前往薰衣草的富良野也是這路線。

7:20特急スーパー北斗1號函館出發，10:35到達札幌，車上有販售Milly最愛又健康的北海道名產十勝牛牛奶做的原味優格加蜂蜜，160日圓。

乘坐北海道的特急，樂趣之一就是買車上點心和冰淇淋，座椅前有專刊介紹推薦，不同線路還有不同的限量便當，手腳不快就買不到。

到達札幌，可以繼續換乘前往旭川的列車，但Milly決定先到新完成的JR札幌TOWER過境，買車上吃的中餐，順便急行軍，到時計台拍照。

10:35到達，最快順接前往旭川的特急是11:00，因為要途中下車，改搭12點的班次，因此預計過境的時間是一小時半。

函館－札幌－旭川的特急班次都還算頻繁，陷阱是JR富良野線的班次不多，幾乎都是一小時一班，試算轉乘時要特別留心。

匆匆到北海道地標之一的時計台到此一遊，順路再去北海道都廳一瞥，轉回JR車站時，發現了南口正對面光鮮明亮的大型紀伊國書屋，原來是舊址移轉過來，2005年四月全新開張的札幌本店。

想到之後在北海道還有很多旅程，又多是自然區域不是都會，於是在這裡採購了漫畫小說的文字食糧，購買午餐的時間就沒了，只好買個飯團充數。

北海道紀伊國書屋札幌本店，占地1300坪，號稱北海道最大的書店賣場。

旅途中有這麼大的書店，支援精神食糧和尋找資料是便利的，是要記住的好據點。一路旅行，山山水水不免貪戀起大都會，決定之後前往小樽時再途中下車好好體驗一下JR札幌TOWER。▶1160

❶ 札幌街道上的觀光馬車
❷ 購物中心札幌工廠 Sapporo Factory

一条館 2F
UNITED CINEMAS
Francfrancfranc
TAVERN
BRIAN BREW

北海道，真的很……大

從札幌到旭川，費時 1 小時 20 分，4,680 日圓，乘坐的是L特急スーパーホワイトアロー。

13:20 準時到達旭川後，轉搭 JR 富良野線。13:36 的列車，到達美瑛 14:09。

JR 富良野線沒有特急和急行列車，全線都是普通列車，要注意的是，每小時從旭川發車經由 JR 富良野線的列車都可以到美瑛，但不是每一班都會開到終點富良野。比較清楚的認知是，每小時有一班車到美瑛，但平均兩小時才有一班車經由美瑛前往富良野。

本來只是一個地方線，因為薰衣草田熱門了起來，但如此熱門的路線，從札幌到富良野卻意外地不那麼方便。

札幌－富良野利用 JR（旭川之前是特急），乘車費約 5,630 日圓，費時約 2 小時 40 分，如果不是堅持乘坐 JR，玩家還會建議你不如從札幌搭乘一日 10 個班次，費時 2 小時 50 分，只需要 2,100 日圓，直達富良野車站的北海道中央バス「高速ふらの号」。

這裡還要備註一個不能不留意再三的前提：北海道真的很大。有多大？舉例來說，單單從函館到札幌的距離就是 300 公里，而東京到名古屋則是 340 公里。可能是遷就北海道的廣闊，鐵道路線時刻表幾乎都是以特急為主，可以想像以普通車前進，試圖橫斷北海道大地是多麼壯烈。

先別管用什麼手段到了北海道，Milly 小小試算一下，單單是從札幌到美瑛，6:05 札幌出發，9:14 到達旭川，費時較多，但是還算是順暢。問題是，6:05 後下一班直達旭川的普通列車是 9:06，之後一整天就沒普通車直達旭川了，必須從札幌→江別→江部乙→旭川，轉接前進。而江部乙到旭川的班次一天只有 8 班，之後還要配合上兩小時一班到富良野的列車。

前往北海道的飛機多為團體包機形式，從東京到北海道已經是大移動，到了北海道也多是大移動。所以即使在北海道自助旅行三次以上，Milly 一次也沒試過 JR Pass 以外的票券。目前為止除了 JR Pass，Milly 還真不敢貿然使用其他票券。

除非有一天 Milly 的「鐵分」——鐵路狂熱的成分增加，或許才會嘗試利用 JR Pass 以外的企劃票券，利用寢台列車去北海道，然後制覇一些即將消失的地方線。

不同的建議發想是，如果手上沒有北海道 Pass 或 JR Pass 這樣的特惠票券，使用北海道方便又便宜的巴士，也是不錯的選擇。

▶1160

❶❷❸ JR 富良野線車窗外風景
❹ 最愛北海道的天空

1

2

3

4

沒有薰衣草的美瑛山丘還是魅力

這次前往北海道是9月，離薰衣草最好的季節7月已遠，即使如此，這趟24天的旅程中，Milly在鐵道上最密集遇見台灣和香港遊客的，就是這一段。

有的人是衝著可能還能看見薰衣草的期待，有人是為了拍攝美瑛的山丘，更多人是為了這裡的Pension。

在美瑛和中富良野車站之間，有一個稱之為ラベンダー畑（薰衣草田）的臨時車站，最接近薰衣草田，在薰衣草旺季6、7、8月的週末假日一天一往復地停靠。JR北海道的網站上會很清楚地列出薰衣草季節的企劃專案票和季節列車，旅行前可以上去點選參考。www.jrhokkaido.co.jp/network/kipp/kipptop.html。

市面上有很多北海道薰衣草的旅行資料書籍，Milly要多管閒事提醒一下的是，雖說路上巧遇的台灣女子團遊客說她們在美瑛的「四季彩の丘」看見零星的薰衣草，但薰衣草季基本上還是在6月到8月初，即使一些命名為「ラベンダーフリーパス」（薰衣草Free Pass）的企劃票券，使用期間是6/4-10/30，千萬不要因此就誤解9月也可以看見薰衣草。

薰衣草田已經全數翻土整地中，9月楓葉還有些早，雪季遙遠，還是來到美瑛，要體驗的是美瑛美麗的丘陵。

美瑛，日本最美麗的山丘城鎮。你可以選擇租腳踏車或租車遊覽美瑛山丘，Milly本來企圖徒步瀏覽，但美瑛車站邊觀光服務處的親切阿姨建議，最好不要做出這樣無謀的舉動，於是改搭「觀光Taxi」，來完成パッチワークの路的體驗。 ▶1160

1 セブンスターの木
2 親子木（右）

❶ Taxi 遊美瑛山丘
❷ ケンとメリーのポプラ木

乘坐 Taxi 兜風美瑛

パッチワーク（patchwork）是拼布的手工藝，用來形容美瑛的丘陵。不同農作花田及平野，以大自然的顏色，呈現出拼布般的景緻。路線包含ケンとメリーのポプラ木、セブンスターの木、親子の木、北西の丘展望台、マイルドセブンの丘，約一小時行程。

如果沒有騎腳踏車的體力，這種一輛車一小時5,400日圓的觀光計程車，人數多分攤下來不至於太貴，其實還挺划算的。

計程車都是在美瑛站前排班，每個據點都會停下來，讓你有拍照的時間。小小的缺點是你可能比較無法充分盡興，自由地隨自己的心情多留一些時間。好處是，像Milly這樣在下午到達，一個小時就能很精準地的瀏覽一些美瑛山丘的據點，不失便利。

ケンとメリーのポプラ木是汽車廣告，セブンスターの木和マイルドセブンの丘是香菸廣告的拍攝背景，都因此而出名。親子の木則是因為山丘上的三株樹兩大一小，像一對夫妻護衛著小孩般佇立山丘而定名。

其實就算不知道這些故事，光是駕車兜風在山丘間，已經是心曠神怡。舉起相機一拍，幾乎誰都能拍出傑作。難怪美瑛一直是攝影家最愛的拍攝地點，四季流轉有不同的景致和魅力。

北西の丘展望台是山丘邊的錐形建築，可以360度看見丘陵全貌，還可以看見大雪山連峰。

雖說小小敗家坐了計程車，能拍到美瑛山丘的美景，也是值得。

▶1160

美瑛車站邊的經濟住宿

這次 Milly 沒選擇美瑛周邊的 Pension，改住宿在 2005 年 4 月 29 日新開張的ラヴニール Hotel，位置一流，就在美瑛車站邊。因為旅館也是美瑛町ふれあい館的所在地，可以在這預約一些美瑛的農業體驗、農產加工和料理教室。

可能旅館本身是美瑛町的設施，自助早餐非常豐富健康，可以吃到北海道美瑛豐富農牧物產，馬鈴薯、玉米、優格、牛奶……房價含早餐 7,000 日圓，房間很大又乾淨舒適。如果不是那麼憧憬美瑛的民宿，這裡絕對是經濟便利的好推薦。

美瑛町雖說自然景觀豐富，整個城鎮也很用心地規劃，乾淨整潔，但晚上的確是有些過於安靜地無聊。因為手上有 JR Pass 不限次數乘坐，於是 Milly 從美瑛轉車去都會的旭川，需時約 38 分。

在旭川逛逛站前商圈，在號稱元祖旭川拉麵的一藏吃了碗出名的旭川拉麵 700 日圓，然後坐晚間 9:52 的列車回美瑛，旅館就在車站邊，安全地 10 點半以前回到旅館。

▶1160

❶ 旭川拉麵元祖「一藏」
❷ 美瑛消防局
❸ 美瑛黃昏散步
❹ 美馬牛車站邊的青年旅社

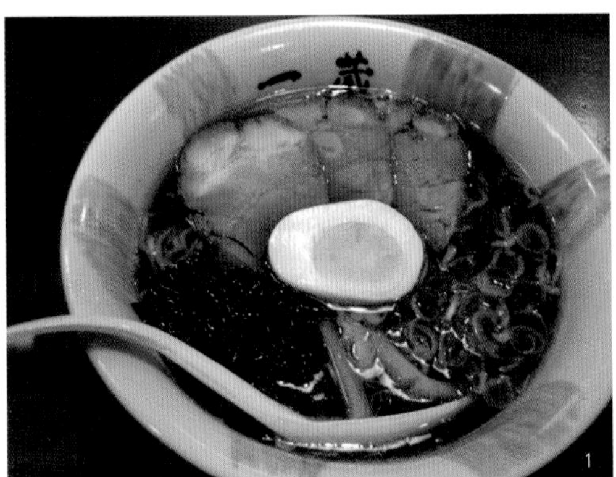

1

2

3

4

攻略

積極善用 Pass 的無限制

Milly 如果手上有 Pass，會比較希望晚上也能來回一些地方，尤其是住宿在比較沒樂趣的地方時。

記得一次在山形附近的米澤，這地方方便下一站的旅程，但晚上真的很悶，於是利用 JR Pass 花了一個多小時新幹線前往仙台，在仙台吃了仙台名料理炭烤牛舌套餐，然後再乘坐新幹線回米澤，車費來回是一萬多日圓，晚餐是八百多日圓，多奢侈的行動。這就是使用 JR Pass 的極致享受。

Pass 意味著無限次數，善用這一點，可以讓旅行更順暢舒適。例如你要到 A 地，但乘坐夜車，凌晨 4 點多就到，哪都不能去，在候車室等又很辛苦，不如就繼續坐到更遠的 B 地，再轉回 A 地。這樣聽起來或許是浪費了時間，但是在旅行的舒適上則是勝過一切。

順便計算，函館到美瑛，同時來回旭川的 JR Pass 當日積分，14,860 日圓。9 月 3 日至 5 日，這三日的 JR Pass 已經累積積分 44,060 日圓，就是說已經超越基本底價 28,300 日圓很多。

Day / 19

出發到帶廣

從美瑛到帶廣，因為住宿帶廣之前還想更前進到釧路一遊，行程遙遠出發時間提早。也因為提早，早起的散步得以在美瑛車站周邊拍到了晨霧中朦朧的鐵道和田野。

濃濃的晨霧，對於在亞熱帶都會生活的人來說，是難得又浪漫的景緻。

說要提早，但還是要以當天最順暢的接駁來考量。例如，最早前往富良野的班次是早上 6:27（有些日期是不運轉，要注意），7:04 到達，可以轉乘 7:22 直達帶廣的列車。10:04 到達帶廣，要去釧路可以坐 10:09 的普通車，12:57 到達；或是 11:36 的特急スーパーおおぞら 3 號，13:03 到達。

可是那天 Milly 選擇的是 8:21 出發的列車，因為可以直達帶廣，不需要在富良野轉車。同時在帶廣之前的新得下車，10:44，可以接上 11:08 的特急スーパーおおぞら 3 號，同樣 13:03 到釧路。

6:27 和 8:21，相差幾乎兩小時，但卻是同樣時間到達。有較為悠閒的出發時間，換車次數也較少，這再次驗證多翻時刻表，找出最完美的接駁路線有多重要。 ▶1160

去釧路的火車沿線很有故事

從美瑛出發，沿著 JR 富良野線到達新得。富良野是國人很熟悉的地名，在這車站可以看見很多讓富良野出名的連續劇《北國之春》（北の国から）的資料和形象重現。另外富良野還有個有趣的稱號是「北海道的肚臍」，可能是指它在北海道中央偏下，像是肚臍的位置。

富良野－新得是根室本線，車窗外，一面是十勝山連峰，一面是夕張平野。然後列車繼續前進，經過金山站，右手邊可以看見壯麗的かなやま湖。夕張，想到哈密瓜，十勝就想到「豚丼」，還有 Milly 最愛的製作十勝優格的牛乳。而經過かなやま湖後的「幾寅」，則是拍攝高倉健電影《 道員》的車站，只是電影中這車站改名為「幌舞」，所以這車站會很微妙地同時掛上「幌舞」的站牌。

而不說不知，原來新得有「日本第一蕎麥之鄉」的稱號。Milly 只觀察到，轉搭上特急列車後，意外地有很多西裝上班族，畢竟新得是前往釧路的必經之地，可能這些上班族都是從札幌到釧路或轉到旭川去公差的。

回程時的特急，同樣是西裝上班族滿滿，可能是公差回來。特急上的便當於是幾乎被搶光，Milly 走了幾個車廂，好不容易才搶到一個 750 日圓的十勝豚丼便當。

從新得到帶廣，窗外就是日高山脈，然後可以看見廣大的農田和牧地，偶而還可以看見牧地上的牛群。而帶廣到釧路之間的「池田」是葡萄酒產區，從池田車站出去可以到山丘上的池田紅酒城堡。

Milly 沒有途中下車，因為釧路有美味的「勝手丼」在等著。 ▶1160

攻略

有「運轉日注意」的字樣，就真的要注意

在這裡也要做個小小提示，關於「運轉日注意」這個經常出現在時刻表上的字樣。

只要是標明了「運轉日注意」，就意味著這班列車並不是每天都運行，可能只是「臨時列車」，可能是「期間限定」，可能只在「平日」或「休日祭日」運行。

所以標明了「運轉日注意」的列車時刻，就真的要很注意。錯開一班列車，接駁的方式就會大大不同，班次少的路線尤其要小心。

如果是月台上的時刻看板，有運轉日就要注意時刻，在時刻旁邊有註明標誌或時刻顏色不同的，都要留心去 check。

❶ 車窗外的山與平野
❷ 特急上的出差上班族
❸ 十勝豬肉排便當
❹ 到達釧路站

釧路沒見到丹頂鶴，沒踐踏到濕原

1

釧路最有名的是釧路濕原和濕原上的丹頂鶴。

Milly 其實真正的目標是釧路車站邊「和商市場」的勝手丼，但是想到自己只為了一碗海鮮蓋飯，就如此長途跋涉，好像有點不長進，所以才加上了大自然鑑賞，加入了前往釧路濕原展望台的行程。

實際上坐巴士到釧路濕原展望台，看不見明顯的濕原。倒是在列車前往釧路的沿線上，看見了廣闊的濕原景觀。

列車經過「厚內」站後，立刻變成沿著海岸行駛。突然 Milly 的記憶浮現，某年某日的一個冬日，Milly 也曾經經過這個路段，當時海面上下著大雪，灰沉的天際，無邊的大海和飄落在海上的雪花，非常非日常的景緻，Milly 似乎被移轉入一個小說的情境中。這畫面一直在記憶深處，因此 Milly 總是如此迷戀著鐵道旅行，更迷戀著經過海岸的鐵道路線。

而在接近「古瀨」之前，太平洋海岸邊一面茂林，正是濕原的模樣。

至於真正能看見濕原的區域，除了釧路濕原展望台外，還有從 JR 標茶車站過去的塘路湖區域、JR 茅沼車站過去的シラルトロ湖區域，以及從 JR 釧路濕原車站過去的細岡展望台區域等等，意外的釧路濕原國家公園比想像中大得多。

Milly 出發前天真地以為，只要到達釧路市濕原展望台，就可以眺望到廣闊無邊的濕原和濕原上的丹頂鶴。事實證明，首先季節不對，再者位置也不對，所以沒看見丹頂鶴，也看不見想像中的濕原。

要看丹頂鶴，最簡單的方式是前往「丹頂鶴自然公園」，但如果要看見在自然中生息的丹頂鶴，就只有在冬季和初春的釧路濕原保護區內。

至於在鐵道迷間超級熱門，來往於標茶到釧路之間的 SL 冬の濕原號，是在 1-3 月運行，種種跡象顯示，最適合來釧路的季節應該是冬季，或許還可以順線前往網走看流冰。

而最能接近濕原，不用透過高度望遠鏡的觀察點，資料顯示似乎是コツタロ濕原，開車去最方便，乘坐 JR 要從 JR 塘路站走到コッタロ第 3 展望台，約 8 公里兩小時，除非是對大自然觀察真的很熱誠，否則很難行動。

如此這般，Milly 在以交通方便為前提，和不知道釧路市濕原展望台不能用肉眼看見濕原景觀的情況下，選擇了從釧路車站搭乘巴士就可以前往的釧路市濕原展望台。在釧路車站內的觀光案內所詢問好巴士站及和商市場的位置，查好回程的列車，估計可以在釧路滯留的時間是三小時（13:03 到達，16:18 分搭乘特急回帶廣）。

在釧路車站旁坐上往「鶴居保養中心」的巴士，在展望台下車，費時約 40 分，沒有往復券，一趟 660 日圓。

到達展望台，熟悉的景象，這才又回憶起 Milly 來過這展望台，某個冬季在大霧濕冷的情況下。

來過是真實的，記憶卻已經曖昧。但記得只是到此一遊，也沒看見丹頂鶴。

展望台的建築，有說是參照古老西歐，Milly 倒以為像是原子小金剛的祕密科學基地。建築本身是很有趣，花 360 日圓進去看的丹頂鶴生息標本區，嗯……不是太有趣。可是不進來，就無法登高看遠，但即使到最高層，還是看不到想像中的濕原，只是延展開來的一片茂林。

從展望台走向步道，心想應該是不錯的散步道，或許可以深入濕原，距離 15:08 巴士來之前，還有些時間，於是啟程。竟然沒有其他遊客，步道愈走愈深，不錯的步道，可是似乎見不到盡頭，讓人有些擔心。更糟的是……居然看見「小心熊出沒」的警告牌，天啊！如果一個人被熊給吃了，多慘。

恐懼中，還來不及到第一個小廣場，就連忙回頭。

突然間！草叢中有騷動的聲音，熊？冷汗都出來了。Milly 還有很多旅行要前進，不想被熊吃掉。

果然遭遇了生物，（笑）一隻危險的小松鼠。

北海道的森林總是有熊的聯想，都怪「小心熊出沒」的紀念品過於暢銷。

展望台下方的步道，約有 7 公里，走完需時一個小時以上。

▶1160

❶ 釧路幣舞橋
❷ 與記憶重疊的灰沉天際及大海
❸ 濕原展望台

2

3

任性的勝手丼真是美味

搭上15:08的列車回釧路車站，但列車居然遲到了5分鐘，Milly原本預計16:18轉特急之前有大約30分鐘，這下就只剩下25分，以5分鐘衝向車站右側過馬路向前的和商市場，以5分鐘時間拍照，選好自己的勝手丼，5分鐘吃完，5分鐘衝回車站，拿出寄放好的行李，衝向月台（汗！），成功。

匆忙得幾乎無法確實品味勝手丼的美味。但真的異常美味，美好的味覺記憶，不枉費舟車勞頓來到釧路。

勝手丼是什麼？首先「勝手」在日文是任意、任性、自我、隨性的意思。例如，勝手にしろう！就是「隨便你啦」。

誰發明這勝手丼？不是很清楚，據知是一些年輕的旅人，來到了這有豐富釧路魚鮮的市場來，但是貧乏的旅行中，只能在熟食屋內買碗飯，買一些些海鮮（生魚片）放在上面，這就是最早的勝手丼。

這些寫遊記的貧乏旅人，透過文字和網站傳播，沒多久這可以自己搭配的和商市場海鮮蓋飯，就在旅行者中傳開了。商家看見這趨勢，就順勢推出了勝手丼，現在已經成了釧路和商市場的名料理。

勝手丼的流程是，先要買碗飯，小碗120日圓，中碗240日圓，大碗300日圓。然後在不同的店家選擇想吃的熟食或海鮮，不同的店家，分別付費。

其實每一家攤位都有豐富的海鮮，足以搭配出自己獨特唯一的海鮮蓋飯。隨自己的意搭配出的海鮮蓋飯，所以稱之為「勝手丼」。

Milly那天買的是小碗飯，蟹角、鮭魚、魚卵等，一共1,200日圓，不騙你，超好吃。

如果時間不夠，可以選擇外帶盒。和商市場早上8點至下午6點營業，星期日是定休日。

雖然說在釧路總是遺憾不能更自然地接近濕原，但只要有勝手丼，就一定會再來釧路。

屆時除了真的深入濕原外，還想搭乘SL冬の濕原號，想去品嚐釧路圍爐炭烤的「炉ばた」海鮮料理，當然還要重溫勝手丼的滋味。 ▶1160

森林中的旅館

一張圖片，勝過一切。

Milly 不只一次因為一張雜誌上或網路上的圖片，開始了一個旅行。同時因為一張照片，憧憬一個住宿。

因為一張登載在 MOOK Visita 上、從房間看出樹林的照片，Milly 於是怎麼都想入住這間「北海道 HOTEL」。

乘坐 16:18 的特急，17:45 到達新改建、現代寬廣的帶廣車站，從車站南口出去，停車場前有旅館的接駁車，依舊沒有接駁車站牌和指示牌，必須從巴士車身的飯店字樣辨認。

「北海道ホテル」位於北海道帶廣，明治 32 年（1899 年）就開業，期間歷經幾次翻修改建。

帶廣擁有最北海道的風景，北海道ホテル則是位於帶廣，很像北海道旅館的旅館。

飯店的設計主題是：一個小森林中的旅店，距離車站車程 5 分鐘的位置，一進去旅館卻真的像是進入一個遠離市區的小森林中。

從面對森林的餐廳落地窗看去，有野鳥有樹林有草地，真的有置身森林的錯覺。

因為是森林中的旅店，堅持使用自然的、同時不破壞自然的建材。大量使用木質裝潢，外牆的煉瓦是十勝土燒製而成。

館內整體的氣氛，是溫暖度假屋擴大版，另外有很舒適寬廣的大浴場、設計風的溫泉池，讓人根本不想使用屋內也很舒適的浴室。

最喜歡的是 Lobby 的壁爐前沙發座，背向大廳面向火爐，坐在上面像是置身自己的別莊。

❶ 雨中的北海道 HOTEL
❷ 溫暖的北海道 HOTEL 房間

除此之外，大廳邊的「森的教會」是可以舉行婚禮的地方，瓦磚的拱門造型，拱型窗邊是陽光下的神壇。

在這裡結婚的誓言，在大自然的守護下，或許會更純潔吧。

房間分舊棟的日高ウイング和新棟的ガーデンウイング。前者是比較傳統的房間，後者是1991年重新裝修改建，內裝比以前更柔和也較現代風。

Milly這次比較奢侈地從網路上預約有陽台的15,500日圓雙人房，單人住宿含早餐。一走進房間，Milly就一下子變成了「幸福的Milly」。床舖是乳白柔暖的色調，看出去寬廣的陽台。進去房間就哪也不想去了。

www.hokkaidohotel.co.jp/，這是旅館的網站。一些旅館網站呈現的是有些失真的精緻，這網站也是失真，因為幾乎不能呈現「北海道ホテル」美好的舒適氛圍。

真正住宿過，這旅館的印象已經勝過當初那張照片，推薦你來到北海道住宿這間位在帶廣的旅館，請預約ガーデンウイング，有陽台或是一面玻璃面向廣大庭園的房間，絕對是物超所值的住宿。

在舒適的床褥中，充分睡眠之後，在最森林氣氛的餐廳BIRD WATCH CAFÉ用早餐。餐廳顧名思義就是能看見大落地窗外中庭草地野鳥玩耍的餐廳，天氣好的時候還可以打開落地窗，成為開放式的庭園餐廳，可是那天是個颱風前夕的陰雨天。不過雨中濕潤鮮明的綠蔭，有不同的吸引點。

早餐是套餐形式，不是自助餐。可以選擇和風、和洋風，食材是強調健康和十勝食材。

其實這北海道HOTEL，在帶廣不單以舉辦森林婚禮而出名，也是當地人會特定來品嚐美味的人氣餐廳，即使是一客超過1萬日圓的鐵板燒套餐，住宿當晚所見也是預約客滿。飯店更在網頁上強調它堅強的金牌得獎主廚群，如果行程更充裕，在此午餐晚餐奢華一下，或許是個不錯的主意。

▶1160

❶ 雨中的帶廣
❷ 北海道HOTEL
❸ 北海道HOTEL的教堂

1

2

3

小帖

旅行上「吃」的想法

這裡分享 Milly 旅行上「吃」的想法。

鐵路旅行最基本的美食是鐵路便當，不同路線有不同的地方特色便當，但是日日便當也枯燥，何況不是每個路線都有適合吃鐵路便當的列車環境。

其他的考量，早餐多數是在旅館內，或在站前買杯咖啡配甜甜圈或飯團，午餐、晚餐多數是地方特色料理，四國是烏龍麵和鰹魚，北海道是海鮮蓋飯和拉麵，名古屋是咖哩烏龍或是豬排飯、炸蝦壽司，京都是箱壽司、京豆腐、京野菜，熊本是馬肉，福岡是屋台料理……等等。

邊吃邊走，邊吃邊玩是旅行重要的情緒，無法進餐廳吃，就利用百貨公司的地下美食超市外帶，或是善用試吃機會，例如京野菜的醃漬物，Milly 都是在錦市場充分試吃的。

偶而可以在飯店餐廳奢華一下，但是盡可能不要日日飽食，考量預算，有時儉約有時奢華才有差別的樂趣。然後長途旅程上 Milly 多數會穿插 Pension 或溫泉旅店的住宿，兩者多是一宿兩餐，有美食的期待。如果在 Pension 和溫泉旅店住宿之前，就會比較節約飲食，留著空腹期待美食。

Day / 20

帶廣前進小樽，把都會留給黑夜

9月7日，從帶廣前進小樽。

先計算一下9月6日的JR Pass積分，美瑛→釧路→帶廣，11,500日圓。

一張7天的JR Pass票面價是28,300日圓，平均一日是4,042日圓，如此容易看出JR Pass在大移動上的優勢。

從帶廣前往小樽，先乘坐特急到札幌，再轉車到小樽，原本可以順線到札幌都會一遊。但是在經驗上來看，小樽這樣的城市晚上可以去的地方比較少，不如晚上再乘車前往札幌，集中在JR札幌TOWER吃喝玩樂。因為不用出車站，餐廳賣店都在一棟大樓內，即使颱風過境的雨天，也可以舒適消費。早些到達小樽，把白天留給觀光地。

善用Pass無限次數乘坐的特性，讓白天黑夜有不同的風味。 ▶1160

幸運巧遇銀河鐵道列車

在帶廣乘坐特急時，意外遇到了本來不會在帶廣出現的銀河鐵道列車，幸運！立刻拍照留念。

為什麼說是意外遭遇？因為這命名為「ふるさと銀河鐵道」的列車，是行駛在北見到池田間的北海道ちほく高原鐵道，不是JR，是私鐵的路段。怎麼會在JR帶廣的月台出現？回到台北查了一下冬季的時刻表，才恍然大悟，原來這班列車是所謂的「快速銀河」，9:20從北見出發，到達池田後繼續開到帶廣，之後13:54沿同路線回北見，一天中只有這麼一班開到帶廣，Milly看到的或許就是這班列車（只是因為夏季冬季時刻表不同，時間或有差異）。

帶廣到池田是JR，然後接上ちほく高原鐵道，不用下車轉車。不論是在北見或帶廣購票，都會計算兩個不同鐵道會社的票價。此路段單程費用JR是440日圓，ちほく高原鐵道是3,410日圓，費時約3小時。

「ふるさと銀河鐵道」的車身畫上松本零士的動畫卡通「銀河鐵道」的人物メーテル和哲郎，愛稱為「銀河鐵道999號」。メーテル就是卡通中那飄著長髮的美女，金色的長髮飄逸在整個車身上，車頭上畫的則是哲郎。（注：ちほく高原鐵道已於2006年4月21日全面廢線）

▶1160

小樽以記憶引導的私家路線

❶ 小樽 GRAND HOTEL CLASSIC
❷ 舊銀行改裝的 Hotel
❸ 銀行 HOTEL 的咖啡屋

到達小樽後，先 check in，然後立刻開始小樽半日遊。

小樽和函館相同，也是 Milly 來過三次以上的地點，旅遊就只選重點地重溫。以下就是 Milly 想分享的小樽私家路線。

第一次住宿小樽，以往都是住在札幌，這次嘗鮮住在小樽的「小樽グランドホテルクラシック」（小樽 GRAND HOTEL CLASSIC），就在小樽運河走路約 3 分鐘的地方。

是由小樽貿易興盛時留下來的大正時期風味舊建築所改建，一進去，大廳的水晶燈和歐洲風的扶梯，讓人有時光倒流的錯覺。

住宿費很經濟，不過是 6,000 日圓。小小的問題只是像 Milly 這樣的膽小鬼（或許比一些不敢一人睡的好一些），一方面貪戀著飯店歷史遺址的風情，卻又想東想西，幻想著歲月沉澱中是不是有一些「什麼」不願離去，還停留在舊樓中。只是意外地，那晚風雨中一夜好眠，旅途的勞頓幫了忙。

Milly 某年某月曾和朋友在小樽旅行時，迷路中誤闖了一間舊銀行改裝的 Hotel，在這飯店的 Lobby 咖啡屋喝過咖啡，之後 Milly 的小樽就有這麼一間旅店，奇妙的是之後來到小樽，卻怎麼找都找不到和印象符合的那間 Hotel。這次選擇小樽 GRAND HOTEL CLASSIC，一度以為或許就是那間記憶中的旅館。實際入住，很快就知道不是。

不過有趣的是，從飯店出去，朝小樽運河走去時，卻發現斜對面有間「HOTEL 123 小樽」，似乎……就是那多年前印象中的 Hotel。

小樽散步

為了確認立刻進入，或許就是，只是隨著歲月的流逝，過多的商業介入，原本利用銀行挑高天井建構出的大廳和咖啡屋，已經被一些商店分租，咖啡屋被擠到邊角的窗側去了。

資料顯示，這是原「北海道拓殖銀行小樽支店」改建，1923 年開始營業。當時的銀行金庫也都改成了房間。

這時會想，或許不發現這 HOTEL 123 小樽更好，如此在小樽 Milly 就永遠會有一間浪漫的夢幻飯店，在回憶中完美存在。 ▶1160

GO! Milly 的小樽一定有海貓屋

北海道是國人的熱門旅遊點，其中函館、札幌、富良野以及小樽，更是熱門中的熱門。小樽要怎麼玩，一多半是由旅行團決定，此外還有多種旅遊書可以參考，關於旅遊小樽，無需多說。至於 Milly 的小樽私家路線，除了小樽運河、運河邊倉庫的餐廳和北一硝子館外，一定要再次去拜訪的是海貓屋。

專心去海貓屋。只要有海貓屋，對於小樽，Milly 就絕對滿足了。

海貓屋的位置，說難找……倒也還好，但第一次循圖找去，的確是大迷路。

Milly 建議以地圖上小樽市博物館和小樽觀光物產プラザ為目標，因為海貓屋就在這後方的巷子內，偏離熱鬧的區域，周圍海外觀光客比較少。

其實，私心一點來說，Milly 真的不是那麼想介紹海貓屋，希望它能一直那樣安靜地悠閒地存在小樽的角落，只等著被它迷惑的人一次次地拜訪。

巧合的是，Milly 在南阿蘇住宿的 Pension 也是名為海貓屋。

Pension 海貓屋為什麼叫海貓屋？資料上無線索可循。那麼小樽的海貓屋，為什麼叫海貓屋呢？

以前與其說海貓屋是一間咖啡屋，不如說它是一間 Live House 氣氛的酒吧。海貓屋的主人增山誠先生在 1976 年 6 月開了海貓屋咖啡屋，建築本身是 1906 年興建的三層煉瓦建築「磯野商店」，這建築首先是被小樽出身的小說家小林多喜二當作小說《不在地主》的故事背景，之後又再次於 1986 年被村松友寫入小說《海貓屋の客》中。

數十年來，海貓屋多次成為廣告、電影和連續劇的拍攝地。可是老闆增山誠說海貓屋已不再是小說中呈現的模樣，因為在 1990 年大整修後，成為供應咖啡、酒和無國籍料理的咖啡屋。

一樓是有吧檯的酒吧，二樓是以自然木質、煉瓦和幽暗的燈光營造的餐廳，冬天還可以升起溫暖的壁爐。

小樽海貓屋

1

❶ 充滿油燈的咖啡屋
❷ 海貓屋的咖啡
❸ 海貓屋有吃過最好吃的海鮮丼
❹ 小樽玻璃碎粒

可是為什麼海貓屋叫做海貓屋？似乎還是找不到線索，海貓是海鳥的一種，因為叫聲像貓而得名。海貓屋位在港口邊，或許因此叫做海貓屋。那 Pension 海貓屋在山上，又為什麼叫海貓屋？

希望有一天能找到答案。

當初看到雜誌文字敍述，第一次來到海貓屋，點的是作家椎名誠推薦的海貓屋咖哩。

另一次只是來喝咖啡，這次本來還是要點 30 年來風味不變的海貓屋咖哩飯，但是被菜單上的海貓丼給吸引，雖說價錢有些高，1,890 日圓一客，但是看到「老闆特別推薦」，相信他，試試看。

當海貓丼華麗地出現後，Milly 就知道自己做了完美的選擇，一口吃下去，幾乎可以馬上確信，這是 Milly 吃過最好吃的海鮮蓋飯，也是這次旅行中吃到最好吃的料理。

海貓丼，視覺、味覺、誠意都是滿分。新鮮的干貝、大蝦、海膽、生蟹角肉、魚子和季節鮮魚毫不吝嗇地組合著，配上西式青菜，淋上義大利黑醋和胡麻油混合的獨家醬料，舖在和風醋飯上，成為一道洋風的獨特海鮮蓋飯。

颱風過境接近兩點的午餐，二樓除了 Milly 在滿足品嚐著海貓丼之外，只有一位喝著酒吃正式中午套餐的中年男子。這時一個穿著廚師衣服的小鬍子中年人上樓來，跟男子攀談示意。Milly 也趁機伸出大拇指，大大稱讚絕美好吃。

寫這段文字，查看資料時才恍然大悟，留著小鬍子的中年人，不就是海貓屋的老闆兼主廚增山誠先生嗎？資料說，他是一個很有個性的偏執者，（笑）好在 Milly 沒做過多多餘的反應。

滿足地午餐之後，風雨略小，繼續散步。

白雪覆蓋的小樽運河最美，陰雨中則另有風情。只是有風有雨，戶外不宜多逗留，就到了北一硝子 3 號館「北一ホール」點了蛋糕，在室內去去濕氣。

這寬敞的咖啡屋「北一ホール」是明治時期的木骨石倉庫改建，最大的特色是有 167 盞油燈裝飾著，營造出離世夢幻的氣氛。但是主觀建議不要對這裡的咖啡和蛋糕存有期待，因為真的很一般。

空間一流無庸置疑，餐點就忍耐些。

去札幌之前，在一間玻璃創作工房買了一包便宜的 230 日圓小樽海洋色玻璃碎粒，作為到此一遊的紀念。

▶1160

沿著海岸前往札幌

小樽前往札幌，約 50 分，快速線約 30 分，班次密集。晚間 11 點以前，都有列車。

小樽車站，2000 年在保存昭和時代風情的前提下改建，算是鐵路迷眼中的名站之一。不要忘記留意一下月台上特殊的油燈，尤其是第四月台，在 2003 年為紀念跟小樽很有地緣關係的藝人石原裕次郎，改名為裕次郎ホール。

列車走 JR 函館本線，在小樽築港站之後，沿著日本海的海岸前進，尤其朝里－錢涵之間，不時可見海浪猛烈拍岸的豪邁景象，可以期待。這天是颱風過境，海浪澎湃，興奮之餘，多少還是有點擔心明天的旅程會不會受颱風影響。

9 月 7 日，預計午後颱風會從東南方直撲北海道，入夜轉強，受影響最大的區域是釧路、根室和知床半島。

從小樽出發前，Milly 在みどり窗口事先劃好 9 月 9 日從俱知安回東京的位子，因為怕俱知安車站較小，不易劃位，也預防颱風天可能擁擠的狀況。好在預先劃了位，因為 9 月 9 日真的是班班滿座。

▶1160

鐵路不通！

這時看見預約窗口一些年輕人在詢問，原來很多夜車和渡輪都停駛了，他們被困在小樽，前進不得。

遲到已經夠慘，停駛真的是鐵路旅行的大考驗。如果列車因為天候而停駛，應變的方式可能是臨時巴士接駁，或只能等路線開通。

Milly 在東京滯留期間，常看見新聞報導說因為大雨大雪或是停電等狀況，造成列車或新幹線停駛，乘客忙著轉換其他路線，或只能在車廂內枯等。

看見公告上寫著，本日因為颱風 14 號接近的關係，往上野下午四點以後的寢台列車和前往青森的急行運休（停駛），造成乘客的不便，真是非常抱歉，詳細情形請詢問站員。

看到受影響的乘客，想到好在 Milly 前一天已經去過了釧路和帶廣，否則真不知怎麼應變。

Milly 這次的日本縱貫旅程，一共和三個強颱擦身而過，颱風幾乎都是本來要直撲 Milly 要去的路段，後來卻轉向，或 Milly 前腳才走，颱風就撲了過來。

台北的同事都以為 Milly 一定被颱風害得很慘，好在……沒事，感謝旅行之神。

天災、人禍和意外造成交通大亂，誰也不希望遇見，真是不巧遇上，只有冷靜應對，此外似乎別無他法。

日本一向以新幹線零失誤自傲，但在一次地震造成新幹線脫軌的事件後，雖沒造成重大災害，神話也破滅了。除此之外，2005 年 JR 東日本西日本都發生了列車脫軌的重大死傷意外，造成社會頗大的衝擊。

因為是意外，不能預防。要提醒的只是，日本雖然號稱是列車準時第一的國家，遲到還是難免，鐵路旅行要有熟練運用時刻表的技巧和放輕鬆的通融。

夏季是颱風或豪雨，冬季是豪雪，出發前和旅行中注意氣象也是基本。 ▶1160

❶ 小樽車站
❷ 月台上的油燈
❸ 北海道多雲的天空

GO! 札幌湯咖哩很人氣

到達札幌車站，在樓高 38 層的 JR TOWER 內，絲毫不受風雨影響地閒逛 160 多間店舖和百貨公司。

在多方猶豫之下，選擇了近年來在札幌超人氣的湯咖哩作為晚餐。湯咖哩有多風行，看車站邊的紀伊國書屋札幌本店內居然有湯咖哩食譜和餐廳介紹專區，就可以略知一二。

這大樓的另一個特色是，不同角落有不同的現代雕塑和設計座椅配置展示，拿著詢問處要來的大樓導覽，一個個搜尋，或許也是不錯的雨中室內活動。

充分享受都會之後，第二天是北海道壓軸，期待中的自然大地民宿之旅。 ▶1160

Day / 21

車站和旅館的友好關係

旅行中最理想的住宿是在車站邊，早上趕車或晚間到達都方便。

9 月 8 日 Milly 在颱風過境的風雨中，乘坐早上 8:09 前往長万部經由ニセコ的列車， 免行李打濕，向旅館準備早餐的阿姨們借了垃圾袋包住行李，雖說不是多完美的保護，好在旅館離車站腳程是 15 分左右，總算不至於過於狼狽。

當然如果旅館就在車站邊，甚至可以連通車站就更完美。例如在東京澀谷新南口的ホテルメッツ，就是跟車站連結的商務旅館。這個商務旅館系統是 JR 東日本自己所經營，利用集團的優勢，所有旅館都跟車站直通，價錢也都是 10,000 日圓上下可以接受的範圍。http://hotel.eki-net.com/mets/，可以上網查詢，不過網路訂房是要先入會。

一般來說，在主要幹線尤其是轉運點的車站附近，都會有不少站前旅館，只要不是遇上旺季以及大型活動或大型展覽，要臨時請車站內的訂房服務窗口找間預算內的旅館，不是太困難。

以青春 18 長期旅行者的預算來看，5,000-8,000 日圓是基本，超過就有些富貴。當然還是以自己的旅人個性和預算來計畫，像 Milly 這樣號稱大人的青春 18 旅行，青春 18 只是移動的手段，住宿就是以自己的憧憬邏輯和方便邏輯來搭配，都是主觀準則。 ▶1160

STELLAR
PLACE
APIA

小帖
睡車站是很年輕的衝動

真的訂不到房，睡車站是手段之一。

Milly 的經驗中有過兩次睡車站的經驗，一次是坐車下站時已經凌晨 1 點多，想反正下班要乘坐的車是早上 6 點多，不如就在月台的候車室混過，節約經費。當乘客都走了，Milly 拿起毛巾準備在月台水龍頭梳洗時，被站員發現，比手畫腳（那時不會日文）說明緣由，好心的站員收容 Milly 在休息室邊的倉儲間歇息，還請 Milly 反鎖，早班車來的 30 分鐘前，他會敲門三下作暗號，才開門。

真是個難忘的經驗，時間已久，是 Milly 30 歲以前的行徑，連是什麼車站都已經忘記了，只知道是冬季某個月台上候車室有玻璃窗的地方車站。

基本上 Milly 是幸運遇上好心的站員，而且是地方小站，附近也沒旅店，否則一定會被站員請出車站。

這種無謀的行為，Milly 已經不敢輕易嘗試。

一般自認為有無敵體力的年輕旅行者，就會嘗試鐵道旅行術語上稱為「駅寝」的行為，就是睡車站。只是，即使是大都會的車站，一樣會關車站大門，說是睡在車站，其實是睡在車站外面的騎樓，可以遮風擋雨的地方。

Milly 滯留在東京兩年期間，一次利用特惠票券到東北看夏季的東北三大祭，看完成青森祭，乘坐當晚臨時加班車到達秋田時已經快凌晨 2 點，於是到車站邊還很明亮的商店區椅子上躺著小歇，誰知還真的睡著了。那天因為秋田祭，整個車站周邊有數十人駅寝，車站新改裝也很乾淨明亮，才有勇氣駅寝，但是跟日本友人提起這段經驗，還是被驚嘆勇健，畢竟那是 Milly 接近 40 歲的衝動行為。

一些無人車站不會關門，或許可以睡一宿，但無人車站多數是在較偏遠的地方，不建議隨便嘗試。

選擇駅寝是非不得已的行為，真要實行，就會建議一定要在行人出沒頻繁的車站。

一個是民宿的車站

從小樽前往俱知安算是方便，8:07 出發，9:35 可以到達。但 Milly 沒選擇在俱知安下車，而是在ニセコ（中文翻成二世谷），因為在這車站有一個想去實現的「旅遊一個車站」的想法。

到達ニセコ之前，經過了一個「比羅夫」的車站，看起來像個森林小屋，忍不住隔著車窗拍下來。回到台北在一本雜誌中才無意間發現，原來比羅夫車站正是跟上一篇小帖有關，是一個可以住宿的車站。

是日本唯一以車站的房舍直接作為民宿的民宿，真特別。

一宿兩餐，4,800 日圓可以全包，民宿叫做「駅の宿ひらふ」，車站的住宿ひらふ，ひらふ就是比羅夫。既然在 JR 車站內，是不是跟上面提到的ホテルメッツ一樣，是 JR 經營？答案是 NO，原來是民宿主人跟 JR 租借車站房舍，於 1988 年開始經營，現在的主人已是第二代。

一下了列車，進了車站，就是住宿的開始，可能是一個不錯的經驗。

▶1160

可以住宿的「比羅夫」車站

❶❷❸ 很歐風的二世谷站
❹ 車站內好吃的雞肉飯
❺❻❼ 車站內的餐廳

一個可以旅行的車站

8:07 小樽出發，9:44 到達ニセコ。預計 13:35 離開，乘車前往俱知安，跟俱知安的民宿主人相約 3 點半來接人。

9:44-13:35，有 3 小時 51 分，Milly 在這裡旅行一個車站。

選擇在ニセコ途中下車。如果不是因為先前蒐集的資料都說這是個適合途中下車的車站，否則真是個無謀的行為。9: 44 到達ニセコ，下一班回俱知安的列車是 10:06 的特急，普通車是 10:36 經由俱知安前往小樽，之後是 13:35，兩班普通班列車相距 3 小時，再來則是 16:05。

可能是無謀的途中下車，卻因為站內有個美好的餐廳可以午餐和下午茶，站前有個溫泉「綺羅乃湯」，可以成就「玩」一個車站的想法。

中餐時間還早，於是先去綺羅乃湯，來個純泡湯。

溫泉就在車站正對面，基本上連一分鐘腳程都不需要。ニセコ車站車站很歐風，種了很多美麗的花卉，幾乎像是一個瑞士的山間小屋，但是周邊很冷清，綺羅乃湯很現代的明亮建築於是很顯眼。

綺羅乃湯營業時間是 10:00-21:30，星期三公休。純泡湯一次 500 日圓。因為是 2001 年才開業，設備新穎，露天浴池的設計竟然有些安藤忠雄的味道喔。

4

6

5

7

泡完了舒適的露天溫泉，一身清爽，看看時間，決定去車站內的「喫茶ヌプリ」吃個中餐喝杯咖啡。說老實話，Milly 並沒有抱過多的期望，不以為這間從外面看去不太光鮮的餐廳可以吃到美味的餐點，不過是填飽肚子打發時間，畢竟在找資料時，只有這間餐廳最接近車站（笑，根本是在車站內），於是遷就。

可是 Milly 真要大聲說，Milly 錯了，這真的是超級美味的餐廳，美味到 Milly 真的認為旅行之神再次眷顧了 Milly。這裡的各式咖哩似乎很有名，附近的上班族還會開車來吃。Milly 因為喜歡吃雞肉飯，就點了雞肉蓋飯，一吃之下，完全不輸給大餐廳。絕對不像是一個在滑雪淡季人煙稀少的車站內可以調理出來的水準。但是怎麼會如此美味呢？

據說是一對頗有名的山野健行夫婦，因為熱愛這裡的大自然，特別移居這裡開店的。因為吃了好吃的料理，對甜點也充滿期望，果然幾乎是東京咖啡屋的都會水準。雞肉飯、甜點和用羊蹄山融雪的泉水沖泡的咖啡，一共 1,600 日圓，大滿足。

營業時間是 9:30-18:00，跟綺羅乃湯一樣星期三公休。店內的裝潢是讓人很放鬆的基調，任意堆放著古董鐘和相機，Milly 坐的桌子則是一個老縫衣機改裝的。

周邊是安靜的田野，沒有人潮，沒有俗氣的民產店，一個美麗花朵的車站，有乾淨現代的溫泉中心，有美味無可挑剔的餐廳，都在一個車站境內，是多完美的組合。

三個多小時，不用轉車，玩一個車站，一點都不厭膩。

▶1160

小帖
旅行中洗個溫泉最舒暢

旅行中，利用資料掌握一些在旅行點上或就在車站邊的純泡湯溫泉，是增進旅行能量的技能之一。

疲累了，找個純泡湯洗滌一下旅途的勞頓，再出發。

除了溫泉，所謂「駅前銭湯」也是可以善加利用的。

日本甚至有一些車站，在站內就附設溫泉純泡湯。以前上諏訪站有露天溫泉，近年已經改成足湯，比較可惜。

Milly 試過一次在車站邊的溫泉泡湯，還可以看見列車通過呢。

那是有一年利用青春 18 去大阪看演唱會，因為看見時刻表地圖上紀勢本線沿著海岸的路線，就想換換口味，不走平日從東京出發經由靜岡、名古屋、岐阜的路線，而改成到名古屋後，經由 JR 關西本線到龜山，乘坐 JR 參宮線到多氣，繼續從多氣沿著 JR 紀勢本線觀賞熊野灣，到達串本車站途中下車，瀏覽特殊的海岸景緻後，繼續前進。到新宮住宿之前，在 JR 那智途中下車，為的就是車站邊的「丹敷の湯」，入浴一次 600 日圓。

也是從車站一出來就可以看見的溫泉，在二樓的浴場不但可以眺望海灘，更有趣的是可以看見列車通過。

那次入宿新宮，第二天再經由和歌山到達大阪。雖說路程是繞了個大圈，但是卻能有不同的列車外景色和途中下車樂趣，Milly 個人是很推薦的。

Milly 的美好旅程，美好旅店

有人旅行是以觀光地連結，有人是以美食連結，至於 Milly，則是想住宿的旅店。如果你一路看下來這 24 日的日本縱貫遊記，一定就清楚。

原本心想有 JR Pass 在手，不如就先從小樽衝回東京，再去一直想去又嫌路費過高的日光或伊豆高原旅行。只是資料搜尋中，又被那位於北海道ニセコ的 Pension 給吸引，於是決定回東京之前，繞道到ニセコ。

Pension Ramina 位於羊蹄山下，從俱知安車站開車 15 分鐘。如果嚴格區分，Ramina 不是 Pension，而是家庭式的 Inn，一種鄉村旅店的形式，但本質上接近 Pension，就還是以 Pensin 的邏輯住宿。

北海道因為大自然的優勢，找間好 Pension 其實不難，為什麼會鍾情這間，主要還是因為它是じゃらん .net 年度投票中，被 2、30 歲日本女性選為北海道最滿意住宿的第一名。加上網路上的評語都不錯，剛好有空房，就預約了 9,000 日圓創作和食住房專案。

Pension Ramina 的介紹文字：建築是以風、光和木的香氣為主題，以北海道無垢的天然木建構而成，餐點是利用當地食材料理出的創作和食。

Milly 住宿體驗後，以為這 Pension 的確完全符合介紹的文字，同時印象深刻的是，它非常非常安靜，完全看不出已經開業了三年以上，甚至乾淨整潔得有些……歇斯底里的潔癖，（笑）或許不該用這樣的字眼，但是因為真的是每個角落，主人的每個動作，都是毫不妥協的清爽潔淨。

Milly 見到 Pension 主人後，首先感受到，老闆像是個退休的嚴謹上班族。要提行李進入 Pension 時，老闆立刻阻止，因為要先用布把行李箱整個連輪子都擦一遍，這樣才不會弄髒乾淨無刮痕的木質地板。

說真的，Milly 有一瞬間覺得，有一點點……真的只是有一點點受辱的感覺。後來來了一對日本客人，老闆也是這樣毫不客氣地擦拭著他們的行李，Milly 才比較釋懷。那兩個日本人也和 Milly 一樣說，不好意思，行李有些髒。主人不假顏色地說，不是不是，只是怕弄髒地板。

玄關看過去的餐廳，陽光照射下，木質的窗台桌椅，讓人眼睛一亮，果然是有堅持的規劃設計，更期待在這裡的住宿。

進入房間，以乳白和咖啡為基調，搭配浴室鮮豔的水杯拖鞋，看得出老闆不但有潔癖，還有配色偏執的樣子。房間一面是陽台，可以看見林間的山中小屋，靠床頭的窗可以看見遠遠的山岳，視野超好，窗戶像是框出了一幅美麗的鄉村油畫一般。

乾淨的床單，清楚著光線的流動。

大浴室不用多說，當然也是潔淨寬敞。如果不在意有小小的不安全感，拉開帘子還可以邊看著羊蹄山入浴。

另外要給這間住宿加分再加分的，是周邊的環境。坐落在森林的前端，晚餐之前的散步，可以跟山居小屋的遛狗人擦身而過，然後走出別墅區，沿著公路大道邊的行人步道前進，放眼過去，都是廣闊的北海道田野和壯麗的山脈，心情不由得更加舒暢著。

然後終於看見了夢想中一大片的向日葵，彌補了 Milly 在美瑛在美馬牛沒看見記憶中那一大片向日葵田的失落。

果然這個住宿選擇是正確的，是很好的北海道旅行句點。

拍下了一張又一張的照片，貪心的貪婪的。

旅行真好，在這一刻充分體會。

從小樽前往俱知安的時候，北海道正在颱風的尾端掙扎，原本擔心到俱知安還是在風雨中怎麼辦？甚至擔心可能要因此改變行程。好在一切都在意料之外，在俱知安住宿期間，從到達到離開都是個藍天的好天氣。

當晚洗了個舒服的澡之後，到餐廳享用清淡好吃的創作和食。不同於一般民宿的西式晚餐，菜色是一份份慢慢地上桌。因為心情愉悅，品嚐前菜時還點了好喝的冰鎮白酒，結帳時是 9,500 日圓，就是說這杯好喝的白酒是 500 日圓，有誠意的價位，沒想過要坑客人的錢。

晚餐滿意，尤其是甜點杯中布丁，濃濃的雞蛋味，扎實的口感，讓 Milly 回味無窮。

晚餐後，在火爐區翻看雜誌，喝著隨時都準備在餐廳邊的咖啡。老闆說火爐邊的窗戶是可以看見羊蹄山的，期待第二天能有更晴朗的天氣，能真的如這民宿當初設計的野心，透過屋內不同的角度看見羊蹄山。

幸運的是，第二天果然是比起前一天更晴朗的天氣，萬里無雲，坐在火爐邊的閱讀區，清楚看見窗外的羊蹄山。

整棟建築最精心的設計，最善用坐落點的優勢來欣賞羊蹄山的，是在上二樓房間樓梯上方的長方形大窗，完整地框出了羊蹄山的全貌，又是一個完美的窗框水彩畫。

老闆說，這裡最熱鬧的季節是滑雪季。另外住宿客特別偏愛的，除了餐點外，就是這一個個可以看見羊蹄山風貌的窗戶。

早晨散步時又是另一個風貌。沿著行人步道以昨天下午的反方向前進，映入眼簾的都是被濃霧美化的夢幻景緻，非日常的日常，是旅行中最媚惑的成分。

另外，之前已經在一些報導看過，關於ニセコ

成為國際化旅遊據點的現象。果然才離開 Pension 不遠，就看見了一個飲食休閒區，餐廳外貼著滿滿的英文，讓人誤以為到了英語系國家。

或許是因為行銷策略成功，南半球北半球的季節顛倒，ニセコ成為澳洲冬季時的度假勝地。大量澳洲客人來到ニセコ，周邊的餐廳也洋味起來。Milly 在散步途中就跟兩三位外國晨跑遊人擦身而過。

聽民宿老闆說，除了滑雪，澳洲人也喜歡在這裡泛舟。除此之外，冬季滑雪季時，會有不算少數的香港客人，用簡單的英文和比手畫腳溝通。

散步過後的早餐特別美味。有和式有西式，想吃多少有多少，不由得吃過量了（笑）。

Milly 最偏愛的是 Pension 女主人手工製作的純味優格和南瓜麵包。看見 Milly 吃得如此滿足，臨走女主人還送了 Milly 一包她手工做的餅乾。

坐落位置、裝潢氣氛、房間陳設、餐點菜色、服務誠意都無懈可擊的住宿經驗，難怪會名列客人評選第一名。

在這裡，Milly 也以為不枉費出發前，一個多月來，不厭其煩，一點點一步步一項項地 check，排出幾近完美……至少是能配合自己旅人個性下幾近完美的住宿行程。

這樣美好的行程想去重複，但是又會想，或許還有更好的行程等著 Milly 去體驗。貪心的旅行者，只好不停地出發。

當然也希望藉著這樣的分享，也能讓你規劃出屬於自己幾近完美的行程，這樣就是 Milly 以為最美好的傳遞了。 ▶1160

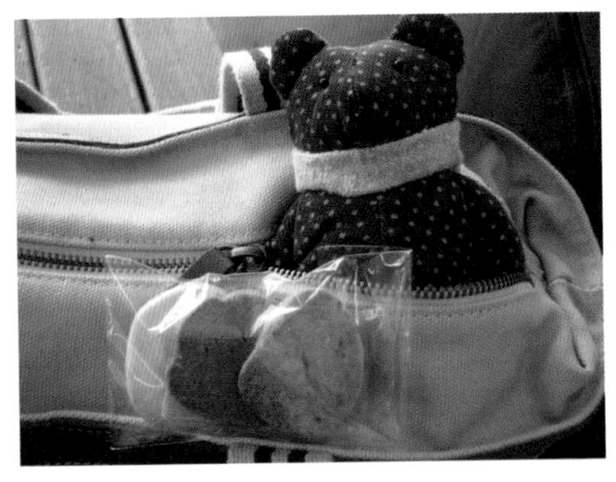

Day / 22

北海道到東京，大移動 12 小時

9 月 9 日大移動日，從北海道的俱知安一路要回到東京的目黑。

根據 Yahoo 路線情報的建議，路線是俱知安→長万部→函館→八戶→東京→目黑。預計移動時間是 12 小時又 20 分鐘左右，乘坐普通列車、特急、新幹線及山手線。

俱知安到長万部的列車不多，是要一再提醒的。當天乘坐的是 9:28 的列車，前一班則是 6:27，在這之後是 13:52，搭不上預定列車，行程勢必大改動。

俱知安到長万部這班列車的乘車經驗很有意思，因為那小小一節列車上，居然有三個跟 Milly 一樣獨身的女性旅行者。一個似乎已經很疲累，不注意儀態，只顧呼呼大睡，鞋子也脱了，丟在一邊的時刻表也翻得殘破不堪，似乎已經陪著主人走了頗長的一段旅途。

一個是 20 出頭的女子，仍然興致勃勃地拍著窗外的景緻，耳朵上掛著 MP3 耳機。像旅程正開始，精神和姿態都是完備的模樣。

另一個 30 出頭的女子最有趣，似乎正在跟自己玩蓋車站紀念章的遊戲。某些車站，像「蘭越」的確會停上 10 分鐘，

但大部分車站不過都停個一分鐘，有時還要跟車掌商量無論如何都要等她，結果弄得其他乘客都跟著她緊張起來。當她成功蓋了車站紀念章回來，大家都不由得鬆了口氣。整個車廂的人好像也……莫名地變成了一個生命體一樣。

其實在整個旅途上，看見了不少形形色色、獨自一人的鐵路旅行人，但都以男子為多。女生大多還是會結伴同行，所以那天看見這麼多獨身的女性旅人，會覺得格外印象深刻。

由一些日本網路上或是出版物來看，一個女子的鐵路旅行者，在增加中。

鐵路旅行其實是意外地適合一個人旅行，因為不需太多體力，而且一些簡單技巧就可以開始。只是要小心，不要過於輕率地在一些無人車站逗留，避免過晚到達偏遠的地方，不要把移動的行程排得過於緊密，然後每段旅程都有一些犒賞自己的想法，如此一定可以有個美好的鐵路旅行經驗。

11:13 到達長万部，在這裡轉搭 11:29 前往函館的特急，預計 12:48 到達，繼續搭乘 12:51 發車、13:51 到達八戶的 SUPER 白鳥號特急。在車上買了緊抓住北海道風味的海鮮火車便當，吃吃喝喝地朝向本州邁進。

留戀著車窗外的海景，因為過了青函隧道之後，自然景觀就似乎愈來愈少。尤其 13:51 到達八戶，轉乘 16:04 的新幹線前往東京時，一列車滿滿的乘客，大家都是疲倦的表情，窗外的景致過於快速，什麼也捕捉不到，加上隔壁的兩位男子不知為了什麼，沿途一杯杯啤酒地喝著，配著零食魷魚絲，最後連清酒都出場了。Milly 開始懷念起北海道的寬闊平野，懷念起鈍行列車緩慢的前進速度，以及普通列車上悠閒自在的一張張乘客的表情。

Milly 的鐵路旅行已經即將結束，開始一點點地回到現實。雖說接下來還要在東京停留三天兩夜，就只是屬於「東京生活遊戲中」的都會之旅。

有些留戀，但是滿滿的回憶，從福岡→熊本→阿蘇→湯步院→廣島→四國→京都→能登半島→北海道，以鐵路串連出的旅程，愉悅滿足。

19:08，新幹線列車準時到達東京，在擁擠的東京車站轉搭山手線到目黑，腳步也都會節奏地快起來。

今天是使用 JR Pass 的最後一天。步出目黑車站，轉搭旅館的接駁巴士，7 天的 JR Pass 任務完成。 ▶1160

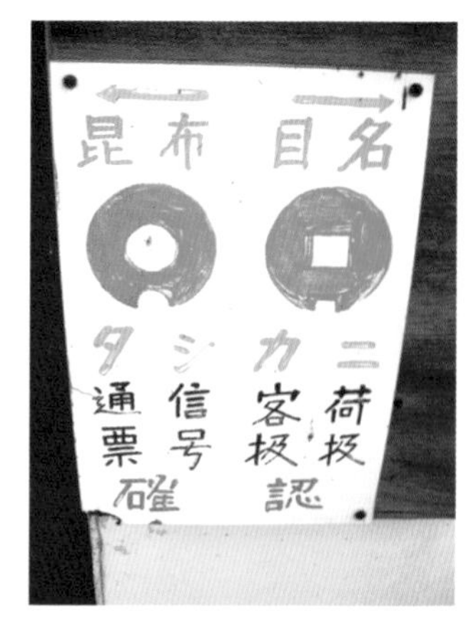

昆布 目名
タ シ カ ニ
通 信 客 荷
票 号 扱 扱
確 認

active diet

攻略
旅行的計算是遊戲的也是技巧的

9月9日從俱知安到目黑，乘車積分是 22,800 日圓。

這裡計算一下 7 天的總積分是 88,920 日圓，減掉 JR Pass 的 28,300 日圓，這次使用 JR Pass 一共贏得的乘車積分是 60,620 日圓，將近 17,000 台幣，成功。

青春 18 的 5 天總合是 27,380 日圓，減掉票面 11,500 日圓，賺到 15,880 日圓乘車積分。

也就是說，這次的 24 日移動，交通總合「獲得積分」是 76,500 日圓，約是 22,000 台幣。

如果計算飯店預約的「獲得積分」，24 天去除一日坐夜船，22 日的住宿約 206,500 日圓，看起來是奢華了點，但因為都是愉悅的住宿，一點都不覺得浪費。加上大多都有預約的專案特惠，是理智和理想的綜合結果。

例如光是透過一休 .com 預約，位於東京悠閒精緻住宅區白金台的「都 HOTEL 東京」單人房，原本 32,000 日圓一晚的房間，12,000 日圓就可以入宿，讓 Milly 可用一般商務旅店的房價，在旅程的終點入宿五星級飯店，犒賞自己，奢華地幸福一下。

不一一重複這次利用住宿專案得到的優惠，大約計算 22 日的住宿「獲得積分」，總共是 91,000 日圓，約 26,000 台幣。

也就是說，善加利用專案票券，以及網路預約住宿，24 天的旅行扣除機票、個人主觀的飲食消費和比較奢侈的計程車費用，或是因為失誤而產生的重疊花費等，計算下來可以省下約 48,000 台幣的費用。

更簡單大塊的說法是，去除機票和餐費，某些不變的巴士費用和計程車等等，單看 24 日的住宿和交通移動，原本約 118,300 台幣，精準計畫後只需要約 70,400 台幣，這樣的數字對比是否更能讓你感受到，計畫一個旅行，精算一個旅行，所出現的價值和樂趣。

當然，光是計較價錢和旅費，一心只想著節約省錢，不會成就一個好旅程。重要的是，事前清楚地計畫，利用資料找到最優惠的價錢，然後回想以前旅行的愉快經驗，套入會讓你愉快的元素，找出讓自己舒適暢快又有成就感的滿足旅程，才是旅行真正的樂趣。

Milly 對這次 24 日的結語是，旅行不是目的，而是樂趣。

即使每一次啟程，多數被一個含著特定目的的動機給啟動，但是，只為了達成一個目的而出發的旅行，通常雖然會有達成的滿足，但也會因為無法充分滿足而失落，未必是舒適愉快的。

難道出書不是 Milly 這次 24 天旅行的目的？

如果完全否定，似乎過於偏執。Milly 會這麼說，因為出書這個目的，Milly 開始計畫一個縱貫日本的旅行，但當旅程大致成形，出發的那一瞬間，目的已經被放在一邊，改用「愉快最大」的心情來完成因為一個目的而建構的旅程。

在穿插一些攻略的同時，更希望能傳達的訊息是……鐵路旅行是一個愉快的過程。

如果這愉快的心情能透過文字傳達給你，就是最大的滿足了。

Day / 23 + 24

繼續「東京生活遊戲中」

IN16

超完美！日本鐵道旅遊計畫（修訂版）

作者：Milly
美術設計：**劉孟宗**
責任編輯：**賴淑玲**

社長：**郭重興**
發行人兼出版總監：**曾大福**
總編輯：**賴淑玲**

出版者：大家出版
發行：遠足文化事業股份有限公司
231 新北區新店區民權路 108-2 號 9 樓
電話：(02)2218-1417 | 傳真：(02)2218-8057
劃撥帳號：19504465 | 戶名：遠足文化事業股份有限公司
法律顧問：華洋國際專利商標事務所　蘇文生律師

定價：380 元
修訂初版一刷：2013 年 6 月

國家圖書館出版品預行編目 (CIP) 資料

超完美！日本鐵道旅遊計畫 / Milly 著 . -- 修訂初版 . -- 新北市
: 大家出版 : 遠足文化發行 , 2013.06
面；　公分 . -- (In ; 15)
ISBN 978-986-6179-58-7(平裝)
1. 火車旅行 2. 遊記 3. 日本
731.9　102009773